काव्य की भूमिका

काव्य की भूमिका

रामधारी सिंह 'दिनकर'

लोकभारती प्रकाशन

लोकभारती प्रकाशन
पहली मंजिल, दरबारी बिल्डिंग, महात्मा गांधी मार्ग
प्रयागराज-211 001
वेबसाइट: www.lokbhartiprakashan.com
ईमेल : info@lokbhartiprakashan.com

शाखाएँ : 1-बी, नेताजी सुभाष मार्ग, दरियागंज
नई दिल्ली-110 002
अशोक राजपथ, साइंस कॉलेज के सामने
पटना-800 006
36 ए, शेक्सपियर सरणी, कोलकाता-700 017

पहला संस्करण : 1958
पुनर्नवा संस्करण : 2022

मुद्रक : बी.के.ऑफसेट
नवीन शाहदरा, दिल्ली-110 032

KAVYA KI BHUMIKA
Essays by Ramdhari Singh 'Dinkar'

ISBN : 978-81-8031-414-8

मूल्य: ₹595

दो शब्द

'काव्य की भूमिका' मेरे ग्यारह निबन्धों का संग्रह है। आरम्भ के चार निबन्धों में, ऐतिहासिक क्रम से, रीतिकाल से लेकर प्रयोगवाद तक की प्रमुख प्रवृत्तियों का विवेचन किया गया है। पाँचवें निबन्ध का भी विषय, बहुत कुछ, यही है और छठे निबन्ध ('भविष्य की कविता') में यह समझाने की कोशिश की गई है कि वैज्ञानिक युग में कविता अपने किन गुणों पर ज़ोर देकर अपना अस्तित्व कायम रख सकती है।

इन छह निबन्धों को देखते हुए मैंने वर्तमान पुस्तक का नाम 'आधुनिक काव्य की भूमिका' रखना चाहा था; किन्तु, बाद के पाँच निबन्ध हिन्दी कविता के काल-विशेष से सम्बन्ध नहीं रखते। वे काव्य-मात्र की भूमिका उपस्थित करते हैं। अतएव, 'काव्य की भूमिका', यह छोटा नाम ही बाद को ठीक जँचा।

इस संग्रह में देने के लिए मैंने कई आधुनिक कवियों के कुछ अध्ययन भी प्रस्तुत किये थे, किन्तु, आकार-वृद्धि के भय से वे इस संग्रह में नहीं जा सके। उनमें से तीन निबन्ध 'पन्त, प्रसाद और मैथिलीशरण' शीर्षक से एक अलग संग्रह में, इस पुस्तक के साथ ही, निकल रहे हैं।

कविता और काव्य-समीक्षा से सम्बन्धित दो-तीन विचार ऐसे हैं जो मेरे अनेक निबन्धों में झलक मार जाते हैं।

पुनरावृत्ति का यह दोष सुधी पाठकों को खटकेगा। इसके लिए मैं उनसे क्षमा चाहता हूँ।

आशा है, उच्च साहित्य के विद्यार्थी इन निबन्धों को एकाध बार ज़रूर पढ़ेंगे। इति।

—**दिनकर**

जून, 1958

अनुक्रम

रीतिकाल का नया मूल्यांकन

जार्ज रसल ने लिखा है कि जब मैं यह जानना चाहता हूँ कि कोई कविता अच्छी है या नहीं, तब मैं अपने-आप से यह प्रश्न करता हूँ कि यह कविता पारदर्शी है या अंधी; अर्थात् जो कुछ है, वह कविता के ऊपर ही है अथवा उसके भीतर भी कुछ दिखलाई पड़ता है। और जब मुझे यह मालूम होता है कि कविता पारदर्शी है, तब मैं अपने-आप से दूसरा प्रश्न यह करता हूँ कि कविता के भीतर मुझे कितनी दूर की चीज दिखाई देती है।

कविता अंधी होने पर भी खूबसूरत हो सकती है, जैसे शीशे पर अगर रंगों से सघन चित्रकारी कर दें तो शीशे के भीतर तो कुछ भी दिखाई नहीं पड़ेगा, लेकिन, चित्रकारी खूबसूरत जरूर होगी। परन्तु, यह कारीगरी उस कारीगरी की बराबरी नहीं कर सकती, जिसके द्वारा शीशे पर रंगीन चित्र भी बनाये जाते हैं और उसकी पारदर्शिता भी मारी नहीं जाती है।

यह सत्य सिर्फ रसल को सूझा हो, सो बात नहीं है। रसल से पहले और संसार के अन्य देशों से भी बहुत पूर्व, भारत में यह प्रश्न उठा था कि कविता की आत्मा क्या है और इस प्रश्न के उत्तर में जिस आचार्य ने अलंकार को काव्य की आत्मा माना, उसकी आँख कविता की अंधी चित्रकारी से टकराकर रह गई थी। तब वामन आए, जिन्होंने कहा, कविता की आत्मा रीति है। रीति काव्य की पारदर्शिता का पूरा प्रतिमान नहीं थी, फिर भी, वामन छिलके से बीज की ओर जाने का संकेत कर रहे थे, स्थूल को छोड़कर सूक्ष्म और निराकार की खोज

कर रहे थे। किन्तु, जब आचार्यों के कदम ध्वनि की भूमि पर आए, कविता की असली आत्मा का पता उन्हें चल गया। इस प्रकार, कविता के सम्बन्ध में आनन्दवर्धन को जो सूक्ष्म ज्ञान नवीं सदी में प्राप्त हुआ, उससे अधिक बारीकी पर दुनिया आज भी नहीं पहुँची है। शायद, ध्वनि से आगे बारीक तत्त्व कविता में और कोई है ही नहीं।

इसी बात को हम एक दूसरी भाषा में भी रख सकते हैं कि अच्छी कविता की पहचान यह है कि उसे पढ़कर मनुष्य के हृदय में एक प्रकार की बेचैनी या जागृति स्फुरित होती है और उसका मन भीतर-ही-भीतर किसी यात्रा या पर्यटन पर निकल पड़ता है। यह आवश्यक नहीं है कि यह यात्रा या पर्यटन उन्हीं अर्थों तक सीमित रहे, जो कविता के शब्दों में सन्निहित हैं। असली वस्तु शब्दों के अर्थ नहीं, संकेत हैं और संकेत तो शब्द दूर तक का दिया करते हैं।

ऊँची कविताओं का एक अन्य लक्षण यह भी है कि जिस युग में उनकी रचना की जाती है, उस युग की शीतलता अथवा दाह का प्रमाण उनके भीतर मौजूद रहता है। कविताएँ बराबर वर्तमान की कुक्षि से पैदा होती हैं और वर्तमान से उठकर ही उनकी झंकार अतीत और भविष्य का स्पर्श करती है। ऐसा नहीं है कि कवि को अपने युग के वातावरण का खयाल जान बूझकर करना पड़ता हो; बल्कि, जान बूझकर खयाल करने की जरूरत तो उसे तभी होगी जब वह अपने समय से बचना चाहेगा। समय का वातावरण काव्य के पौधे की खाद है और सत्कवि उससे भागने की कोशिश नहीं करता। जिसे हम शाश्वत और चिरंतन कहते हैं, वह किसी एक युग की सम्पत्ति नहीं है। वह प्रत्येक युग में वर्तमान रहता है और प्रत्येक युग उसकी व्याख्या अपनी भाषा और अपने मुहावरों में किया करता है। कवि के हृदय में आलोड़न समकालीन परिस्थितियों के कारण होता है और कवि-कर्म में प्रवृत्त भी उसे अपना समय ही करता है, क्योंकि जो कुछ वह कहनेवाला है, असल में, वह काल की ही शंकाएँ या समाधान हैं और काल के हृदय में जिस हर्ष, शोक या उल्लास की लहर चल रही है, उसी को अभिव्यक्ति देने के लिए वह अपने कवि के आगमन की प्रतीक्षा करता है।

इस दृष्टि से विचार करने पर हम वैदिक काव्य तथा रामायण और महाभारत को बहुत ऊँचा पाते हैं, क्योंकि इन कविताओं में पारदर्शिता बहुत अधिक है और उनके भीतर से जीवन की बहुत बड़ी गहराई साफ दिखाई पड़ती है। इसके सिवा, उनसे यह भी ज्ञात होता है कि जिस युग में काव्य रचे

गए, उस युग में यह देश समाज-संगठन के आदर्शों को लेकर और अगोचर सत्यों का पता लगाने के लिए भयानक संघर्ष कर रहा था। उपनिषदों का समय शंका, जिज्ञासा, चिन्तन और बौद्धिक कोलाहल का समय था। अन्तिम सत्य क्या है, इसे जानने के लिए उस युग के ऋषियों ने इतना अधिक चिन्तन किया कि उपनिषदों में कहीं-कहीं हमें उनके दिमाग के फटने की-सी आवाज सुनाई पड़ती है और चूँकि, यह साहित्य बौद्धिक एवं भौतिक, दोनों ही प्रकार के अप्रतिम, संघर्षों के सान्निध्य में लिखा गया, इसलिए, उस साहित्य से हमें आज भी प्रेरणा मिलती है, बल्कि, तीन-चार हजार वर्षों से यही साहित्य सारे भारतीय साहित्य का उपजीव्य रहा है।

किन्तु, यह संघर्ष जब समाप्त हो गया, भारतीय जीवन अपेक्षाकृत कुछ अधिक शान्त वातावरण में जा पहुँचा और तब हमारे कवि कालिदास हुए। कालिदास के विषय पुराने, कहने की शैली नवीन है। मगर, वे क्लान्त जाति के कवि नहीं हैं। वे उस जाति के कवि हैं, जिसने सांसारिक समृद्धि और आध्यात्मिक शंकाओं का समाधान प्राप्त कर लिया है और जो अब जरा पाँव फैलाकर आराम कर रही है।

प्रत्येक साहित्यकार चाहता है कि वह काल का अनुगमन नहीं, नयन करे; उसकी सीमा में आबद्ध नहीं रहकर उसका अतिक्रमण कर जाए। मगर, काल का नयन और अतिक्रमण वह तभी कर सकता है जब एक बार काल उसे जगाने की सामग्री तैयार कर दे, जब समाज के भीतर संघर्ष अथवा असन्तोष की आग थोड़ी जमा हो जाए। कालिदास के बाद (अगर चौथी शती में उनका होना सही है) भारतीय समाज की आग बुझने लगी, संघर्ष का तनाव ढीला होने लगा और रूढ़ियों ने इस देश को जकड़ना शुरू कर दिया। समृद्धि और निश्चिन्तता की स्थिति तथा भय एवं बेचैनी के अभाव का यह स्वाभाविक परिणाम है कि वह जातियों को शिथिल बना देता है। कालिदास के बाद का साहित्य शिथिल जाति का साहित्य है, जिसमें काव्य रीतियों में बँधता जाता है और दो-दो पृष्ठ के लम्बे-लम्बे वाक्य साहित्यकार की श्रेष्ठता का प्रमाण बन जाते हैं। जिसके सामने संघर्ष नहीं, वह साज-सज्जा और रंगीनियों के चक्कर में पड़ जाता है। जब समाज कवि को अनुभूतियाँ नहीं देता, तब कवि दूर की कौड़ियाँ जमा करके अपना चमत्कार दिखाने लगता है। उचित तो यह है कि ऐसे समय में वे कवि आएँ, जिनकी जबान कोड़ा और शब्द तीर हों; किन्तु,

यह प्राचीन भारत का दुर्भाग्य रहा कि उसने कोई भी ऐसा कवि उत्पन्न न किया, जो यह कहने का साहस करे कि मैं अन्याय का विरोध करने आया हूँ। माघ और श्रीहर्ष की कविता संस्कृत की श्रेष्ठ कविताओं में गिनी जाती है, किन्तु, उसके भीतर मनुष्य को प्रेरित या आन्दोलित करने का गुण नहीं है। जिस कविता में ध्वनि मौजूद हो, उसके सम्बन्ध में यह कैसे कहा जाए कि वह पारदर्शी नहीं है? किन्तु, इन कविताओं में उस आध्यात्मिक संघर्ष का अभाव है, जो मनुष्य की मानसिक जड़ता का नाश करता है। व्यास और वाल्मीकि कवि थे, जो पहाड़ों को तोड़कर जिन्दगी के लिए रास्ते बनाते थे; बाण, श्रीहर्ष और माघ कलाकार हैं, जो छोटे-छोटे पत्थरों को घिसकर उन्हें चिकना करते हैं। कवि तब उत्पन्न होते हैं जब समाज प्रगति पर होता है; कलाकार उस समय भी आते हैं जब समाज के पाँव बँध जाते हैं।

और छठी सदी के बाद भारत के पाँव बँध गए और नई-नई भूमियों की ओर बढ़ने की उसमें प्रेरणा नहीं रही। तब से लेकर 16वीं सदीं तक विद्या के सभी अंगों को छोड़कर इस देश के पंडित, मुख्यतः, या तो काव्यशास्त्र की रचना करते रहे अथवा मनुष्यों को बाँधने के लिए ऐसे धर्मशास्त्र बनाते रहे, जिनके कारण आगे चलकर भारतीय समाज बिलकुल भीरु हो गया।

मनुष्यों को प्रेरित करनेवाला साहित्य भारत में फिर तब उदित होने लगा जब भाषा में भक्ति आन्दोलन के कवि उत्पन्न हुए। वेद, उपनिषद्, रामायण, महाभारत, कालिदास, कबीर, जायसी, तुलसी, सूर, भारतेन्दु, पन्त, निराला, प्रसाद और महादेवी इनके पास वह साहित्य है, जिसमें ताजगी है, जो मनुष्य को प्रसन्न ही नहीं, जाग्रत भी करता है तथा जो अपने समय के आलोड़न से निकला हुआ नवनीत है। किन्तु, रीतिकालीन साहित्य में ऐसा अंश बहुत कम है, जिसमें अपने समय का ताप हो अथवा जिसके भीतर तत्कालीन समाज की भावनाओं का प्रतिबिम्ब मिलता हो या जिसमें यह ताकत हो कि वह पढ़नेवालों के मन को किसी यात्रा में भेज सके। ध्वनि के उदाहरण तो रीतिकाल में बहुत हैं, मगर, उनका असर इतना ही है कि काग इस डाल से उड़कर उस डाल पर बैठ जाता है, मन को किसी दूर दिशा में ले जाने की शक्ति रीतिकाल की कम रचनाओं में मिलती है। रीतिकाल की सबसे बड़ी विचित्रता यह है कि उससे यह मालूम ही नहीं होता कि उस युग के साहित्यकार समाज की समस्याओं से परिचित थे अथवा उन्हें इस बात का ज्ञान भी था कि समाज की भी समस्याएँ

हुआ करती हैं। ऐसा लगता है कि रीतिकालीन कवियों के मन के किसी भी स्तर पर कोई सवाल नहीं था, जिसका उत्तर खोजने को वे संघर्ष में पड़ते अथवा किसी प्रकार की द्विधा और द्वन्द्व का सामना करते। उनका ध्यान जीवन पर नहीं, कला पर है, काव्यशास्त्र की गुत्थियों पर है और उन्हीं को समझाने के लिए उक्तियों और चित्रों का निर्माण करके वे निश्चिन्त हो जाते हैं। तत्कालीन समाज के हृदय में जो शंकाएँ रही होंगी, लोग जिन समाधानों की कामना कर रहे होंगे, रीतिकाल के कवियों को वे सुनाई नहीं पड़े। इनमें से अधिकांश कवियों के कान संस्कृत के काव्याचार्यों की पोथियों की ओर थे, अतएव, जो कुछ उन्होंने सुना, वह इन्हीं पोथियों की आवाज थी, जिन्दगी की शंकाए नहीं। अथवा उसे हम शुद्ध कला का स्वर भी कह सकते हैं।

काव्यशास्त्र की साधना संस्कृत में, प्रायः, एक हजार वर्ष तक होती रही और इस दीर्घ साधना के कारण यह विषय भारत में आनन्दमय हो उठा। किन्तु, इस साधना से एक दुष्परिणाम भी निकला कि समाज में पंडितों और आलोचकों का आदर देखकर देश के कवियों का भी मन डोल उठा और वे रचना के सुयश को गौण मानकर आलोचना की कीर्ति के लिए लालायित हो उठे। इलियट ने कहा है कि जब-जब आलोचना की वृद्धि होती है तब-तब रचना का ह्रास होने लगता है। भारत में साहित्य का जैसा इतिहास रहा है, उसे देखते हुए इलियट की यह उक्ति बहुत ही सटीक मालूम होती है। पहले यह रोग संस्कृत में फैला और वहाँ से वह हिन्दी में आन पहुँचा और यह भी हुआ कि अनुकरण में असली के गुण तो कम आए, मगर, उसके दोष बहुत अधिक मात्रा में आ गए।

रीतिकाल की निन्दा कोई नई चीज नहीं है। इसका आरम्भ उन्नीसवीं सदी के आरम्भ में स्वयं ठाकुर[1] ने किया था; और जिस कवि ने 'एती झूठी जुगती

---

1. सीखि लीनो मीन, मृग, खंजन, कमल, नैन,
सीखि लीनो जस औ प्रताप को कहानो है।
सीखी लीनो कल्पवृक्ष, कामधेनु, चिंतामनि,
सीखि लीनो मेरु और कुबेर गिरि आनो है।
'ठाकुर' कहत याकी बड़ी है कठिन बात,
याको नहीं भूलि कहूँ बाँधियत बानो है।
डेल-सो बनाय आय मेलत सभा के बीच,
लोगन कबित्त कीबो खेल करि जानो है।

बनावै औ कहावै कवि'[1] कहकर कवि की हँसी उड़ाई थी, उसके सामने भी रीति का ही कोई उदाहरण रहा होगा। रीतिकाल की सबसे बड़ी निन्दा की बात तो यह है कि उसके उत्तराधिकारी भारतेन्दु ने उस काल को लाँघकर अपना स्वर भक्तिकाल से मिलाने की कोशिश की और तब से आज तक प्रत्येक साहित्यिक आन्दोलन रीतिकाल को लात मारकर लोगों की वाहवाही पाता आया है। प्रताप नारायण मिश्र[2], पं. महावीर प्रसाद द्विवेदी और मदनमोहन मालवीय[3], उन्नीसवीं सदी के अन्त तक, प्रायः अनेक अच्छे लोग रीतिकालीन काव्य के विरोधी हो गए थे और छायावाद की स्थापना के समय तो नये कवि रीतिकाल को कोसने में, शायद ही, कभी चूके हों।

किन्तु, रीतिकाल की निन्दा चाहे जितनी भी की जाए, हिन्दी कविता का इतिहास में उसका एक महत्त्व है और यह महत्त्व तब भी न्यून नहीं होता जब हम यह कहते हैं कि रीतिकालीन कवि इस अनुभूति तक पहुँच ही नहीं सके कि कवि का कर्म केवल मनोरंजन ही नहीं, समाज की चेतना को आलोड़ित करना भी होता है। यह अनुभूति कबीर और दूसरे निर्गुनियाँ सन्तों में थी, क्योंकि वे अपना लक्ष्य जानते थे; क्योंकि उन्हें ज्ञात था कि उन्हें केवल अपना ही मोक्ष खोजना नहीं, बल्कि, वर्णाश्रम-धर्म और मूर्तिपूजा के खिलाफ जनमत को जाग्रत् करना है। यह अनुभूति तुलसीदास में भी थी, क्योंकि उनका यह उद्देश्य छिपाये नहीं छिपता कि भगवान की उपासना करने के साथ उन्हें उस

---

1. मांस की गरेथी कुच कंचन-कलस कहै,
   मुख चन्द्रमा जो असलेषमा को घर है।
   दोनों कर जुगल मृनाल, नाभी कूप कहै,
   हाड़ ही को जंघा ताहि कहै रंभा तर है।
   हाड़ को बसन ताहि हीरा, मूँगा, मोती कहै,
   चाम को अधर ताहि कहै बिम्बाफर है।
   एती झूटी जुगती बनावै औ कहावै कवि,
   ताहू पै कहै कि हमें सारदा को वर है।
2. तुमहिं कहा प्यावै जब हमरो कटत रहत गोवंश तमाम?
   केवल सुमुखि अलक उपमा लहि नाग देवता तृप्यंताम्।
3. भारत चारहुँ ओर दुखी दुख भोगत बीति गे वर्ष हजारन।
   ध्यान रतीक दियो चाहिए दुख कोन उपाय सों होय निवारन।
   सो सब दूरि रहै 'मकरंद' समैं इन बातन में किहि कारन।
   होय सो होय इहाँ नहि भूलनो राधिका रानी कदम्ब को डारन।

आन्दोलन को भी कमजोर करना है, जो वर्णाश्रम-धर्म के विरुद्ध चला आ रहा था। किन्तु, रीतिकाल के कवि ही नहीं, उसकी जनता भी यह नहीं जानती थी कि समाज के सामने कोई समस्या मौजूद है, जिसका हल खोजना जरूरी है। भूषण रीतिकाल के प्रमुख कवि थे और समाज की एक समस्या के पास वे पहुँच भी गए थे, किन्तु समाज को आलोड़ित करने की राह उन्हें नहीं मिली और वे भी वृहत् हिदू राष्ट्रीयता की कल्पना नहीं कर सके, केवल शिवाजी का गुण गाकर रह गए। निर्गुनियाँ संतों की परम्परा इस समय भी कायम थी, मगर, उनका मंच समाज के निम्नतम स्तर पर था; ऊपर के स्तरों पर केवल वे लोग थे, जो वर्णाश्रम-धर्म के समर्थक थे, जो धार्मिक रूढ़ियों के प्रतिपालक थे और जो खाने-पीने से सुखी होने के कारण अथवा भाग्यवाद में अटल विश्वास रखने के कारण किसी तरह का विक्षोभ उठाने की बात सोच भी नहीं सकते थे। रीतिकालीन कवि इसी वर्ग के कवि थे, अतएव, वे द्रष्टा अथवा उद्‌बोधक नहीं बन सकते थे। तड़प, बेचैनी और वेधकता वाला साहित्य उस साहित्यकार की कलम से नहीं निकल सकता, जिसके सामने संघर्ष का कोई मैदान नहीं है, जिसके सामने कोई ऐसा सवाल नहीं है, जो उसके अपने हृदय को जाग्रत और बेचैन रखता हो। रीतिकालीन कवियों को मानसिक आन्दोलन से पूरा अवकाश था। एक यह भी कारण है कि वे निर्द्वन्द्व होकर केवल शैली की साधना में लग सके और इसमें कोई संदेह नहीं कि कला-पक्ष में उन्होंने जो चमत्कार उत्पन्न किए, वे हिन्दी में बिलकुल बेजोड़ हैं। सौन्दर्य और कला के वे ऐसे एकान्त उपासक निकले कि किसी को उपदेश देने की बात उन्हें कभी सूझी ही नहीं।

एक तरह से देखिए तो रीतिकालीन कवियों की निन्दा उस समाज की निन्दा है, जिसने उन्हें उत्पन्न किया था। कविता आकाश से नहीं टपकती। वह समकालीन समाज के भीतर से उत्पन्न होती है और उस पर उस समाज के रसिकों की रुचि की भी पूरी छाप होती है। कविताएँ लिखनेवालों की भावदशा और प्रवृत्ति बहुत-कुछ वैसी ही होती है, जैसी उन लोगों की, जो प्रत्येक युग में कविताएँ पढ़ा या सुना करते हैं। रीतिकाल के कविता ने कविता के जिन गुणों पर जोर दिया है, उस काल के पाठकों की दृष्टि में वे ही गुण कविता के सबसे बड़े मूल्य रहे होंगे। शब्दों की सजावट, यमक और श्लेष का चमत्कार, दूर की कौड़ी लानेवाली निगूढ़ कल्पनाएँ, अतिशयोक्ति और हास्यास्पद प्रशस्तियाँ, नारी के एक-एक अंग को अनेक उपमाओं के दर्पणों में अलग- अलग दिखाने का आग्रह

और प्रत्येक कबित्त एवं सवैये में पहली तीन पंक्तियों में जैसी-तैसी तैयारी और उक्ति की सारी वेधकता को समेटकर चौथी पंक्ति में केन्द्रित कर देने का प्रयत्न, ये बातें रीतिकाल के पाठकों को बहुत पसन्द रही होंगी, अन्यथा हम उस काल के कवियों में कविता को इन गुणों से सजाने का इतना सचेष्ट प्रयास नहीं देखते।

किन्तु, आज के पाठकों की पसन्द बदली हुई है। रीतिकाल के कवियों ने उन सभी सामग्रियों पर अधिकार रखा, जिनसे कविता सजाई जाती है अथवा जिनसे उसकी शक्ति में वृद्धि होती है; केवल उसी तत्त्व को उन्होंने छोड़ दिया, जिससे कविता का जन्म होता है। लकड़ियाँ उन्होंने अच्छी-से-अच्छी जमा कीं, केवल हृदय की आग की कमी रह गई, जिससे ज्वाला उठी नहीं। रीतिकाल की कविताएँ बुरी नहीं, निस्तेज हैं। इस काल में रूप की सृष्टि तो हुई, किन्तु, कवियों ने अपने हृदय की बेचैनी नहीं लिखी और घनानन्द तथा बोधा को छोड़ दें तो ऐसा लगता ही नहीं कि रीतिकाल के कवियों का अपना भी कोई प्रेम था। वे रचनाएँ काव्यशास्त्र के उदाहरणों के लिए लिखते हैं, अपने-आपको अभिव्यक्त करने अथवा अपनी वेदना से मुक्ति पाने के लिए नहीं।

रीतिकाल का दोष उसकी श्रृंगारिकता नहीं, यही निर्जीवता और नकलीपन है। विद्यापति और चंडीदास कम श्रृंगारिक नहीं हैं, किन्तु, उनकी श्रृंगारिकता के पीछे उनका प्रेम उपस्थित है, वह वासना उपस्थित है, जो पुरुष में नारी के लिए और नारी में पुरुष के लिए विद्यमान रहती है। इस वासना की अभिव्यक्ति की सचाई और सीधापन विद्यापति के श्रृंगार को स्वाभाविक बनाये हुए हैं :

ततहि धाओल दुहुँ लोचन रे,
जतए गेलि वर नारि।
आसा लुबुध तेजइ रे,
कृपनक पाछु भिखारि।

यह श्रृंगार की कविता है और इसकी महिमा का कारण ही यह है कि यहाँ कवि ने अपनी वासना को छिपाने की चेष्टा नहीं की है। किन्तु, रीतिकाल में ऐसी स्वाभाविकता नहीं मिलती। वहाँ बराबर राधाकृष्ण अथवा आश्रयदाता राजा की आड़ ली जाती है।

और आज का पाठक अनुभूति की सचाई पहले माँगता है, अभिव्यक्ति की सजावट का खयाल पीछे करता है। यानी लकड़ियाँ चाहे जैसी भी हों, आग में

गर्मी खूब होनी चाहिए। कविता की नवीनतम धारा में सजावट के लिए जगह बहुत थोड़ी रह गई है। रीतिकाल के कवियों ने इस बात का पता लगाया कि कौन वे उपकरण हैं, जिन्हें सजाने से कविता समृद्ध दीखने लगती हैं। आज के कवि यह जानना चाह रहे हैं कि कौन वे उपकरण हैं, जिन्हें छोड़कर भी कविता कविता रह सकती है। रीतिकाल का सौन्दर्य आकलन, संचय और परिग्रह का सौन्दर्य था; आज की कविता का सौन्दर्य त्याग और अपरिग्रह का सौन्दर्य है। जो नायिका पहले प्रसाधन और अलंकार से अंगों को सजे बिना घर से बाहर पाँव नहीं धरती थी, वह अब सिर्फ इस भरोसे से बाहर घूम रही है कि लोहू की स्वस्थ लाली से बढ़कर दूसरा सौन्दर्य नहीं है। शैली की दृष्टि से कविता छन्द को छोड़ना तो क्या, निखालिस गद्य से पास पहुँच जाए, नये आलोचक इसमें भी कोई हर्ज नहीं देखते, बशर्ते कि गद्य-कल्प पंक्तियाँ मनुष्य के मन में उस स्थिति को उत्पन्न करने में समर्थ हों, जो स्थिति अब तक कविता से उत्पन्न की जाती रही है। श्लेष, यमक और अनुप्रास के लिए अब कवि की प्रंशसा नहीं की जाती। अब तो पाठक की श्रुति-चेतना इतनी परिष्कृत हो गई है कि वह गरजती हुई तुकों को बर्दाश्त ही नहीं कर सकती। अतः, उसकी रुचि के अनुकूल अंत्यानुप्रास लघ्वंत होने लगे हैं।[1]

किन्तु, क्या इतना वैषम्य हो जाने से रीतिकाल की कविताएँ आज के पाठकों के पढ़ने की चीज नहीं रह गई हैं? और स्मरण रहे कि पढ़ने से मेरा अभिप्राय परीक्षोपयोगी अध्ययन से नहीं, प्रत्युत, अंत:सुख के निमित्त किये जानेवाले पारायण और आवृत्ति से है। रीतिकाल और आज की रुचियों में बहुत बड़ा फर्क आ गया है, किन्तु, एक बात को लेकर दोनों में अब भी समानता है और वह यह है कि रीतिकाल के कवि भी इतिहास, दर्शन या कोकशास्त्र नहीं लिखकर कविता ही लिख रहे थे और आज का पाठक कविता के अनावश्यक उपकरणों को भले ही छोड़ दे, किन्तु, जो कविता का मुख्य तत्त्व है, उसे छोड़ने को वह भी तैयार नहीं है। कविताओं में परिवर्तन तो प्रत्येक युग में होता है। फिर भी, सभी युगों की कविताएँ आपस में एक हैं, क्योंकि वे सब-की-सब उस एक ही दृष्टिकोण को लेकर चलती हैं, जो वैज्ञानिकों से भिन्न, कवियों का दृष्टिकोण है। और कविताओं का आदर सदैव एक ही मूल्य के कारण नहीं

1. उदाहरण के लिए देखिए पन्तजी की कविताएँ।

होता। जो कविता आज सामाजिकता के कारण पढ़ी जाती है, सम्भव है, कल वह छन्द के लिए पढ़ी जाए अथवा सिर्फ यह देखने के लिए कि जिस युग का इतिहास ऐसा है, उस युग की कविता कैसी रही होगी :

कविता के प्रेमियों के लिए रीतिकाल मृत नहीं, सजीव है तथा उसकी भी कितनी ही कविताओं में वही रस और आनन्द विद्यमान है, जिसके लिए हम नवयुग के काव्यरसिक इतने लालायित रहते हैं। हाँ, रीतिकाल का हमारे लिए वही महत्त्व न रहा, जो तत्कालीन रसिकों के लिए रहा होगा; न हम उससे ठीक वही आनन्द ले सकते हैं, जो आनन्द उन रसिकों को मिलता होगा। सच तो यह है कि हम जब भी पीछे की ओर मुड़ते हैं, हमारी आज की रुचि हमारे साथ रहती है और रीतिकाल की भी वे ही पंक्तियाँ हमें आकृष्ट करती हैं, जिनमें उन कविताओं के थोड़े-बहुत गुण हैं, जो हमारे अपने समय में लिखी जा रही हैं। यह गुण है कविता में कवि की आत्मविभोरता का प्रमाण, जिसके पास आते ही पाठक भी आत्मविभोर हो जाए; यह गुण है कविता में संकेत भरने की वह अदा, जिससे पाठक के भीतर चिन्तन का द्वार उन्मुक्त हो जाए और वह उन सपनों को देखने लगे जो शब्द के अर्थ से नहीं, संकेत से उत्पन्न होते हैं। यह गुण है कवि में चित्रकारी की योग्यता जिससे पाठक उस चित्र को आसानी से देख ले जो कवि को दिखलाई पड़ा है। और यह गुण है छन्द को उस तरह से सजाने की शक्ति जिससे पाठक का ध्यान श्लेष, यमक, अनुप्रास और कल्पना की रूहता में नहीं फँसकर उस मुख्य अनुभूति पर बना रहे, जो छन्द का कथ्य विषय है। अनुभूति की सचाई, अभिव्यक्ति की सरलता तथा चुटीलापन और चित्रों की सुस्पष्टता, ये कुछ मुख्य गुण हैं, जो आज के पाठकों को प्रभावित करते हैं और जिनकी कसौटी पर कसे जाने पर रीतिकाल सर्वथा शून्य नहीं हो जाता, अनेक कविताओं के खंडित हो जाने पर भी, ऐसी काफी कविताएँ बच जाती हैं, जिन्हें हम प्रथम कोटि से नीचे नहीं डाल सकते। हाँ, यह बात दूसरी है कि बहुत-सी ऐसी कविताएँ हमें महाकवियों में कम, कुछ दूसरे कवियों में अधिक मिलेंगी। सच तो यह है कि आज के पाठकों की रुचि का खयाल रखा जाए तो नये मूल्यांकन में अनुभूति की तीव्रता के कारण घनानन्द, बोधा और ठाकुर तथा रसखान अपने वर्तमान पद से कहीं ऊँचे हो जाएँगे और केशव जैसे कवियों का स्थान कुछ नीचे चला जाएगा।

कहानी में जो स्थान मनोविज्ञान का है, कविता में वही स्थान चित्र को

दिया जाता है और यह ठीक भी है, क्योंकि चित्रमयता ही कविता को विज्ञान से अलग करती है। दार्शनिक और इतिहासकार जिस ज्ञान को सूचना के भंडार में जमा करते हैं, कवि उसी ज्ञान को चित्र बनाकर लोगों की आँखों के आगे तैरा देता है। जो ज्ञान चित्र में परिवर्तित नहीं किया जा सकता, वह कविता के लिए बोझ बन जाता है। इसलिए, जिस कविता में जितने अधिक चित्र उठते हैं, उसकी सुन्दरता भी उतनी ही अधिक बढ़ जाती है। रीतिकाल की और चाहे जो निन्दा की जाए, किन्तु, इतना माने बिना नहीं चल सकता कि यह वह काल है जबकि हिन्दी के कवियों ने पहले-पहल यह अनुभव किया कि वे कलाकार हैं और कला के पीछे अभ्यासयुक्त साधना का होना आवश्यक है। रीतिकाल के कवियों ने जीवन को छोड़ दिया था, किन्तु, सजावट और मजावट में वे इतने पटु निकले कि समस्त साहित्य में सबसे अधिक साफ तसवीरें उन्होंने तैयार कीं। आज आलोचना में चित्रकारी की महिमा सबसे ऊपर मानी जा रही है। अगर यही कसौटी हम रीतिकाल पर लगाएँ तो रीतिकाल हिन्दी का बहुत ही सफल काल समझा जाएगा। कविता के कला-पक्ष का मार्जन इस युग में इतना अधिक हुआ कि साधारण कवि के मुख से निकलनेवाले छन्द भी देखने और सुनने लायक हो गए और कभी-कभी तो चित्रकारी ऐसी सजीव हो उठी कि ऊँची-ऊँची कविताएँ उसके सामने फीकी लगने लगीं। बिहारी के दोहों में न तो कोई बड़ी अनुभूति है, न कोई ऊँची बात; सिर्फ लड़कियों की कुछ अदाएँ हैं; मगर, कवि ने उन्हें कुछ इस ढब से चित्रित कर दिया है कि आज तक रसिकों का मन कचोट खाकर रह जाता है। जो लोग कविता में सिर्फ ऊँची अनुभूति और ज्ञान की बड़ी-बड़ी बातों की तलाश में रहते हैं, बिहारी की कविताओं में उन्हें अपने लिए चुनौती मौजूद मिलेगी। बिहारी की कविताओं में से आलोचना का यह सिद्धान्त आसानी से निकाला जा सकता है कि कविता की सफलता भाव या विचार की ऊँचाई से नहीं, प्रत्युत, कला और कारीगरी की पूर्णता से है। कविता रामचरितमानस में भी सफल हो सकती है और 'बिहारी-सतसई' में भी और दोनों सफलताएँ अपने-अपने स्तर पर अद्भुत और महान् हैं।

बतरस लालच लाल की मुरली धरी लुकाई,
सौंह करै, भौंहनि हँसै, दैन कहै, नटि जाई।

नासा मोरि, नचाइ दृग, करी कका की सौंह,
काँटे-सी कसकति हिये, अजौं कटीली भौंह।
कंजनयनि मंजन किये, बैठे ब्यौरति बार,
कच अँगुरिन बिच दीठि दै, चितवति नंदकुमार।
भौंहनि त्रसति, मुख नटति, आँखिन सों लपटाति,
ऐंचि छुड़ावति कर इंची, आगे आवत जाति।

और चित्रकारी में कमाल केवल बिहारी को ही हासिल नहीं है, रीतिकाल के छोटे और बड़े, प्रत्येक प्रकार के कवि में यह कला विलक्षण रूप से सफल दीखती है :

अलक मुबारक तिय बदन, लटकि परी यों साफ,
खुसनवीस मुन्सी मदन, लिख्यौ काँच पर काफ।

× × ×

चूनरी विचित्र स्याम सजिकै मुबारक जू
ढाकि नखसिख तें निपट सकुचाति है।
चंद में लपेटि कै समेटि कै नखत मानो
दिन को प्रनाम किये राति चली जाति है।

—मुबारक

भादौं की कारी अँध्यारी निसा लखि
बादर मंद फुही बरसावै।
स्यामाजी आपनी ऊँची अटा पै
छकी रसरीति मलारहि गावै।
ता समै नागर के दृग दूरि ते
चातक स्वाति की मौजहि पावै।
पौन मया करि घूँघट टारै,
दया करि दामिनि दीप दिखावै।

—नागर

कैसी खिली है अलौकिक चाँदनी
नागर ताको विचार विचार्यौं,

राधेजी ऊँची अटा चढ़िकै कहूँ
आज निलांबर घूँघट टार्यौ।

—नागर

पोंछि कपोल अँगोछत ओंठ
अमेठति आँखिन ऐंठति भौंहे।

—सुन्दर

पावत न हेरे तेरे जस में हिराने निज
गिरि को गिरीस हेरैं, गिरिजा गिरीस को।

—भूषण

घूँघट को पट ओट किये
पट ओट दिये पिय को मुख देखै।

—मतिराम

नैन नवाइ लजाइ रही
मुसुकाइ लला उर लाइ पियारी।

—मतिराम

पाछे-पाछे आवत अँध्यारी-सी भँवर-भीर
आगे फैल रही उजियारी मुखचंद की।

—मतिराम

व्है रही ठौर ही दाढ़ी ठगी-सी,
हँसै कर ठोढ़ी दिये ठकुराइन।

× × ×

लोहू पियो जू वियोगिनी को
सु कियो मुख लाल पिसाचिनि प्राची।

× × ×

नैननि हँसाइ नैकु नीबी उकसाइ, हँसि
ससिमुखी सकुचि सरोवर ते निकसी।

—देव

मों हिय माँह गई जड़ि वाकी
बड़ी-बड़ी आँखि जुटी-जुटी भौहें।

—श्रीपति

लाल माँग पटिया नहीं, मदन जगत को मार,
असित फरी पर लै धरी, रकत भरी तरवार।
दाग सीतला को नहीं, मृदुल कपोलन चारु,
चिह्न देखिए ईठ की, परी दीठ के भारु।

—रसलीन

ये कुछ नूमने हैं, जहाँ-तहाँ से जमा कर दिए गए हैं। ऐसे चित्र रीतिकालीन कविता में सौ नहीं, हजार में होंगे। फिर भी, केवल चित्र को देखा जाए तो बिहारी ओर पद्माकर, इन दो कवियों का स्थान रीतिकाल के अन्य सभी कवियों से ऊपर चला जाएगा। पद्माकर भाटों की कृपा के कारण कुछ बदनाम-से हो गए हैं, जैसे सारंगी कुसंगति में जाकर अपना आदर खो बैठी है। किन्तु, जिस दिन भी कोई चतुर आलोचक चित्रकारी की कसौटी पर हिन्दी कवियों को कसेगा, उस दिन पद्माकर की महिमा प्रकाशमती हो उठेगी, इसमें सन्देह नहीं। बिहारी की चित्रकारी दोहों की छोटी जमीन पर है, इसलिए, कसावट और चुस्ती उनके चित्रों में ज्यादा मिलती है। मगर, पद्माकर ने भी सवैयों और कवित्तों की चौड़ाई को व्यर्थ नहीं जाने दिया, उनके एक-एक बन्द का पूरा उपयोग किया है।

पद्माकर ने होली खेलकर लौटनेवाली एक नायिका का वर्णन किया है, जो एक पूरे कबित्त में है। कबित्त का चित्र-पट कुछ बड़ा होता है और बड़े पट को भरने के लिए चित्रकार कभी-कभी ऐसी रेखाएँ भी खींच देते हैं, जिनकी कोई खास जरूरत नहीं होती। किन्तु, पद्माकर ने पूरी जमीन का ऐसा उपयोगी किया है, मानो, यह सब-की-सब आवश्यक रही हो।

आई खेलि होरी घरैं नवलकिसोरी कहूँ
बोरी गई रंग में सुगंधनि झकोरै है।
कहै पदमाकर इकंत चलि चौकी चढ़ि
हारन के बारन के फंद-बंद छोरै है।
घाँघरे को घूमुनि सु ऊरुनि दुबीचै दाबि,
आँगी हूँ उतारि सुकुमारि मुख मोरै है।

दंतन अधर दाबि दूनरि भई सी चाँपि
चौहर पचौहर कै चूनर निचौरै है।

सुगन्ध की झकोर तूलिका के लिए भी सूक्ष्म वस्तु होती, मगर, कवि के शब्दों ने उसे ठीक-ठीक आँक दिया है।

इसी प्रकार, माँ का दूध पीने के लिए हठ करते हुए बालकृष्ण की जो झाँकी पद्माकर ने उतारी है, वह अपनी सजीवता के कारण कवि की चित्रकला का अद्‌भुत उदाहरण बन गई है :

देखु पदमाकर गोविन्द को अमित छबि
संकर-समेत विधि आनन्द सों बाढ़ो है।
झिझिकत झूमत मुदित मुसुकात गहि
अंचल को छोर दोऊ हाथन सों आढ़ो है।
पटकत पाँय होत पैंजनी झुनुक रंच
नेकु-नेकु नैनन तें नीरकन काढ़ो है।
आगे नंदरानी के तनक पय पीवे काज
तीन लोक ठाकुर सो ठुनुकत ठाढ़ो है।

पद्माकर के हाथ में जो कलम थी, वह विचार कम, चित्र अधिक उठाती थी। दोनों में श्रेष्ठ कौन है? विचार उठानेवाला या चित्र बनानेवाला? कहना कठिन है। किन्तु, जहाँ काव्य कला का पर्याय माना जाता है, वहाँ चित्रकारी कविता का बहुत बड़ा गुण बन जाती है। और चित्र तो पद्माकर हर घुमाव पर खड़ा कर देते हैं।

हेरि हरे मुसकाय रही,
अँचरा मुख दै वृषभानुकिसोरी।

× × ×

नैन नचाइ कह्यौ मुसुक्याइ।
लला फिर आइयो खेलन होरी।

× × ×

एक पग भीतर रु एक देहरी पै धरै
एक कर कंज एक कर है किवार पर।

× × ×

हारन तैं हीरा सेत सारी किनारन तैं
बारत तैं मुकुता हजारन झरत जात।

× × ×

कैधों अरबिंद में मलिंद-सुत सोयौ आनि
ऐसो तिल सोहत कपोल की लुनाई में,
कैधों परयो इंदु में कलिंद-जल-विंदु आइ
गरक गुविंद किधौं गोरी की गुराई में।

× × ×

ज्योति को जाल बिसाल महा
तिय लाल पै लाल गुलाल को टीको।

× × ×

आँखें अधखुली अधखुली खिरकी है खुली
अधखुले आनन पै अधखुली अलकैं।

चित्रकारी की कसौटी अगर कविता की बड़ी कसौटी है तो यह कसौटी रीतिकाल पर भी लागू की जानी चाहिए; क्योंकि यह एक ऐसी कसौटी है, जिस पर रीतिकाल के अधिक-से-अधिक कवि खरे उतरते हैं। और सच पूछिए तो इसी कसौटी की आशा में उन्होंने अपनी सारी-की-सारी कविताएँ लिखी होंगी। चित्रकला की कसौटी रीतिकाल के साथ न्याय करने की सबसे अनुकूल कसौटी होगी।

हिन्दी के अत्याधुनिक कवियों का ध्यान चित्र के महत्त्व पर जा रहा है, यह प्रसन्नता की बात है। किन्तु, चित्रकारी केवल अंग्रेजी के इमैजिस्ट कवियों की ही थाती नहीं, उसका एक अतुल भंडार बिहारी और पद्माकर के भी पास है, प्रत्युत, यह कहना चाहिए कि रीतिकाल के हर एक कवि के पास यह दौलत किसी-न-किसी मात्रा में मौजूद है।

नये पाठकों की दूसरी दिलचस्पी ध्वनि और संकेत से है। वे कविता पढ़कर अर्थ तक सीमित रह जाने में निराशा का अनुभव करते हैं और चाहते हैं कि कवि उन्हें यहीं तक न छोड़े, बल्कि, वह उनके मन के भीतर कुछ ऐसी स्फुरणा जगाए कि कविता आसानी से खत्म न की जा सके; पुस्तक हाथ में हो और मन कहीं दूर की यात्रा कर रहा हो। यह कविता का उच्चतम प्रभाव है, किन्तु, यह प्रभाव

प्रत्येक युग की कविता में अल्प मात्रा में ही उतरा है। यह मानना होगा कि रीतियुग की कविता की दरिद्रता सबसे अधिक इसी गुण के अभाव के कारण है और आज के पाठकों की यह संकेतवाली तृषा रीतिकालीन काव्य में तुष्टि नहीं पा सकेगी। फिर भी, कहीं-कहीं ऐसी पंक्तियाँ मिलती हैं, जिनमें यह संकेत काम करता है और कभी-कभी ऐसी पंक्तियाँ भी मिल जाती हैं, जिनमें हम आगामी शैलियों और भंगिमाओं का पूर्वाभास पा लेते हैं। उदाहरणार्थ मतिराम की—

ज्यौं-ज्यौं निहारिये नेरे ह्वै नैननि
त्यौं-त्यौं खरी निखरै-सी निकाई।

इस पंक्ति में केवल उतना ही नहीं है, जितना शब्दों के अर्थ में सन्निहित है, बल्कि, यह एक संकेत है जो हमें सौन्दर्य की 'क्षणं क्षणं यन्नवतामुपैति तदेव रूपं रमणीयताया:' वाली परिभाषा को स्वयं समझने को प्रेरित करता है। यहाँ मतिराम लगभग उसी मुद्रा में आए हुए दीखते हैं जिस मुद्रा में आकर विद्यापति ने कहा था :

जनम अवधि हम रूप निहारल नैन न तिरपित भेल।

यह अनुभूति एक जगह घनानन्द में भी मिलती है, जैसे :

रावरे रूप की रीति अनूप
नयो-नयो लागत ज्यौं-ज्यौं निहारिये।

किन्तु, घनानन्द के लिए यह तनिक भी विस्मय की बात नहीं है, क्योंकि, अनेक अर्थों में वे रीतिकाल के नहीं, प्रत्युत, छायावादी युग के कवि हैं।

मतिराम की विशेषता यह भी है कि जब-तब उनकी पंक्तियों में उस शैली का आभास मिलता है जो शैली रीतिकाल के लिए नई, किन्तु, छायावाद-युग के लिए स्वाभाविक दीखती है।

सुनि सुनि गुन सब गोपिकनि समझो सरस सवाद,
कढ़ी अधर की माधुरी व्है मुरली को नाद।

अधर की मधुरता ही मुरली का स्वर बन गई है यानी आँखों से देखी जानेवाली चीज ही कानों को सुनाई दे रही है, यह योजना रीतिकाल के लिए नई कही जाएगी।

इसी प्रकार :

फूलति कली गुलाब की, सखि यह रूप लखै न।
मनो बुलावति मधुप कौ दै चुटकी की सैन।

इस दोहे में, गुलाब के चुटकी देकर भ्रमर को बुलाने की योजना भी रीतिकाल के लिए नवीन रही होगी। इसका योग देव के भी एक कबित्त में बड़े ही चमत्कार के साथ हुआ है :

मदन महीप जू को बालक बसंत ताहि
प्रात ही जगावत गुलाब चटकारी दै।

कहना व्यर्थ है, गुलाब चटकारी देने में प्रयोग की जो नवीनता है, उसी के कारण देव का यह कबित्त आज भी प्रेम से पढ़ा जा रहा है।

रीतिकाल को हम सिर्फ शरीर का काल कहते हैं, किन्तु मतिराम ने कहीं-कहीं मन के सौन्दर्य की ओर बड़ा ही बेजोड़ संकेत किया है और जहाँ-जहाँ यह संकेत मिलता है, वहाँ-वहाँ कविता खिसककर वर्तमान युग के हृदय के पास पहुँच जाती है। वट-सावित्री-पूजन का एक दृश्य है, नायिका वट के चारों ओर परिक्रमा कर रही है। किन्तु वट की यह परिक्रमा सिर्फ देह करती है, मन तो प्रियतम के चारों ओर घूम रहा है। मतिराम कहते हैं :

जमुना के तट बंसीवट के निकट
नंदलाल पै सकोचन तें चाह्यौ ना परत है।
तन तो पिया को बर भाँवरे भरत
मन साँवरे बदन पर भाँवरे भरत है।

छायावाद पर लिखते हुए पंडित रामचन्द्र शुक्ल ने एक जगह कहा है कि हिन्दी कविता का स्वच्छन्द विकास स्वतः होता आ रहा था जिसकी रेखाएँ मैथिलीशरण गुप्त, रामनरेश त्रिपाठी, जगमोहन सिंह (श्यामा-स्वप्नवाले) आदि की रचनाओं में मिलेंगी। किन्तु, जब तक यह विकास पूर्ण हो, उसके पहले ही देश में रवीन्द्रनाथ की कविताओं की धूम मच गई और लोग अपनी परम्परा को छोड़कर रवीन्द्रनाथ की ओर दौड़ पड़े और इस प्रकार हिन्दी में एक नई धारा चल पड़ी, जो अपनी बनाई हुई कम, अन्यत्र निर्मित अधिक थी।

रवीन्द्रनाथ का प्रभाव छायावाद पर पड़ा अवश्य है, किन्तु, छायावाद के साथ हिन्दी कविता में जो एक नई भंगिमा उत्पन्न हुई, उसकी परम्परा हिन्दी में

बहुत दिनों से आ रही थी। वह विद्यापति की 'जनम अवधि हम रूप निहारल' वाली पंक्ति में थी, वह कबीर और मीरा की भी पंक्तियों में मिलेगी और सूर की विरहवाली पंक्तियों में भी हम उसकी झाँई देखते हैं। यही नहीं, आगामी शैली का पूर्वाभास तुलसीदास में भी मिलता है :

सुन्दरता कहँ सुन्दर करई
छबिगृह दीपसिखा जनु बरई।
जहँ बिलोकु मृगसावकनैनी,
जनु तहँ बरसु कमल सितसैनी।

इन पंक्तियों में उस शैली की बारीक झाँई है जो छायावाद के साथ प्रकट होनेवाली थी।

रीतिकाल में मतिराम और देव की कुछ पंक्तियों एवं घनानन्द, बोधा, आलम और ठाकुर की अनेक पंक्तियों में यह परम्परा मौजूद है और जब भारतेन्दु ने चन्द्र-कला में 'स्रवनन पूरो होय मधुर सुर अंजन ह्वै दोउ नैन' जैसी पंक्तियाँ लिखीं, तब इन पंक्तियों के द्वारा वे छायावादी शैली की ही ओर संकेत कर रहे थे।

अनुभूति की मार्मिकता और दर्द की बेचैनी की माँग हिन्दी में छायावाद-काल में खूब बढ़ी, किन्तु यह चीज छायावाद में कहीं बाहर से नहीं आई थी। यह मार्मिकता और यह बेचैनी रीतियुग में ही हिन्दी कविता के भीतर पचने लगी थी और, रीति-कविता के महाज्ञाता पं. विश्वनाथ प्रसाद मिश्र के अनुसार, यह प्रभाव हिन्दी में फारसी से आया था। प्रभाव चाहे जहाँ से भी आया हो, परन्तु, इस तड़प और बेचैनी ने हिन्दी कविता में एक नई अदा पैदा कर दी और इसके कारण वह अधिक जीवन्त भी हो उठी। भारत में साहित्य और संस्कृति के सबसे सुन्दर फूल तब खिले हैं जब बाहर की कोई धारा आकर हमारी धारा से टकरा गई है। जब आर्य और आर्येतर संस्कृतियाँ आपस में मिलीं, हमने वैदिक साहित्य और दो बड़े महाकाव्यों की रचना की; जब शक और आभीर आए, हमारी कविता में इहलौकिकता की वृद्धि हुई और श्रृंगार ने एक नया रंग पकड़ा, जिसका प्रमाण हाल की गाथा-सप्तशती है। जब मुसलमान आए, यहाँ भाषा-काव्य का विकास हुआ और श्रृंगार तथा रहस्यवाद की कविताओं में एक नई तड़प पैदा हुई और जब ईसायियत यहाँ पहुँची, हमने छायावाद की सृष्टि की।

छायावाद के साथ प्रकट होनेवाली तन्मयता की माधुरी और वेदना की बेचैनी कबीर और मीरा में जन्मी थी, तुलसी और सूर में वह शान्तभाव से कायम रही तथा रीतिकाल में भी वह मरी नहीं थी। कहीं तो पूर्वराग की मादकता के साथ, कहीं रूप-दर्शन की तन्मयता के साथ और कहीं विरहिणियों के उद्गारों में वह बराबर प्रकट होती रही। उदाहरणार्थ :

वेगि ही बूड़ि गई पंखियाँ
अँखियाँ मधु की मखियाँ भई मेरी

× × ×

साँवरे लाल को साँवरो रूप मैं
नैननि को कजरा करि राख्यो।

× × ×

फूल ज्यों सूल सिला सम सेज
बिछावनि बीच बिछी जनु बीछी।

× × ×

दीजिए दरस 'देव' लीजिए सँजोगिनी कै
जोगिनी ह्वै बैठी हैं वियोगिन की अँखियाँ।

—देव

अथवा बिहारी का यह दोहा कि :

इन दुखिया अँखियान को सुख सिरजोई नाहि,
देखे बने न देखिवो, बिन देखे अकुलाहिं।

किन्तु, ये तो परम्परा के निशान हैं जो कहीं बहुत साफ और कहीं धुँधले लगते हैं; किन्तु, रीतिकाल का कोई एक कवि अगर छायावादी कवियों का आत्मीय बन्धु कहा जा सकता है तो वे घनानन्द हैं। हिन्दी साहित्य के इतिहास में घनानन्द जिस स्थान के अधिकारी हैं, वह स्थान अभी उन्हें नहीं मिला है। कितने आश्चर्य की बात है कि जब रीतिकाल के पचासों कवि भविष्य की ओर से आँखें मूँदकर अपनी प्रयोगशाला में काम करते-करते पीछे छूट गए, तब भविष्य की राह केवल घनानन्द को दिखाई पड़ी और केशव, मतिराम, देव और बिहारी तथा पद्माकर जैसे लोग जब अपनी ही सीमा में खत्म हो गए तब अतीत के जुलूस को भविष्य तक पहुँचाने की राह घनानन्द ने बनाई और वे ही

वह सेतु हुए जिस पर चढ़कर पुरानी हिन्दी कविता ने नवयुग में प्रवेश किया। क्या यह विचारणीय प्रश्न नहीं है कि नवीन हिन्दी कविता का प्रथम कवि कौन माना जाए? भारतेन्दु या घनानन्द? भारतेन्दु की पंक्तियों में भी छायावादी शैली का आभास उतरा है, किन्तु, छायावाद से अधिक वे प्रगतिवाद के उन्नायक ठहरते हैं; क्योंकि नवीनता की दिशा में उनका खास जोर कविता के सामाजिक पक्ष पर था। किन्तु, द्विवेदी-युग की नीरसता के विरुद्ध कल्पनाओं और स्वप्नों की रंगीन कुहेलिका लिये हुए जो नई काव्य-शैली हिन्दी में आई, उसके अग्रदूत घनानन्द ही थे। घनानन्द की कविता में हमें प्रगतिमती हिन्दी कविता की पदचाप सुनाई पड़ती है। उसका एक पाँव रीतिलोक में है (जैसे भारतेन्दु का भी), किन्तु, दूसरा बिलकुल छायावाद के पास पहुँचता है। रीतिकाल में कवि का पांडित्य ऊपर, उसकी भावाकुलता नीचे पड़ गई थी। घनानन्द में हम भावाकुलता का स्थान पांडित्य से बहुत ऊपर पाते हैं। घनानन्द खुद भी उस भेद को देख रहे थे जो उनके तथा उनके समकालीन बन्धुओं के बीच विद्यमान था। और यही देखकर उन्होंने कहा भी था :

लोग हैं लागि कबित्त बनावत
मोहि तो मेरे कबित्त बनावत।

घनानन्द के पास शब्दाडंबर नहीं, क्लिष्ट कल्पना नहीं, पांडित्य और आचार्यत्व नहीं, जो है वह केवल प्रेम की अनुभूति है। उन्होंने सौन्दर्य देखा था और प्रेम किया था और, अन्त में, विरह की दुस्सह वेदना भी भोगी थी। और इन तीनों की अनुभूति उनकी कविता में विद्यमान है। उन्होंने जिस रूप का वर्णन किया है, वह नखशिखवाला बँधा हुआ निर्जीव रूप नहीं है, प्रत्युत, यह वह लावण्य है जो अंगनाओं में अवयवों के सौन्दर्य से अलग विभासित होता है :

अंग-अंग तरंग उठै द्युति की
परिहै मनो रूप अबै धर च्वै

× × ×

रावरे रूप की रीति अनूप
नयो नयो लागत ज्यों-ज्यों निहारियै।

और विरह तो घनानन्द की पूँजी ठहरा। विरह के जो स्वर उनके हृदय से

निकले हैं, वे रीतिकाल में दुर्लभता से मिलते हैं :

प्रान-पखेरू परे तरफैं लखि
रूप चुगो जु फँदे गुनगाथन।
क्यों हरिते हित पालि सुजान
दया बिन व्याध वियोग के हाथन।
सालत बान समान हियै
सु लहे घन-आनन्द जे सुख साथन।
देहु दिखाय दई मुखचन्द
लग्यौ अब औधि दिवाकर आथन

अन्तिम पंक्ति पढ़ते-पढ़ते, अनायास ही, भारतेन्दु की यह भावाकुल पंक्ति याद आ जाती है :

बैनहू अथान लागै, नैन कुम्हिलान लागै,
प्राननाथ, आओ, अब प्रान लागे मुरझान।

रीतिकाल की बौद्धिक विरहानुभूति की निष्प्राणता और कुंठा के वातावरण में घनानन्द की पीड़ा की टीस सहसा ही हृदय को चीर देती है और मन, सहज ही, यह मान लेता है कि दूसरों के लिए किराये पर आँसू बहानेवालों के बीच यह एक ऐसा कवि है जो, सचमुच, अपनी ही पीड़ा से रो रहा है।

पहिले अपनाय सुजान सनेह सों
क्यों फिर तेहि को तोरियै जू।
निरधार अधार दै धार-मँझार
दई! गहि बाँहि न मोरियै जू।
घन-आनन्द आपने चातिक को
गुन-बाँधिलैं मोह न छोरियै जू।
रस प्याय के ज्याय बढ़ाय कै आस
बिसास में यों विष घोरियै जू।

केवल अपनी प्रेमिका सुजान के लिए ही नहीं, भगवान के लिए भी घनानन्द के हृदय से पुकार निकली है, वह रीतिकाल के कवियों की भीड़ में नहीं, प्रत्युत, कबीर, मीरा, रवीन्द्र और ब्लेक की कविताओं में ही खप सकती है।

अन्तर हौ किधौं अन्त रहौ,
दृग फारि फिरौं कि अभागनि भीरौं?
आगि जरौं अकि पानि परौं,
अब कैसी करौं हिय का बिधि धीरौं?
जौ घन-आनन्द ऐसी रुची,
तौ कहा बस है, अहो, प्रानान पीरौं।
पाऊँ कहाँ हरि हाय तुम्हें?
धरनी में धँसौं कि अकासहिं चीरौं?

'धरनी में धसौं कि अकासहिं चीरौं' की पूरी प्रशंसा नहीं की जा सकती। दो-ढाई सौ वर्ष पूर्व हिन्दी में इतनी व्याकुलता व्यंजित करने वाली पंक्ति लिखी जा चुकी है, यह सोचकर अपनी भाषा पर गर्व होता है।

रीतिकाल में अगर घनानन्द को लेकर एक अलग परिवार की कल्पना की जाए तो उसके सबसे विश्वासी सदस्य बोधा होंगे तथा इस परिवार में आलम, ठाकुर, रसखान और मुबारक को भी नजदीक की जगह मिल जाएगी। बोधा घनानन्द के ही गुटका-संस्करण-से लगते हैं, प्रेम का वही नशा, विरह की वही बेचैनी, भावुकता की वही लहर और निराशा में तड़पकर जान देने की वही चाह। बल्कि, जान दे देनेवाला मजमून घनानन्द में बहुत थोड़ा-सा है, लेकिन, बोधा इस मजमून के बहुत कायल हैं। बोधा का व्यक्तित्व भावुक प्रेमी का व्यक्तित्व है, जिसे प्रेम से निराशा हुई है, जिसके मन की आग मन में ही जल रही है और जिसे कहीं भी वह आदमी नहीं मिलता जिसके सामने अपनी वेदना कहकर वह अपने जी को हलका करे।

कबहूँ मिलिबो, कबहूँ मिलिबो
यह धीरज ही मैं धरैबो करै।
उर तैं कढ़ि आवै, गरे तैं फिरै,
मन की मन ही में सिरैबो करै।
कवि बोधा न चाव सरी कबहूँ
नित ही हरबा सों हिरैबो करै।
कहते ही बनै, सहते न बनै,
मन ही मन पीर पिरैबो करै।

पं. विश्वनाथप्रसाद मिश्र ने जो यह बात कही है कि इन कवियों ने फारसी कविता का प्रभाव ग्रहण किया था, वह प्रभाव बोधा में बहुत स्पष्ट है। उर्दू और फारसी में यह भाव बार-बार आया है कि प्रेमी अपनी पीड़ा किससे कहे, यहाँ सुनने वाला ही कौन है। भावुक प्रेमी की यह निराशा छायावादी कवियों में भी खूब निखरी थी। और छायावाद में भी यह चीज कुछ तो सीधे उर्दू और कुछ घनानन्द और बोधा के मार्फत ही पहुँची होगी।

जबते बिछुरे कवि बोधा हितू
तबते उर दाह घिरातो नहीं।
हम कौन सों पीर कहैं अपनी?
दिलदार तो कोऊ दिखातो नहीं।

आलम और शेख के नाम पर जितने छन्द प्रचलित हैं, उनमें भी काफी ताजगी और नयापन मिलता है। किन्तु, आलम का एक सवैया तो ऐसा है, जिसमें हरएक विरही का दर्द समाया हुआ है।

जा थल कीन्हें विहार अनेकन
ता थल काँकरी बैठि चुन्यौ करैं।
जा रसना सों करी बहु बातन
ता रसना सों चरित्र गुन्यौ करैं।
आलम जौन से कुँजन में करी
केलि तहाँ अब सीस धुन्यौ करैं।
नैनन में जे सदा बसते
तिनको अब कान कहानी सुन्यौ करैं।।

रीति के प्रचार ने जैसे अनेक सहज भावों को कृत्रिमता की ओर मोड़ दिया, वैसे ही, प्रकृति को देखनेवाली दृष्टि को भी उसने दूषित कर डाला। जब से रीति का चलन हुआ, कविगण प्रकृति को सिर्फ उद्दीपन के लिए लाते रहे, मानो, काम को उत्तेजना देने के सिवा प्रकृति का और कोई उपाय ही नहीं हो! सूर और तुलसी तक में प्रकृति का स्वतंत्र अस्तित्व हमें नहीं मिलता। तुलसीदास की प्रकृति नीतियों की निर्झरी है और सूरदास की विरहिणियाँ प्रकृति को अपना शत्रु समझती हैं।

बिनु गोपाल बैरिनि भई कुंजैं।
जो वै लता लगत तनु सीतल
अब भई विषम अनल की पुंजैं।

यह ठीक है कि इन महाकवियों ने नीति-प्रचार अथवा विरहोद्दीपन के लिए प्रकृति का जो उपयोग किया है, उससे उनकी उक्ति सबल हुई है; किन्तु, इस पद्धति से चित्रण वास्तव में मनुष्य का होता है, प्रकृति का अपना रूप उससे खुलकर प्रकट नहीं होता। और रीति के चलन के पूर्व, संस्कृत-कवियों की भी यह दृष्टि नहीं थी। वाल्मीकि और कालिदास प्रकृति के सौन्दर्य को अपनेआप में पूर्ण मानते थे और इसीलिए उनके प्रकृति-वर्णन में केवल प्रकृति ही है, जो सामने आती है, उनके साथ नायिका का ताप या काम-ज्वर अथवा सन्तों के उपदेश नहीं आते हैं। और चूँकि यह प्रकृति केवल प्रकृति है, इसलिए, उसका प्रभाव भी सहज ही मनोरम हो उठता है। 'वासन्तिकी निशा प्राप्ता न शीता न च घर्मदा'—वाल्मीकि के इस वर्णन में वासन्ती रात्रि के समशीतोष्णता हमें सहज ही अनुभूत इसलिए हो जाती है कि उसमें से न तो उपदेश निकाला गया है और न कोई नायक या नायिका ही वहाँ खड़ी है।

वाल्मीकि और कालिदास में प्रकृति जिस प्रकार निर्मल है, अंग्रेजी की भी तमाम कविताओं में उसका वैसा ही विमल रूप है। लैंडशेप चित्रित करनेवाला चित्रकार केवल प्रकृति का ही चित्र उतारता है। उसमें कहीं कोई मानवीय आकृति नहीं दिखाई जाती। एक हिन्दी में ही प्रकृति दब गई और आदमी के विरह और मिलन की लीलाओं में वह सेविकामात्र रह गई। किन्तु, केवल रीतिकाल को इस विषय में अधिक दोष देना ठीक नहीं होगा, क्योंकि और कालों में भी कवियों ने प्रकृति-वर्णन के सिवा किन्हीं अन्य उद्दश्यों के लिए किया है। फिर भी सेनापति के कितने ही छन्द हैं जिनमें प्रकृति-वर्णन के क्रम में संस्कृत और अंग्रेजीवाली यह पद्धति अक्षुण्ण मिलती है। वैसे, दोषी तो सेनापति भी हैं, क्योंकि पलास के लाल फूल उन्हें भी अँगार-जैसे लगते हैं :

आधे अनसुलगि सुलगि रहे आधे, मनौ
विरही दहन काम कोयला परचाये हैं।

किन्तु, तब भी उन्हीं के कुछ छन्द हैं जिनसे प्रकृति-वर्णन के क्षेत्र में रीतिकाल की थोड़ी प्रतिष्ठा बचती है और जिसमें प्रकृति बहुत दूर तक स्वतंत्र

रहकर अपना रूप दिखलाती है। जैसे :

वृष कौं तरनि तेज सहसौ किरन करि
ज्वालन के जाल विकराल बरसत है।
तचति धरनि, जग जरत झरनि, सीरी
छाँह को पकरि पंथी पंछी बिरमत है।
सेनापति नेक दुपहरी के ढरत, होत
धमका विषम, ज्यौं
न पात खरकत है।
मेरे जान पौनों सीरी
ठौर कौं पकरि कौनों
घरीएक बैठि कहूँ घामै बितवत है।

सेनापति के ऐसे कबित्तों को देखकर क्या मन में यह अनुमान नहीं होता कि प्रकृति-वर्णन की जो पद्धति कालिदास के बाद देश में सो गई थी, वह हिन्दी के रीतिकाल में स्वयमेव जग रही थी, उसे जगाने के लिए यूरोपीय शंखनाद की आवश्यकता नहीं थी? रीतिकाल चाहे जितने भी निर्जीव सौन्दर्य का काल रहा हो, किन्तु, वह हिन्दी के आधुनिक काल की पार्श्वभूमि में पड़ता है और उसमें नवीनता के बीज जहाँ-तहाँ अवश्य मिलते हैं।

[1953 ई.]

छायावाद की भूमिका

कला का प्रत्येक नया आन्दोलन कला-सम्बन्धी धारणाओं में परिवर्तन उपस्थित करता है और साहित्य में जब भी नये कवियों का उत्थान होता है तब उनके पीछे आनेवाली आलोचना भी नवीन हो उठती है। छायावाद के आविर्भाव के पूर्व हिन्दी में आलोचना की जो परिपाटी थी, छायावाद के आगमन के बाद वह बदलने लगी और कविताओं का अध्ययन उस पद्धति से किया जाने लगा जो पाश्चात्य आलोचना की पद्धति थी। वैसे तो, पाश्चात्य समीक्षा-पद्धतियों की चर्चा हिन्दी में द्विवेदी-युग में अथवा उससे कुछ पूर्व ही आरम्भ हो गई थी, किन्तु, जिसे, सचमुच साथ होना कहते हैं, उस अर्थ में पाश्चात्य आलोचना द्विवेदी-युग के बाद ही हिन्दी कविता के साथ हुई।

इसी प्रकार, जो कविता द्विवेदी-युग के बाद प्रचलित हुई, वह हिन्दी के लिए नवीन तो थी, किन्तु, उस दिशा में भी संकेत छायावाद-युग के पूर्व से ही मिलने लगे थे। ये संकेत मैथिलीशरण गुप्त, रामनरेश त्रिपाठी, मुकुटधर पांडेय, जगमोहन सिंह और श्रीधर पाठक में ही नहीं, प्रत्युत्, कहीं-कहीं भारतेन्दु और उनसे भी पूर्व घनानन्द में मिलते हैं। किन्तु, इतना होने पर भी, छायावाद यदि पूर्वयुगों से छिन्न मालूम होता है तो इसका एक बड़ा कारण यह भी है कि भारतेन्दु के बाद हिन्दी कविता की भाषा बदल गई। यदि घनानन्द ने खड़ी बोली में लिखा होता तो, सरलता से, वे छायावाद के पूर्व-पुरुष मान लिये गए होते। किन्तु, यह नहीं हुआ। कुछ तो कविता की भाषा बदल जाने के कारण

और कुछ पाश्चात्य प्रभावों के, प्रायः सहसा ही पुँजीभूत हो उठने के कारण छायावाद काल की कविता ने ऐसा रूप ले लिया जो उसे पूर्वयुगों से भिन्न कर देता है। फिर भी, जो नियम अन्य भाषाओं में घटित होनेवाली साहित्यिक क्रान्तियों पर लागू होते हैं, हिन्दी भाषा की साहित्यिक क्रान्तियाँ उनका सर्वथा अपवाद नहीं हैं।

साहित्य में प्रत्येक युग अपने पूर्ववर्त्ती युग के अनुभवों से शिक्षा लेकर आगे बढ़ता है और समाप्त होते-होते आगामी युग के लिए अपने अनुभवों का निचोड़ छोड़ जाता है। एक युग से दूसरे युग का यह जो क्रिया या प्रतिक्रिया का सम्बन्ध है, उसके उदाहरण अपने साहित्य में कम-से-कम, रीतिकाल से स्पष्ट मिलने लगते हैं।

हिन्दी में रीतिकाल की जितनी निन्दा हुई है, उतनी किसी और काल की नहीं। फिर भी, यह ध्यान देने की बात है कि पाश्चात्य जगत में कविता की जो कसौटी आज मान पा रही है, उस पर हिन्दी के सभी कालों को कसें, तो, कदाचित्, रीतिकाल अन्य सभी कालों से श्रेष्ठ सिद्ध हो जाएगा। क्योंकि हिन्दी का आदिकाल कला के लँगड़ाने का काल था और भक्तिकाल में, यद्यपि, विद्यापति, सूरदास, मीरा और तुलसीदास, सभी नियमों के अपवाद होने के कारण, आलोचना की नोक से परे हो जाते हैं, किन्तु, शेष, कवियों के विषय में यह कहा जा सकता है कि उन्होंने कला नहीं, धर्म और सदाचार की सेवा की है। किन्तु, इस कसौटी पर रीतिकाल का विरला ही कवि होगा जो खंडित किया जा सके। आज की आलोचना की भाषा में यदि रीतिकालीन कवियों की काव्य-सम्बन्धी धारणाओं को समेटा जाए तो सूत्र यह बनेगा कि कविता में वस्तु चाहिए, विचार नहीं तथा काव्य की शोभा के मुख्य कारण उसमें उठने वाले चित्र होते हैं और ये चित्र शारीरिक होते हैं जिन्हें मन की आँखे स्पष्टता से देख सकें। यदि चित्रकारी कविता का अन्यतम गुण है तो यह मानने में तनिक भी कठिनाई नहीं रह जाती कि रीतिकाल हिन्दी कविता का अन्यतम काल था।

आलोचकों का जो सम्प्रदाय चित्रकारी को कविता का सबसे बड़ा गुण मानता है, उसे रीतिकाल की निन्दा करने में कठिनाई होगी। इसी प्रकार, जो आलोचक यह मानते हैं कि कविता विचार नहीं, केवल भाव है, वे भी, अपने सिद्धान्तों में परिवर्तन लाए बिना, रीतिकालीन कविता की निन्दा करने में कठिनाई अनुभव करेंगे। किन्तु, हिन्दी में रीतिकाल की निन्दा हुई और इतनी

हुई जितनी किसी और काल की नहीं हुई है। और यह निन्दा स्वामी दयानन्द के समय में आकर ही नहीं, प्रत्युत्, उससे पूर्व ही आरम्भ हो गई थी। कदाचित्, कवियों की संख्या-वृद्धि से अथवा कविता के स्फीत (इंफ्लेटेड) हो जाने से 'ठाकुर' अपने युग से अप्रसन्न हो गए और उन्होंने काव्य-रचना को सस्ता प्रयास मानकर कवियों की पंक्ति में दौड़कर सम्मिलित होनेवाले लोगों को लक्ष्य करके कहा कि :

डेल-सों बनाय आय डालत सभा के बीच,
लोगन कबित्त कीबो खेल करि जानो है।

उसी काल के एक अन्य कवि अपने समकालीन कवियों से इसलिए अप्रसन्न हो उठे कि कविगण अपनी प्रतिभा का सारा चमत्कार नारी-मूर्ति की रचना में दिखा रहे थे। इस कवि ने कवियों को असत्यवादी कहा है और उनके इस दावे का मजाक उड़ाया है कि हम सरस्वती के प्यारे बेटे हैं :

एती झूठी जुगुती बनावै औ कहावै कवि,
ताहू पै कहै कि हमें सारदा को वर है।

इन दो आलोचनाओं से इस बात का कुछ थोड़ा-सा आभास मिलता है कि रीतिकाल के अन्तिम चरण में आकर कविगण स्वयं यह सोचने लगे थे कि कविता की स्थिति ठीक नहीं है, उसमें कुछ-न-कुछ सुधार या परिवर्तन होना चाहिए। और इन दो कवियों के असन्तोष का कारण यह नहीं दीखता कि कविता में चित्रों की भरमार हो गई थी, प्रत्युत्, यह कि कविता के विषय सिमटकर नारी-अंगों पर आ टिके थे और दीर्घकाल तक एक ही प्रकार के रूपकों और उपमाओं के प्रयुक्त होने से काव्य में नवीनता बहुत कम रह गई थी।

मात्र नारी-मूर्ति के चारों ओर चक्कर काटने में जो ग्लानि या कलंक है, उसका ज्ञान तो हिन्दी-कवियों को स्वामी दयानन्द के पवित्रावादी आन्दोलन के बाद ही हुआ, किन्तु, उससे पूर्व भी वे कविता की प्रचलित धारा से असन्तुष्ट होने लगे थे। रीतिकाल की सबसे बड़ी आलोचना, कदाचित्, यह है कि उसके ठीक बाद आनेवाले महाकवि भारतेन्दु ने अपना स्वर रीतिकाल से न मिलाकर भक्तिकाल से मिलाया जो रीतिकाल के ठीक उस पार पड़ता है। रीतिकाल शुद्ध कला का काल था, उसमें विचारों की नहीं, केवल भावों की प्रधानता थी, वह अमिश्रित अथवा खाँटी कविता का काल था एवं उसके कवियों ने कारीगरी का इतना अच्छा उपयोग किया जितना और किसी काल के कवि न कर पाए थे।

आज की आलोचना के अनुसार, ये सारे गुण शुद्ध कविता के गुण हैं। फिर भी, ये गुण रीतिकाल को निन्दित होने से न बचा सके। इस स्थिति से दो शिक्षाएँ निकलती हैं। पहली तो यह कि साहित्य की धारा बराबर परिवर्तित होना चाहती है और दूसरी यह कि चित्र और भाव चाहे जितने भी बड़े गुण हों, किन्तु, विचारों का आधार लिये बिना, बहुधा, सुन्दर साहित्य भी निष्प्राण हो जाता है।

रीतिकाल के ठीक बाद वाले काल में हिन्दी-भाषी क्षेत्रों में जो सबसे बड़ी सांस्कृतिक घटना घटी, वह स्वामी दयानन्द का पवित्रतावादी प्रचार था। जब स्वामीजी का आविर्भाव हुआ, उसके पूर्व ही, यह देश दासता की जंजीरों में भलीभाँति कस चुका था और अब इस विवश देश को यूरोपीय सभ्यता अपने रस की सूई पर सूई दिये जा रही थी। स्वामीजी इस अन्याय का विरोध करने को आए थे, अतएव, उन्होंने भारतीय मानवता को वीरता और ब्रह्मचर्य का सन्देश दिया, संयम और सदाचार की शिक्षा दी, बुद्धिवाद और विवेक का उपदेश दिया। वे देश को पौराणिक संस्कार, रहस्यवाद, शृंगारिकता और रसिकता की छाया से निकालकर बल और बुद्धिवाद की धूप में खड़ा करना चाहते थे। परिणाम यह हुआ कि ज्यों-ज्यों उनके उपदेश हिन्दी-भाषी जनता के हृदय में बसते गए, त्यों-त्यों साहित्य का वह आदर्श निन्दित होता गया जिसे रीतिकाल के कवियों ने अपने सामने रखा था। भारतेन्दु ने रीतिकाल की निन्दा में कहीं कुछ कहा है या नहीं, इसका उदाहरण मुझे याद नहीं आता, किन्तु, पं. प्रतापनारायण मिश्र की निन्दा केवल 'सुमुखि-अलक-उपमा लहि नाग-देवता तृप्यंताम्' में रीतिकाल की प्रवृत्ति पर स्पष्ट व्यंग्य है। एक समय पंडित मदनमोहन मालवीयजी भी कविताएँ लिखते थे एवं उनके भी एक सवैये में रीतिकालीन काव्य की प्रवृत्ति पर चोट है :

भारत चारहुँ ओर दुखी दुख भोगत बीति गे वर्ष हजारन।
ध्यान रतीके दियो चहिये दुख कौन उपाय सों होय निवारन।
सो सब दूरि रहै 'मकरन्द' समै इन बातन में किहि कारन।
होय सो हो इहाँ नहिं भूलनौ राधिका रानी कदम्ब की डारन।

कभी-कभी यह सोचने पर कि यदि भारत में यूरोप का आगमन न हुआ होता अथवा स्वामी दयानन्द उस समय न आए होते जब उनका आगमन हुआ तो रीतिकाल के बाद हिन्दी कविता किस ओर को जाती, मुझे ऐसा लगता है

कि वह या तो उधर को जाती जिस ओर जाने का संकेत उसे घनानन्द ने दिया था, अथवा उस ओर को, जिधर उसे भक्त भारतेन्दु ले जा रहे थे। और सच पूछिए तो भक्त भारतेन्दु और प्रेमी घनानन्द, ये एक ही दिशा की ओर इंगित करते हैं जो दिशा विचारों की नहीं, भावों की दिशा है; जो दिशा प्रचार नहीं, मात्र आनन्द की दिशा है। देशभक्त भारतेन्दु की कविता में जो विचार उतरे हैं, वे भारत-यूरोप संघर्ष के परिणाम हैं, वे इस नवीन प्रेरणा से उद्भूत विचार हैं कि जब देश अथवा मनुष्यता पर संकट आया हो तब कवि को भी मात्र आनन्द-सृजन को छोड़कर समाजोपयोगी ध्येयों की प्राप्ति में लग जाना चाहिए। शुद्ध कलावादियों की भाषा में व हना चाहें तो कह सकते हैं कि रीतिकाल के बाद की हिन्दी कविता कला की पराजय और जीवन की जय की कविता थी।

कला की पराजय और जीवन की जय के सबसे बड़े दृष्टान्त भारतेन्दु-युग के बाद द्विवेदी-युग में दिखाई पड़े। यह वह समय था जब स्वामी दयानन्द के उपदेश हिन्दी-प्रान्तों में भलीभाँति घुल चुके थे और चिन्तक तथा साहित्यकार जीवन को उस स्वच्छ दर्पण में देखने के अभ्यासी हो चले थे जो दर्पण स्वामीजी के उपदेशों से तैयार किया जा सकता था। द्विवेदी-युगीन काव्य के लिए हिन्दी में 'इतिवृत्तात्मक' विशेषण चलता है। एक आलोचक ने इस युग की कविता को शुभ्रवसना संन्यासिनी भी कहा है। किन्तु, सच पूछिए तो द्विवेदी-युग के कवि संन्यासी नहीं, गृहस्थ थे। स्वामी विवेकानन्द के मुख से कर्मठ वेदान्त और लोकमान्य तिलक के मुख से कर्मयोग-शास्त्र सुन लेने के बाद वे गृहस्थ के सिवा और कुछ हो भी कैसे सकते थे? द्विवेदी-युगीन कविता में वैराग्य की भावना नहीं है, न उसमें जीवन से भाग खड़ा होने का संकेत है। यही नहीं, प्रत्युत, उसमें नारियों की भी निन्दा नहीं मिलती जो पहले के सभी वैरागी कवियों की विशेषता रही थी। इतिहास में देखा गया है कि जब भी समाज में वैरागियों और संन्यासियों का आदर बढ़ता है तब गृहस्थ और नारी-जाति के आदर में उसी अनुपात में कमी आ जाती है। इसके विपरीत, जब भी प्रवृत्ति का उत्थान होता है तब गार्हस्थ्य और नारी-जाति, दोनों का सम्मान पहले से अधिक हो जाता है। द्विवेदी-युग की कविता संन्यास नहीं, प्रवृत्ति और कर्मयोग की कविता है तथा वह नारियों के प्रति भी सम्मानशील है। उन्नीसवीं सदी में देश में सांस्कृतिक नवोत्थान की जो लहर उठी थी, उससे प्रेरित कविगण निवृत्ति और मायावाद से भाग रहे थे और वे गृहस्थ (यानी कर्मठ मनुष्य) और नारी,

दोनों के मूल्य को समाज में ऊँचा उठाना चाहते थे। रीतिकालीन कविता की उस समय जो निन्दा हुई, उसका भी मुख्य कारण यह नहीं था कि उस काल के कवियों ने कविता के सामाजिक उद्‌देश्य की उपेक्षा की थी, प्रत्युत्, यह कि उन्होंने नारियों को केवल नायिका बना-बनाकर छोड़ दिया था और, प्रत्यक्ष या अप्रत्यक्ष रूप से इस सिद्धान्त की उन्होंने पुष्टि कर दी थी कि नारी प्रेम-क्रीड़ा की सामग्री-मात्र है।

द्विवेदी-युग की कविता अपेक्षाकृत नीरस और रुक्ष है। इसका एक कारण तो यह है कि इस युग में भाषा तैयार नहीं थी, अतएव, कविगण उसकी सम्भावनाओं का यथेष्ट लाभ नहीं उठा सके। दूसरे, द्विवेदी-काल को हम रीतिकाल के विरुद्ध उठी हुई प्रतिक्रिया का भी काल कह सकते हैं। चूँकि रीतिकाल के कवियों ने नारी के कामिनी-रूप पर अत्यधिक दृष्टि गड़ाई थी, इसलिए, वे द्विवेदी-युग के कवि नारी के कामिनी-रूप से भाग चले। द्विवेदी-युग के कवियों में हम काम-भावना को दमित देखते हैं। नर और नारी के भीतर जो पारस्परिक आकर्षण का तार है, कैसे कहा जाए कि वह तार द्विवेदी-युग में टूट गया था, किन्तु, इस विषय में द्विवेदी-युगीन कवि अत्यन्त सावधान, बल्कि, चौकन्ने मालूम होते हैं, मानो हर समय वे सोच रहे हों कि स्वामी दयानन्द पास ही खड़े सब कुछ देख रहे हैं! इस संयम का परिणाम यह हुआ कि इस काल की रचनाओं में जो नारियाँ चित्रित की गईं, वे या तो सती-साध्वी देवियाँ हैं अथवा वीर क्षत्राणियाँ जो अपनी निर्भीकता और तेज से नारी-जाति में नूतन प्रेरणा भरती हैं। नारी का जो कामिनी-रूप है, वह इस काल में जान-बूझ कर उपेक्षित छोड़ दिया गया। किन्तु, इसे भी मैं संन्यास नहीं, गार्हस्थ्य का लक्षण मानता हूँ। गृहस्थ के घर में केवल पत्नी ही नहीं होती; माँ, चाची, बहन और बेटियाँ भी होती हैं। और इन सबके सामने बोलते हुए हम कभी भी ऐसी बातें नहीं बोलते जो एकान्त कक्ष में बोली जाने के योग्य हैं। द्विवेदी-युगीन कवियों ने एकान्त कक्ष की वार्ता को साहित्य में लाने से इनकार कर दिया। इसे कवि की दुर्बलता कहें तो कह सकते हैं, किन्तु, यह ध्यान रखना चाहिए कि अनेक बातों में पुरुष का इस प्रकार लज्जित होना उसके पौरुष का शृंगार हैं।

शील की दृष्टि से द्विवेदी-युगीन कवियों का चरित्र अत्यन्त प्रशंसनीय है। किन्तु, इस शील की अतिशयता के कारण कविता के साथ एक अन्याय हो गया। सारी कलाएँ नारी के कामिनी-रूप के इर्द-गिर्द चक्कर काटती आई हैं

और नारी की भाँवरी भरने का मोह वे आज भी नहीं छोड़ सकी हैं। कलाओं में जो इस प्रकार की स्त्रैण कोमलता होती है, वह, कदाचित्, इसी नारी-आराधना की देन है। द्विवेदी-युगीन कविता इस कोमल आकर्षण से वंचित हो गई। किन्तु, इससे भी एक और बड़ी बात है जिसके कारण इस युग की कविता में कवित्व की मात्रा क्षीण दीखती है। नारी के कामिनी-रूप को छोड़कर कवि जब उसके सती-साध्वी अथवा वीर-रूप की पूजा में लगे, तभी अप्रत्यक्ष रूप से उन्होंने यह मान लिया कि रीतिकालीन कविता के समान निरुपयोगी काव्य कोई काव्य नहीं है; श्रेष्ठ काव्य वह है जिसका कोई-न-कोई सामाजिक उपयोग हो, जो जीवन में पुण्य को बल और पाप को ह्रास देता हो; अर्थात् द्विवेदी-युगीन कवि कला को प्रचार का पर्याय माननेवाले निकले।

किन्तु, रसिक तो कविता को प्रचार नहीं मानते। वे कविता के समीप जाते ही इसलिए हैं कि कविता उन्हें आनन्द देती है, उनकी शिराओं को झंकृत करती है, उन्हें परिचित विश्व से निकालकर अपरिचित लोक में ले जाती है तथा क्षण भर को पृथ्वी से मुक्त करके उन्हें परियों और देवताओं के देश में पहुँचा देती है। और यही वह कार्य था जिसे करने में द्विवेदी-युगीन कविता अक्षम और असमर्थ रही। अतएव, जनरुचि ने माँग की कि कविता स्थूल को छोड़कर सूक्ष्म रूप धारण करे तथा उड़ने में वह इतनी समर्थ हो कि उसके साथ पाठक भी कल्पना-लोक में विचरण कर सकें।

द्विवेदी-युग के बाद, हिन्दी में छायावाद नाम से जो आन्दोलन उठा, वह मुख्यत: द्विवेदी-युगीन काव्य की कल्पनाहीनता के विरुद्ध विद्रोह था। किन्तु, उसके और भी पहलू थे। मेरा अनुमान है कि छायावाद के समान कोई आन्दोलन रीतिकाल के अन्तिम चरणों में ही समय के गर्भ में आ चुका था। साहित्य में कोई भी धारा बहुत दिनों तक नहीं ठहरती। कारण, एक शैली के बहुत काल तक प्रचलित रहने से अभिव्यक्ति में एकरसता आ जाती है, एक ही प्रकार के शब्द बार-बार प्रयुक्त होने से अपना जादू खो बैठते हैं और लीक इतनी पिटी-पिटाई और परिचित हो जाती है कि उस पर चलनेवाला कोई भी कवि इस विश्वास से नहीं बोल पाता कि वह कोई नई बात बोल रहा है। रीतिकाल की दुहराहट से उसी काल के अन्तिम चरण के कवि अधीर हो उठे थे और तभी बोधा और घनानन्द ने सवैयों के ही भीतर से कुछ ऐसे स्वर निकाले जो रीतिकाल के लिए बिलकुल नवीन लगते हैं। यह लक्षण कहीं-कहीं भारतेन्दु

में भी मिलता है। जब वे कहते है : 'स्रवनन पूरो होय मधुर सुर अंजन ह्वै दोउ नैन' तब वे अपनी रीति की पृष्ठभूमि को भूलकर एक नई शैली का संकेत देते हैं। ऐसा लगता है कि यदि हिन्दी कविता की भाषा ब्रजभाषा से बदल कर खड़ी बोली न हो गई होती तो छायावाद के समान कोई रोमांटिक आन्दोलन ब्रजभाषा में ही आया होता और हिन्दी कविता उस भंगिमा को प्रचुर मात्रा में उपस्थित करती जो बोधा, घनानन्द और भारतेन्दु में संकेतित हुई थी।

किन्तु, रीतियुग के अन्तिम कवियों का यह संकेत, ब्रजभाषा के साथ बिलकुल अवरुद्ध भी नहीं हुआ। जब खड़ी बोली कविता की भाषा बन गई तब भी वह संकेत कविता के भीतर चलता रहा जिसके प्रमाण, पं. रामचन्द्र शुक्ल के अनुसार, श्रीधर पाठक, जगमोहन सिंह ('श्याम-स्वप्न' के लेखक), मैथिलीशरण गुप्त और रामनरेश त्रिपाठी की कुछ पंक्तियाँ हैं। किन्तु, अनेक कारणों से, ठीक इसी समय, हिन्दी कविता में महाक्रान्ति घटित हो गई जिसके परिणामस्वरूप कविता की शैली और भाव, दोनों परिवर्तित हो गए और इस सत्वरता के साथ परिवर्तित हो गए कि इस आन्दोलन को लोगों ने आकस्मिक मान लिया।

किन्तु, क्या छायावादी आन्दोलन आकस्मिक था? छायावाद के अग्रणी कवियों ने अपने निबन्धों तथा भूमिकाओं में बार-बार यह बात कही है कि छायावाद के मूल भावों का सम्बन्ध उपनिषदों के भावों से है। जब यह आन्दोलन जीवित था तब अनेक बार छायावादियों ने कबीर, मीरा, रसखान, घनानन्द और बोधा का नाम लेकर यह दिखाने का प्रयास किया था कि यह आन्दोलन हिन्दी कविता की शृंगार के साथ है। किन्तु, सब कुछ होने पर भी जनता का यह भ्रम बना ही रहा कि यदि बंगला में रवीन्द्रनाथ की प्रसिद्धि न हुई होती तो हिन्दी में यह नया आन्दोलन नहीं आता।

हिन्दी का छायावादी आन्दोलन रवीन्द्रनाथ की प्रसिद्धि से प्रेरित था या हिन्दी कविता का स्वाभाविक विकास, इस गुत्थी को सुलझाना आसान नहीं है। परिवर्तन जब मन्द-मन्द चलता है तब वह केवल परिवर्तन कहलाता है, किन्तु, जब उसकी गति तीव्र हो जाती है तब उसे क्रान्ति कहते हैं। घनानन्द, बोधा, भारतेन्दु, श्रीधर पाठक, जगमोहन सिंह, मैथिलीशरण और रामनरेश त्रिपाठी में परिवर्तन की प्रक्रिया तीव्र नहीं थी। तीव्र वह तब हो गई जब प्रसादजी ने 'प्रेम-पथिक' की रचना की और माखनलालजी की आरम्भिक कविताएँ प्रकाश में

आने लगीं। किन्तु, इन दो कवियों पर रवीन्द्रनाथ का कोई भी प्रभाव नहीं है। अतएव, यह स्थापना ठीक नहीं दीखती कि हिन्दी का छायावादी आन्दोलन रवीन्द्र की प्रेरणा से आया था। किन्तु, छायावाद के अन्य दो अग्रणी कवियों, निराला और पन्त, पर रवीन्द्रनाथ के प्रभाव स्पष्ट मिलते हैं, यद्यपि, महादेवी वर्मा फिर इस प्रभाव के क्षेत्र से बाहर चली जाती हैं। मिला-जुलाकर यह कहना अधिक युक्तियुक्त लगता है कि नये आन्दोलन की तैयारी हिन्दी कविता के भीतर आप-ही-आप होती आ रही थी तथा प्रसाद जी और माखनलालजी की रचनाओं तक वह हिन्दी की पूर्वागत धारा के समीप थी। हाँ, जब निराला और पन्त आए, उनके साथ कुछ रावीन्द्रिक प्रभाव भी हिन्दी कविता में सम्मिलित हो गया।

यह भी विचारणीय है कि यद्यपि, सांस्कृतिक नवोत्थान की गूँज हिन्दी प्रान्तों में स्वामी दयानन्द के समय से ही फैल रही थी, किन्तु, अंग्रेजी शिक्षा का परिपाक हिन्दी प्रान्तों में बीसवीं सदी में ही सम्भव हुआ। शिक्षा की दृष्टि से हिन्दी प्रान्त बंगाल, मद्रास और बम्बई से पीछे रहे थे। इसके सिवा, हिन्दी प्रान्तों में नवोत्थान के नेता के रूप में सबसे पहले स्वामी दयानन्द आए, जिनका उद्देश्य यूरोप का अवरोध और पौराणिक हिन्दुत्व एवं ईसाइयत और इस्लाम, सबका विरोध था। स्मरण रहे कि पौराणिक हिन्दुत्व धर्म की कवित्वपूर्ण व्याख्या है एवं ईसाइयत और इस्लाम में भी जो भक्ति और रहस्यवाद के तत्त्व हैं, वे कवित्व को प्रेरित करने वाले हैं। किन्तु, जब हिन्दी प्रान्त स्वामीजी के उपदेशों के प्रभाव में आए तब साहित्य के अतीन्द्रिय संस्कार, जो कल्पना को विचरण का अवकाश देते हैं, दबने लगे। स्वामीजी के उपदेशों का काव्यमय रूप पं. नाथूराम शर्मा शंकर की रचनाओं में प्रकट हुआ। किन्तु, हिन्दी के सबसे बड़े कवि, श्री मैथिलीशरण गुप्त, यद्यपि, सनातन धर्मावलम्बी हैं, किन्तु, स्वामीजी के उपदेशों के संस्कारगत प्रभावों से वे भी न बच सके। 'साकेत' के राम स्वामी दयानन्द के 'कृण्वन्तो विश्वमार्यम्' का नारा लगाते हैं और गुप्तजी का अधिकांश साहित्य उस संयम को ध्यान में रखकर विरचित लगता है जिसका उपदेश स्वामी दयानन्द ने दिया था। इसके विपरीत, बंगाल में नवोत्थान का रूप ब्रह्म-समाज था जिसके भीतर ईसाई भक्ति और हिन्दू वेदान्त, दोनों का मिश्रण हुआ था। साथ ही, ब्रह्म-समाज यूरोपीय संस्कारों का अवरोध न करके उन्हें हिन्दुत्व में पचाना चाहता था। उसके भीतर भक्ति का गहरा पुट था और

रहस्यवाद की प्रेरणा भी। कोई आश्चर्य नहीं कि उसके कवि रवीन्द्रनाथ हुए।

स्वामीजी द्वारा प्रवर्तित पवित्रतावादी आन्दोलन यदि समय पाकर शिथिल न हो गया होता तो हिन्दी में छायावादी आन्दोलन उस जोर से आता या नहीं, इसे संदिग्ध मानना चाहिए। किन्तु, शिथिल होने पर भी, छायावाद-काल में यह आन्दोलन कभी भी इतना शिथिल न हुआ कि कविगण उसके आतंक को बिलकुल भूल जाएँ। यह बात छायावादी कवियों की नारी-भावना में खुलती है। रवीन्द्रनाथ में, फिर भी, कलाकारों का यह नैसर्गिक साहस विद्यमान था कि वे 'विजयिनी' जैसी 'उल्लंग शृंगार' की कविता लिखें अथवा 'स्तन' शीर्षक देकर पद्यों की रचना कर दें। किन्तु, छायावादी कवि अपनी वासना की अभिव्यक्ति खुलकर नहीं कर सके। जिस भय से द्विवेदी-युग के कवि कामिनी नारी का ध्यान करने से घबराते थे, उसी भय के मारे छायावादी कवि भी प्रत्यक्ष नारी के बदले 'जुही की कली' अथवा 'विहंगिनियों' का आश्रय लेकर अपने भावों का रेचन करते रहे। छायावाद-काल की नारी-भावना कुंठित-सी लगती है। यौन-वासना द्विवेदी-युग से दमित चली आ रही थी। छायावाद-काल में आकर वह फूटी तो अवश्य, किन्तु, इस प्रकार नहीं, जिसे हम स्वाभाविक कह सकें। छायावादियों की वासना उन्हें कुरेदती भी है और अपनी अधीनता में भी ले जाती है, किन्तु, ये कवि बराबर यह कहते-कहते रहते हैं कि हमारी वासना-वासना भले ही हो, किन्तु हमने उसे गंगा में नहला दिया है।

द्विवेदी-युग के बाद हिन्दी कविता में जो नया आन्दोलन आया, उसका परिचय देने के लिए छायावाद और रहस्यवाद, इन दो नामों का उल्लेख किया जाता है; किन्तु, दो नामों की आवश्यकता, कदाचित्, नहीं होनी चाहिए। यह आन्दोलन, रूप और स्वभाव में, अंग्रेजी के रोमांटिक आन्दोलन के समान था और रोमांटिक कविता में रहस्यवादी तत्त्व रहते ही आए हैं। कठिनाई यह है कि भारतीय भाषाओं में अब तक भी कोई ऐसा शब्द प्रचलित न हो सका जो रोमांटिक के पूरे अर्थ का द्योतन कर सके। छायावाद का लक्षण बताते हुए प्रसादजी ने एक स्थान पर लिखा है कि "मोती के भीतर छाया की जैसी तरलता होती है, वैसी ही कान्ति की तरलता अंग में लावण्य कही जाती है," तथा "कवि की वाणी में यह प्रतीयमान छाया युवती के लज्जा-भूषण की तरह होती है।" किन्तु, ये उपमाएँ तो संस्कृत काव्यशास्त्र में ध्वनि का मर्म समझाने को प्रयुक्त हुई हैं। अतएव, इस व्याख्या से इतना ही स्पष्ट होता है कि छायावाद

में ध्वनि की प्रधानता थी। इस सीमा को स्वयं प्रसादजी भी जानते थे, इसलिए, इतने से ही सन्तुष्ट न रहकर उन्होंने यह भी कहा है कि "बाह्य वर्णन से भिन्न जब वेदना के आधार पर स्वानुभूतिमयी अभिव्यक्ति होने लगी, तब हिन्दी में उसे छायावाद के नाम से अभिहित किया गया" तथा "ये नवीन भाव आन्तरिक स्पर्श से पुलकित थे...बाह्य उपाधि से हटकर आन्तर-हेतु की ओर कवि-कर्म प्रेरित हुआ।" इस पिछली सूक्ति से यह प्रत्यक्ष होता है कि छायावाद काव्य में वस्तुओं का बाह्य वर्णन न होकर उनका आन्तरिक रूप ही वर्णित या चित्रित किया जाता था। इसके सिवा, छायावाद का एक लक्षण प्रसादजी ने उसकी वेदनाप्रियता को भी माना है।

किन्तु, सही होते हुए भी, इन लक्षणों को मैं छायावाद के परिचय के लिए यथेष्ट नहीं मानता। वास्तव में, छायावाद की विशेषता ध्वनि और वेदना-प्रियता नहीं, प्रत्युत्, भावुकता और कल्पना की अतिशयता तथा परिचित से दूर जाकर अपरिचित में विचरण करने की प्रवृत्ति थी। ध्वनि तो सभी श्रेष्ठ कविताओं का गुण है और वेदना विरह-वर्णनों में भी प्रमुख रही है। इसी प्रकार, वस्तुओं की आन्तरिकता का स्पर्श किये बिना कोई भी श्रेष्ठ कविता नहीं लिखी जाती। ये लक्षण छायावाद पर घटित अवश्य होते हैं, किन्तु, इन्हें हम उसकी प्रमुख विशेषता नहीं मान सकते, अथवा यह कहना चाहिए कि वस्तुओं की आन्तरिकता में प्रविष्ट होने की छायावाद में जो उत्कट चाह थी, उसी के फलस्वरूप उसका कल्पना पक्ष अत्यन्त विकसित हो गया।

छायावादी या रोमांटिक मनोदशा अत्यन्त तीव्र चेतना से उत्पन्न होती है और कल्पना की तीक्ष्णता के साथ इस मनोदशा का ऐसा मेल होता है कि अधिकांश रोमांटिक कवियों पर यह आक्षेप है कि वे सत्य से दूर भागते थे। रोमांटिक भावधारा का चरम विकास अंग्रेज कवि शेली में हुआ, किन्तु, शेली की ही कविताओं के उद्धरण देकर आलोचकों ने रोमांटिसिज्म के अवगुण भी दिखाए हैं। जो अव्यावहारिक है, जो अपने-आप पर नियंत्रण नहीं रख सकता, जिसका बुद्धि-पक्ष उसके भावुकता-पक्ष से दुर्बल और क्षीण है तथा जो सामान्य तर्क-बुद्धि का अनादर करके भावनाओं के प्रवाह में बह जाता है, उसे हिन्दी में लोग, एक समय, छायावादी कहा करते थे और अंग्रेजी में भी यदि ऐसे व्यक्तियों को रोमांटिक कहा जाए तो इस शब्द का बहुत गलत प्रयोग नहीं होगा। रोमांस का एक अर्थ प्रेम-लीला भी होता है, किन्तु, यहाँ भी, अधिक

स्थलों पर, रोमांस त्याज्य गुण है। जो राजनीतिज्ञ परिणाम पर ध्यान दिये बिना जनता को अन्धी क्रान्ति की ओर झोंकते हैं, साहित्य में उन्हें भी रोमांटिक कहने का रिवाज है; अर्थात् रोमांटिक विशेषण हम उस व्यक्ति के लिए रखते हैं, जो बुद्धि से अधिक भावना के अधीन होता है।

जीवन का रोमांटिक दृष्टिकोण यह है कि मनुष्य अनिवार्य रूप से उन शक्तियों का आगार है जिनसे नूतन सृष्टियाँ रची जाती हैं, अतएव, उसकी प्रत्येक इच्छा को अभिव्यक्ति की स्वतन्त्रता मिलनी ही चाहिए। क्रान्तियों का जन्म मनुष्य के इसी आत्मविश्वास से होता है, अतएव, सभी क्रान्तियाँ स्वभाव से रोमांटिक होती हैं। और इसीलिए, साहित्य का प्रत्येक रोमांटिक आन्दोलन, स्वयं वायवीयता में मग्न रहने पर भी, क्रान्तिकारी आन्दोलनों के प्रति सहानुभूतिशील रहता आया है। अंग्रेजी के रोमांटिक कवि फ्रांसीसी राज्य-क्रान्ति के प्रति सहानुभूतिशील थे एवं हिन्दी के छायावादी कवि भी भारतवर्ष में क्रान्ति की तैयारी को बड़े ही उसाह से देखते थे। बुद्धिवाद और रोमांटिसिज्म में भेद यह है कि बुद्धिवादी व्यक्ति की दृष्टि में वे बातें आती हैं जो आवश्यक हैं और सम्भव भी; किन्तु, रोमांटिक व्यक्ति आदर्शवादी होता है। वह सम्भावनाओं को देखकर नहीं चलता। जो बातें उसे अच्छी लगती हैं अथवा जिन्हें वह वांछनीय समझता है, उनकी सम्भावना-असम्भावना पर विचार किये बिना ही वह उनका प्रचार करने लगता है। जीवन का जो सुप्रतिष्ठ क्लासिक रूप है, उसकी बौद्धिक एवं नैतिक सुरक्षा का भार बुद्धिवाद पर होता है। इसके विपरीत, रोमांटिक भावना विद्रोहिणी होती है और वह स्थापित समाज की आत्मरक्षा-परक दकियानूस प्रवृत्तियों को तोड़कर नया समाज लाना चाहती है। 'जहाँ हो, वहाँ अड़े रहो', यह समाज के क्लासिक पक्ष का स्वभाव है। समाज को खींचकर आगे ले जाना, यह काम रोमांटिक नवयुवक करते हैं। इस संघर्ष में कुछ तो क्लासिक पक्ष की जकड़बन्दी टूटती है और कुछ भावनावादियों पर बुद्धिवान का प्रभाव पड़ता है। इसी तरह, समाज प्रगति करता है और इसी न्याय से साहित्य में भी प्रगति आती है। समाज को आगे बढ़ने की उत्तेजना रोमांटिक भावों से मिलती है, किन्तु, आगे बढ़ने में दुर्घटना का जो भय है, उसे बुद्धिवाद रोकता है।

मनुष्य के भीतर दो प्रकार की शक्तियाँ हैं : एक शक्ति वह है, जो हमें घृणा और क्रोध करने को उत्तेजित करती है, प्रेम और दया करने की प्रेरणा

देती है। इसी शक्ति से सम्बन्धित वे भाव (संचारी और स्थायी भाव) हैं जिन्हें साहित्य और कलाएँ अपना आधार मानती हैं। किन्तु, इसी के साथ मनुष्य के भीतर एक दूसरी शक्ति भी है, जिससे हम सोचने और विचारने की योग्यता पाते हैं, जिससे हम यह निश्चय करते हैं कि कौन काम करने के योग्य है और कौन नही, कौन बात बोलने के योग्य है और कौन नहीं। बहुत-से भाव मनुष्य में भी होते हैं और पशुओं में भी। किन्तु, मनुष्य पशुओं से इसलिए भिन्न है कि वह भावों का बुद्धि से नियंत्रण कर सकता है। जिसे हम बुद्धिवाद या रेशनलिज्म कहते हैं, वह और कुछ नहीं, भावों को बुद्धिपूर्वक सम अवस्था में रखने का ही नाम है। और जिसे हम संस्कृति कहते हैं, वह भी भावों के नियंत्रण अथवा परिष्कार से उत्पन्न होती है। क्रोध करना प्रकृति है, किन्तु, उसे वश में रखना संस्कृति का द्योतक है। काम की प्रेरणा प्रकृति है, किन्तु, बुद्धिपूर्वक उसे मर्यादा में रखना संस्कृति का लक्षण है।

इस बड़ी पृष्ठभूमि पर रखकर देखने से रोमांटिक भावदशा की दुर्बलताएँ कुछ अधिक स्पष्ट हो जाती हैं और तब यह भी समझ में आने लगता है कि सभ्यता की प्रगति के साथ ऐसी भावुक मुद्रा का अनादर क्यों बढ़ता जा रहा है और क्यों आज के चिन्तक तथा समीक्षाकार रोमांटिक मूल्यों को प्रोत्साहित करने के पक्ष में नहीं हैं। सभ्यता का कल्याण इसमें है कि मनुष्य प्रत्येक क्षेत्र में सन्तुलित रहने का प्रयत्न करे। किन्तु, छायावाद या रोमांटिसिज्म सन्तुलन की स्थिति में कम रह पाता है। उत्साह की बात आने पर रोमांटिक कवि अन्धी वीरता अथवा अन्धी क्रान्ति पर पहुँच जाता है तथा पस्ती की मनोदशा में वह निराशा को सौन्दर्यपूर्ण, आँसू को श्रेष्ठ सर्वस्व और मृत्यु को अपना उद्धारक मान लेता है।

साहित्य में भावुकता के इस आतिशय्य से और भी दुष्परिणाम निकलते हैं। उदाहरणार्थ, अत्यन्त भावुक कवि अपने वर्ण्य विषय पर पूरा अधिकार नहीं रख सकता, न उसे यही ध्यान रहता है कि जो कुछ वह लिख रहा है, वह कितने लोगों की अनुभूति से मेल खाएगा। साधारणीकरण की प्रक्रिया कवि की साधना का बड़ा क्षेत्र है, किन्तु, कितने ही भावुक कवि इस साधना में केवल इसलिए असफल रह जाते हैं कि वे दूसरों की पहुँच के भीतर आने को झुक नहीं सकते। भावुक व्यक्ति का एक दूसरा दोष यह होता है कि वह अपना देवता आप बनना चाहता है और वैयक्तिकता के इस मोह में उसकी प्रतिभा केवल धुआँ उठाकर रह जाती है, उससे प्रकाश नहीं फूट पाता।

यूरोप की रोमांटिक कविताओं का, मनोविज्ञान की दृष्टि से, जो अध्ययन किया गया, उसके परिणाम अधिकांश रोमांटिक कवियों के विपरीत निकला है। मनोवैज्ञानिकों का कहना है कि अधिकांश रोमांटिक कवि स्नायविक दुर्बलता से पीड़ित (न्यूरोटिक) थे। उनमें प्रतिभा अवश्य थी, किन्तु, प्रतिभा के उन्मेष में वे जिन विचारों अथवा भावों की अनुभूति प्राप्त करते थे, उसे ठीक से लिखने की धीरता या शक्ति उनमें नहीं थी। वे सृष्टि के रहस्यों के भीतर प्रवेश करके उनकी सम्यक् व्याख्या करने अथवा उन्हें ठीक से समझने में भी असमर्थ थे। यही कारण है कि दर्शन के धरातल का स्पर्श करते ही वे रहस्यवादी बन जाते थे, क्योंकि इसी धूमिल पद्धति से वे अपनी दुर्बलताओं को छिपा सकते थे या अपने आपको यह सन्तोष दे सकते थे कि सृष्टि के रहस्यों का साक्षात्कार उन्होंने कर लिया है। यौन भावनाओं के सम्बन्ध में भी मनोवैज्ञानिकों का कहना है कि इनमें से अधिकांश कवि अतृप्त वासना से पीड़ित थे। किन्तु, अपनी इस पराजय को छिपाने के लिए उन्होंने प्लेटोनिक प्रेम का यह आदर्श ग्रहण कर लिया कि नारी की शोभा छूने नहीं, देखने की वस्तु है; भोग नहीं, पूजा की सामग्री है।

कविता की रोमांटिक पद्धति अनिवार्य रूप से खोखली होती है, ऐसा मनोवैज्ञानिक भी नहीं मानते, क्योंकि, शेक्सपियर आदि की पद्धति भी बहुत दूर तक रोमांटिक थी, किन्तु, रोमांटिक होते हुए भी उन्होंने जो कहना चाहा, उसे ठीक से कह दिया है और सृष्टि के रहस्य जहाँ तक उनकी दृष्टि में आए, वहाँ तक उनकी काव्यात्मक अभिव्यक्ति भी उन्होंने प्रभावोत्पादक ढंग से की है। और ये कार्य उन्होंने ठीक उसी सुस्पष्टता और निश्चितता से किये हैं, जैसे कोई भी वस्तुवादी कलाकार कर सकता था। रोमांटिक पद्धति दूषित वहाँ हो जाती है, जहाँ कवि में रहस्यों के भीतर धँसने की शक्ति का अभाव होता है अथवा जहाँ कवि कथ्य विषय को अपनी पहुँच से परे देखकर (अधिकांश कवि तो यह भी नहीं जान पाते कि कथ्य उनकी पहुँच से परे है या नहीं) बाहर-बाहर ही भावनाओं की घटा बाँधकर कविता को समाप्त कर देता है।

रोमांटिसिज्म कविता का सर्वाधिक काव्यात्मक तत्त्व है और कविता यदि विज्ञान का प्रतिलोम है तो रोमांटिक कविता विज्ञान का सबसे बड़ा प्रतिलोम समझी जानी चाहिए। रोमांटिसिज्म के स्पर्श से क्लासिक कवि भी पहले से कुछ बड़ा कवि हो जाता है और संयमशील महाकवियों में तो रोमांटिक प्रवृत्तियाँ ऐसा चमत्कार उत्पन्न करती हैं, जैसा कभी-कभी ही देखने में आता है।

रवीन्द्रनाथ और गेटे रोमांटिक थे, किन्तु, संयमशील होने के कारण, इन कवियों ने रोमांटिसिज्म के दोषों को अपने पास फटकने न दिया। किन्तु शेक्सपियर, रवीन्द्रनाथ, गेटे और वर्डस्वर्थ, ये अपवाद ही अपवाद हैं। अपेक्षाकृत छोटे कवि तो रोमांटिक प्रवृत्तियों की अधीनता में जाते ही अतिरंजन के शिकार हो जाते हैं और उन्हें जो कहना है, उसे छोड़कर वे ऐसी बातें बोलने लगते हैं, जिनका मूल कथ्य से कोई सीधा सम्बन्ध नहीं होता। इसीलिए, ऐसा दीखता है कि अधिकांश रोमांटिक कविताओं का सौन्दर्य प्रतिभा के रंगीन धुएँ का सौन्दर्य है, उनके भीतर अंगारे नहीं हैं।

किन्तु, इतना होने पर भी भावुकता साहित्यकार का बहुत बड़ा गुण है, बल्कि, कहना चाहिए कि उचित मात्रा में इस गुण के हुए बिना कोई भी व्यक्ति कवि नहीं हो सकता। जिस व्यक्ति में उत्साह नहीं जगता; दया, प्रेम और घृणा उत्पन्न नहीं होती, वह और चाहे जो कुछ हो, कवि नहीं है। कवि मानवता का वह चेतन यंत्र है, जिस पर प्रत्येक भावना अपनी तरंग उत्पन्न करती है, जैसे भूकम्प-मापक-यंत्र में पृथ्वी के अंग में कहीं भी उठनेवाली सिहरन आपसे आप अंकित हो जाती है। सच पूछिए तो हम कवि उसी मात्रा में होते हैं, जिस मात्रा में हम भावुक होते हैं और कवि हम तभी तक रहते हैं जब तक भावुकता हममें शेष रहती है। और केवल कवि ही नहीं, पाठक भी सहृदय, भावुक या रसज्ञ होते हैं। साहित्य की सारी पूँजी भावों को लेकर है। यदि भावुकता का सरोवर सूख गया तो कवि और पाठक, दोनों साहित्य के लिए बेकार हैं। परन्तु, भावुकता भावुकता में भेद है। एक भावुकता वह है, जो अमर्यादित होने के कारण सस्ती और अर्थहीन हो जाती है, जैसे उस व्यक्ति का रोना जिसे चींटी ने काटा है, मगर, जो इस प्रकार रो रहा है, मानो, उसे साँप ने डस लिया हो; अथवा मुस्लिम बन्धुओं का यह क्रोध कि 'रिलीजस लीडर्स' किताब को लेकर दो देशों अथवा दो सम्प्रदायों के बीच युद्ध छिड़ जाना चाहिए। और वह भी भावुकता ही है जिसकी प्रेरणा से तुलसीदास ने रामायण लिखी अथवा गांधीजी ने अपना जीवन अपने देश के लिए अर्पित कर दिया। भावुक केवल रोमांटिक कवि ही नहीं होते, भावुकता क्लासिक कवियों का भी गुण है। और क्लासिक कवि चूँकि, साधारणतः, संयमशील होता है, इसलिए, जब भी उसकी भावुकता संयम का बाँध तोड़कर जरा उभर आती है, तब भावुकता का यह उभार उस कवि को और भी आकर्षक बना देता है। इसी प्रकार, रोमांटिक

कवि जब, आशा के विपरीत, भावुकता पर लगाम कसता है, तब वह भी पहले की अपेक्षा कुछ और गौरवपूर्ण हो उठता है। इलियट ने ठीक ही रोमांटिसिज्म और क्लासिसिज्म को साहित्य की राजनीति कहा है, क्योंकि प्रत्येक सफल रोमांटिक कवि (जैसे वर्डस्वर्थ) किसी-न-किसी मात्रा में क्लासिक भी होता है और प्रत्येक क्लासिक कवि, (जैसे सूरदास, तुलसीदास आदि) अनेक बार रोमांटिक हो उठता है। सम अवस्था अथवा मध्यम मार्ग की, जैसे सर्वत्र महिमा देखी जाती है, वैसे ही, उसका साहित्य में भी महत्त्व है। निरी बुद्धि से कविता नहीं बनती, किन्तु, कोरी भावुकता भी कविता के लिए अपर्याप्त है। अनुभूति के समय भावुकता, किन्तु, रचना के समय बुद्धि का सहयोग, यही वह मार्ग है जिससे ऊँचे साहित्य का सृजन हो सकता है।

सुश्रृंखलता, सुसंबद्धता, पूर्वापर सम्बन्धों का निर्वाह, अभिव्यक्ति की स्वच्छता और सुस्पष्टता एवं कथन में अधीरता तथा अशान्ति का अभाव ये क्लासिक शैली के लक्षण होते हैं। किन्तु, इनमें से कोई भी गुण ऐसा नहीं है, जिसके आने से रोमांटिक कविता दूषित हो जाए। यह और बात है कि रोमांटिक कवि इनमें से अनेक गुणों का निर्वाह करने में असमर्थ रह जाता है।

बहुत-सी अन्य भाषाओं के रोमांटिक आन्दोलनों के समान, हिन्दी के छायावादी आन्दोलन में भी दो प्रवृत्तियाँ विशेष रूप से उल्लेखनीय थीं। एक तो सृष्टि के रहस्यों को समझने की उत्सुकता या जिज्ञासा, जो इस आन्दोलन का बौद्धिक पक्ष थी; दूसरी, ऊँची-से-ऊँची सुन्दरता को देखने की कामना या चाह, जिससे छायावादी आन्दोलन का रागात्मक पक्ष विकसित हुआ। द्विवेदी-युगीन और रीतिकालीन कवि वस्तुओं के सतही रूप तक ही गए थे। छायावादियों की विशेषता यह रही कि उन्होंने प्रत्येक रचना में सतह से नीचे उतरने का प्रयास किया। और, चूँकि उन्होंने वस्तुओं के भीतर जाने की कोशिश की इसलिए, उन्हें ऐसी अनन्त सुन्दरताओं के दर्शन भी हुए, जो हिन्दी के लिए अछूती थीं। छायावादियों में वस्तुओं को नये क्षितिजों से देखने की जो जिज्ञासा थी, चीजों के भीतर डूबकर उनके सूक्ष्म रहस्यों को समझने का जो कुतूहल और औत्सुक्य था, उससे कल्पना को प्रसरित होने की प्रेरणा मिली और हिन्दी कविता में, प्रायः, विद्यापति, तुलसी और सूरदास के बाद, पहले-पहल, यह सिद्धान्त वेग से उभरा कि कल्पना की प्रचुरता के बिना कोई भी कविता नहीं लिखी जा सकती। और छायावादियों ने सौन्दर्य की उपलब्धि के लिए जो अद्भुत प्रयास

किया, उससे भी हिन्दी में पहले-पहल इस सिद्धान्त का संकेत मिला कि कविता का उद्देश्य ज्ञान-दान अथवा समाज-सुधार नहीं, केवल सौन्दर्य की सृष्टि है।

सामने के आवरण को हटाकर उसके पीछे छिपे हुए सत्यों को जानने की उत्सुकता और कल्पना के सहारे भाँति-भाँति की सुन्दरताओं को देखने की चाह, ये दो बातें हिन्दी के छायावादी आन्दोलन की दो प्रमुख विशिष्टताएँ थीं। किन्तु, यह आन्दोलन केवल यहीं तक सीमित नहीं था। इसके और भी अनेक पहलू थे जिनका सम्यक् विवेचन एक छोटे-से निबन्ध में अशक्य है।

यह आन्दोलन किसी एक कारण का परिणाम नहीं था। द्विवेदी-युग को समीप देखकर हम आसानी से कह देते हैं कि छायावाद द्विवेदी-युगीन इतिवृत्तात्मक काव्य के विरुद्ध प्रतिक्रिया-स्वरूप आया था। किन्तु, गहराई से देखने पर यह स्पष्ट दिखाई पड़ेगा कि छायावादी आन्दोलन का मूल इतना समीप नहीं था। मूलतः, यह, भारत के उस सांस्कृतिक नवोत्थान का परिणाम था, जिसका प्रवर्तन राजा राममोहन राय ने किया था और जिसके व्याख्याता केशवचन्द्र सेन, स्वामी विवेकानन्द, स्वामी दयानन्द, श्रीमती एनीबेसेंट, लोकमान्य तिलक और महात्मा गांधी हुए हैं। कविता का यह प्रयास उस नई मानवता की अभिव्यक्ति का प्रयास था, जिसका जन्म भारत-यूरोप-सम्पर्क से हुआ था और जो अंग्रेजी शिक्षा के कारण स्वाधीनता, उदारता, वैज्ञानिकता और बुद्धिवाद विषयक यूरोपीय विचारधाराओं की सहज उत्तराधिकारिणी हो गई थी। द्विवेदी-युग तक की हिन्दी कविता उस भारतीय मानवता की कविता है जो यूरोप से परिचित नहीं थी अथवा यदि थी तो स्वामी दयानन्द के नेतृत्व में वह यूरोप से बचने के प्रयास में थी। किन्तु, छायावाद की कविता उस भारतीय मनुष्य की कविता है, जिसकी आत्मरक्षा की चिन्ता दूर हो गई है और जो स्वेच्छया यूरोप के गुणों का, प्रसन्नता से, वरण कर रहा है। जब सांस्कृतिक नवोत्थान का समय आता है, जातियों के कुछ पुराने सत्य दुबारे जन्म लेते हैं। उन्नीसवीं सदी के हिन्दू-नवोत्थान के क्रम में भी वेदों और उपनिषदों के सत्यों ने दुबारा जन्म ग्रहण किया और नवोत्थान के नेताओं ने यह घोषणा की कि हम इन प्राचीन सत्यों को साथ रखते हुए यूरोप के उपयोगी ज्ञान का सत्कार करेंगे। हिन्दू-नवोत्थान का ध्येय प्राचीन भारत से नवीन यूरोप की एकता की साधना था और यह ध्येय छायावादी काव्य पर भी पूर्ण रूप से चरितार्थ होता है। प्रसाद, निराला, पन्त और महादेवी की कविताओं की रीढ़, भारत के प्राचीन सत्यों की

अनुभूति है। केवल अभिव्यक्ति की शैली उन्होंने यूरोप की अपनाई है। और यूरोपीय शैली को अपनाने में भी वे इतने भारतीय रहे हैं कि हम आसानी से उनकी शैली को भारतीय शैली का विकास कह सकते हैं।

वास्तव में, यूरोप से नये ज्ञान के आगमन के साथ भारत की चेतना में एक प्रकार का भूकम्प-सा आ गया और भारतीय मनुष्य के भीतर अनेक प्रकार की जिज्ञासाएँ एक साथ जग पड़ीं, अनेक प्रकार की सुन्दरताओं को देखने की कामना स्फुरित हो उठी, परिचित से निकलकर अपरिचित भूमि में विचरण करने का उत्साह उमड़ पड़ा और रूढ़ियों एवं शास्त्राज्ञाओं को तोड़कर भारतीय मानव पहले-पहल उन लोकों की ओर पाँव बढ़ाने लगा जिनकी ओर जाने की उसे पहले इजाजत नहीं थी। ये सारी जिज्ञासाएँ, ये सारी उमंगें और ये सारे उत्साह जिनकी जड़ें, उन्नीसवीं सदी के मध्य तक पहुँचती हैं, छायावाद को सम्भव बनाने के लिए, शनैः-शनैः, काम करती आ रही थीं और जब छायावाद का आविर्भाव हुआ, उसने अपने ढंग पर इन सारी प्रवृत्तियों को अभिव्यक्ति दी।

छायावाद में रहस्यवादी तत्त्व कितना था, इस बात को लेकर कभी-कभी विचिकित्सा की जाती है। एक बात सत्य है कि छायावादियों में कोई भी कवि वैसा नहीं था, जैसा पहले के रहस्यवादी कवि कबीर, दादू, रैदास, मीरा या जायसी हुए थे; अर्थात्, छायावादियों में से किसी भी कवि का जीवन धर्म अथवा परोक्ष सत्ता से एकात्म होने के ध्येय पर अर्पित नहीं था। फिर भी, छायावाद के भीतर रहस्यवादी तत्त्व जब-तब काफी उभरा जिसका कारण यह है कि रोमांटिक भावधारा जब भी दर्शन के पास पहुँचती है, उसे दर्शन का रहस्यवादी पक्ष ही रुचिकर प्रतीत होता है। फिर भी, महादेवी को छोड़कर बाकी कवियों में रहस्यवाद का रूप परम्परा से बहुत भिन्न होकर आया है और, मुख्यतः, उसके दो रूप हैं। एक तो यह कि प्रकृति का जो रूप खुलकर बाहर आ गया है और हमारे चर्म-चक्षु के सम्मुख विद्यमान है, कवि अचरज की भाषा में उसकी व्याख्या करता है। दूसरा यह कि प्रकृति का जो रूप दृश्य के परे अगोचर और अदृष्ट है, उसके समक्ष कवि अगाध विस्मय से अभिभूत हो जाता है। विस्मय की इन दोनों प्रकार की अनुभूतियों के लिए हिन्दी में सर्वात्मवादी अनुभूति, यह नाम चलता है। किन्तु, यह सर्वात्मवादी अनुभूति है क्या चीज? स्पष्ट ही, छायावाद में जो बौद्धिक जिज्ञासा का भाव था, यह रहस्यवादी अनुभूति भी उसी जिज्ञासा का पहलू है। कवि जानना चाहता है कि

यह दृश्य जगत् कहाँ से उछलकर हमारी आँखों के सामने आ गया है, अथवा जो अदृश्य और अगोचर है, उसका क्या रहस्य है। किन्तु, इस भेद को वह जान नहीं पाता। उसकी बुद्धि प्रकृति के रूपों से टकराकर लौट आती है और परम्परा से उसने जो सुन रखा है, उसी बात को दुहराकर वह सन्तोष कर लेता है कि माया ब्रह्म का प्रसार है, कि हम जो कुछ देख रहे हैं, उसके भीतर और उसके परे कोई अज्ञात चेतनशक्ति व्याप्त है। किन्तु, ऐसी अनुभूतियों में नवीनता कहाँ है? यदि विश्व की समस्त रहस्यात्मक अनुभूति को सामने रखकर सोचें, तो कहना पड़ेगा कि छायावादी कवियों ने रहस्यवादी अनुभूतियों की लड़ी में एक भी नई कड़ी नहीं जोड़ी। प्रशंसनीय वे इसलिए हैं कि अदृष्ट और अगोचर को समझने की उन्होंने चेष्टा की। और निन्दनीय वे इसलिए नहीं हैं कि इस चेष्टा में सफलता केवल साधकों को मिलती है, उन्हें नहीं, जो परम ज्ञान का मूल्य चुकाने को तैयार नहीं हैं।

नकली रहस्यवादियों से मुझे भय लगता है, फिर भी, एक बात है, जो नकली रहस्यवाद के भी पक्ष में पड़ती है। कवि योगी या रहस्यवादी हो या नहीं, किन्तु, आदर्शवादी होने के कारण वह विश्व की आधिभौतिकी व्याख्याओं को स्वीकार नहीं कर सकता। यही असन्तोष उसे रहस्यवाद की ओर प्रेरित करता है और जब भी वह विश्व की आध्यात्मिक व्याख्या के लिए प्रयास करता है, तब मनुष्य की वह प्रवृत्ति कुछ ऊपर आ जाती है, जो युगों से विश्व-प्रपंच के आध्यात्मिक समाधान की खोज में है। ब्लैक, ए. ई. और वर्डस्वर्थ भी योगी नहीं थे, न इलियट योगी हैं। किन्तु, इनकी कविताओं के भीतर जहाँ भी अदृश्य वास्तविकता को छूने का प्रयास है, वहाँ मानवात्मा के उस आध्यात्मिक स्वरूप पर श्रद्धा होती है जो आधिभौतिकता के घमासान में भी जीवित और चेतन है।

सृष्टि के जो गहन रहस्य हैं उनके भीतर दार्शनिक और कलाकार, दोनों, प्रवेश करते हैं और दार्शनिक का भी साधन यहाँ बुद्धि से अधिक सम्बुद्धि (इनटुइशन) होती है जो, मुख्यतः कला का साधन है। वस्तुओं के आन्तरिक रूपों को उभारकर ऊपर लाने में ही कला दृश्य और अदृश्य के बीच के प्राचीरों को भंग करती है और इसी क्रम से वह सान्त में अनन्त की झाँकी दिखलाती है एवं बन्धन और मुक्ति के भेदों का नाश करती है। कला-चेतन और अचेतन, दोनों के मिश्रण से उत्पन्न स्थिति का नाम है एवं वह प्रकृति और मानवात्मा के बीच सेतु का निर्माण करती है।

द्विवेदी-युगीन कविता अधिकतर दैनिक जीवन में आनेवाले विषयों को लेकर लिखी गई थी। दैनिक जीवन के विषय उपयोगी तो होते हैं, किन्तु, अतिपरिचय के कारण उनमें आकर्षण का अभाव होता है और जीवन की रुक्षता को भुलाने के बदले कवि और पाठक को वे उसकी और भी याद दिलाते हैं। छायावादी कवि अछूते सौन्दर्य और मादक नवीनता की खोज में थे, अतएव, वे दैनिक जीवन से भागकर परियों के देश में पहुँच गए। परियों के देश का निर्माण कवियों का प्रिय कार्य रहा है; प्रत्युत्, यह कहना चाहिए कि परी-लोक की सफल रचना करनेवाले कवि अत्यल्प विरोधों के साथ श्रेष्ठ कवि माने जाते रहे हैं। छायावाद चूँकि कविता का अत्यन्त काव्यात्मक आन्दोलन था, इसलिए, इस काल्पनिक जगत् की रचना करने में उसने भी यथेष्ट सफलता प्राप्त की। पन्तजी का 'लायी हूँ फूलों का हास' नामक गीत इस विषय की श्रेष्ठतम रचना है और मेरा अनुमान है कि पन्तजी के और चाहे जो भी गीत मुरझा जाएँ, उनके वे गीत और कविताएँ मुरझानेवाली नहीं हैं जिनमें स्वप्न, नक्षत्र, चन्द्रमा, प्रेम, अनंग, लहर, नदी, विहंग आदि मनुष्य के सबसे प्यारे देवी-देवता बनकर आए हैं। छायावाद ने काव्य-सम्बन्धी जिस धारणा को सबसे अधिक पुष्ट किया, वह यह मानी जाएगी कि कविता स्वप्न है, कविता परियों की कहानी है, कविता रहस्य की वाणी है, कविता परिचित विश्व से बहुत दूर निकल जानेवाले कवि की आवाज है तथा जो व्यक्ति कविता के स्पर्श मात्र से, स्वत:, यह नहीं समझ सकता कि कविता क्या है, उसे किसी भी प्रकार यह समझना कठिन है कि कविता अमुक वस्तु होती है।

छायावाद की रहस्य-भावना छायावादियों की बौद्धिक जिज्ञासा का परिणाम थी। किन्तु, उनकी इस बौद्धिक शक्ति का जितना परिचय छन्दों के नये विधान, शब्दों के नवीन चयन और भाषा के नूतन संस्कार में मिला, उतना और कहीं नहीं। छायावाद-युग की सबसे बड़ी देन यह रही कि उसके यंत्र-गृह में, एक समय कर्कश समझी जानेवाली, खड़ी बोली गलकर मोम हो गई। कितने आश्चर्य की बात है कि पं. सुमित्रानन्दन पन्त को उत्तराधिकार तो श्री मैथिलीशरणजी गुप्त की भाषा का मिला था, किन्तु, अपने लिए उन्होंने 'पल्लव' की भाषा तैयार कर ली। छायावाद-काल में भाषा ने जो रूप धारण किया, उसी का यह परिणाम हुआ कि खड़ी बोली में भी कविता कविता-सी लगने लगी। यह ठीक है कि पन्त और निराला ने कविता की जो भाषा प्रस्तुत

की, वह ठीक उसी रूप में, आगे के कवियों को स्वीकृत नहीं हुई, किन्तु, मेरी या बच्चन की कविताओं की भाषा भी छायावादी युग के प्रयोगों से शिक्षा लेकर तैयार हुई है। और इस युग ने छन्दों में तो इतनी विविधता उत्पन्न की कि, सचमुच ही, हिन्दी कविता की वीणा सहस्त्र तारोंवाली हो गई।

छायावाद के दो अन्य लक्षण भी उल्लेखनीय हैं। एक तो अतीत की ओर आसक्ति से देखने की प्रवृत्ति और दूसरा जीवन के सरल रूप पर लौट चलने का भाव। भारत में अतीत की ओर देखने का एक प्रबल कारण तो यह भी था कि यह जाति दासता के पाश में आबद्ध थी और वह अतीत-स्मरण के द्वारा अपने गौरव को जगा रही थी। किन्तु, इसके सिवा, छायावाद को अतीत की ओर देखने में एक प्रकार का सुख भी मिलता था, जिसका राजनीति से कोई सम्बन्ध न था। रोमांटिक आन्दोलन का मूलाधार भावुकता है और भावुकता जब वर्तमान से असन्तुष्ट हो जाती है तब, स्वभावतः, वह अतीत की ओर लालसा से दौड़ती है क्योंकि दूर के ढोल सुहावने होते हैं। और सरल जीवन पर लौट चलने का मोह भी यह बतलाता है कि कवियों को सभ्यता की कर्कशता से चोट लगी होगी। यों, सरल जीवन की महिमा भारत में सदैव प्रसिद्ध रही थी। कुछ यह कारण भी हो सकता है कि थुरो, एमर्सन, व्हिटमैन, वर्डस्वर्थ और कालरिज ने सरल जीवन के आदर्श को जो उत्थान दिया था, कालक्रम में, उसका प्रभाव यहाँ भारतवर्ष में भी पड़ा।

कविता में प्रगीतों का जो महत्त्व है, वह किसी और काव्य का नहीं। काव्य के अन्य रूपों में कुछ भूसे और छिलके भी होते हैं। किन्तु, प्रगीत का काम केवल बीज से चलता है और बीज का भी उसमें वही अंश प्रधान होता है, जिसमें उत्पन्न करने की शक्ति है। प्रगीत काव्य का निचुड़ा हुआ रस होता है और छायावाद, मुख्यतः प्रगीतों का आन्दोलन था। छायावाद-काल में हिन्दी के कुछ अद्भुत गीत लिखे गए जो हिन्दी के सभी गीतों में मिश्रित कर दिये जाएँ, तब भी अपनी ज्योतिर्मयता के कारण वे अलग पहचान लिये जाएँगे। इससे भी बड़ी बात यह हुई कि छायावादी प्रयोगों ने गीतों की विशाल भूमि का द्वार उन्मुक्त कर दिया। छायावाद के बाद, हिन्दी में जितने भी प्रकार की कविताएँ लिखी गई हैं, उनमें गीतों की संख्या सबसे विशाल है और इनमें से कितने ही गीत ऐसे हैं, जो अपनी झंकार से हमारे पूरे जीवन को झंकृत कर देते हैं।

यह आन्दोलन विचित्र जादूगर बनकर आया था। जिधर को भी इसने एक

मुट्ठी गुलाल फेंक दी, उधर का क्षितिज लाल हो गया। हिन्दी की राष्ट्रीय कविताएँ, जो अब तक उपदेशों और प्रवचनों का नीरस भार ढोती आई थीं, इसी काल में आकर अनुभूतियों के सच्चे आलोक से जगमगा उठीं और सीधे उपदेशों का आश्रय बनना छोड़कर उन्होंने अनुभूति के जोर से जनता का हृदय हिलाना शुरू कर दिया। राष्ट्रीय कविताएँ भी प्रचार न होकर अनुभूतियों का जीवित कोष होती हैं, यह बात माखनलाल, नवीन और सुभद्राकुमारी चौहान की रचनाओं को देखकर अनायास स्पष्ट हो जाती है। छायावाद अपना काम बड़ी उमंगों के साथ कर रहा था, किन्तु, सुशिक्षित जनता के बीच भी उसकी कविताओं का कोई विशेष प्रचार न था, हाँ, भावुक किशोर छात्र उन्हें अवश्य पढ़ते थे। ऐसे समय में छायावाद-कालीन राष्ट्रीय कविताओं ने बड़ा काम किया, क्योंकि, मुख्यत: उन्हीं को लेकर जनता और समकालीन काव्य के बीच सम्बद्ध का तार अनुस्यूत रहा।

छायावाद के आगमन से पूर्व ही प्रसिद्ध होनेवाले कवियों में एक मैथिलीशरणजी गुप्त ही ऐसे निकले, जिन पर नये आन्दोलन का यत्किंचित् प्रभाव पड़ा और इस प्रभाव से उनकी कविताओं में भी नया रंग दमकने लगा। 'द्वापर', 'यशोधरा', 'साकेत' का नवम सर्ग और झंकार के कुछ गीत उन्होंने छायावाद-युग में लिखे थे। उनके अनुज श्री सियारामशरणजी गुप्त ने भी छायावाद से प्रेरणा ग्रहण की तथा अपनी प्रवृत्ति के अनुसार उन्होंने इस प्रेरणा की अभिव्यक्ति क्लासिक पद्धति से की। छायावाद-युगीन हिन्दी कविताओं में श्री सियारामशरण की कविताओं का, किसी-न-किसी दिन, अद्‌भुत मूल्य आँका जाएगा, क्योंकि इस काल में वे एक ऐसे कवि हुए हैं जिसने प्रवाह में अपने को बहने नहीं दिया, जिसने भावुकता को दबाकर उससे अपनी क्लासिक शक्ति की वृद्धि की। क्लासिक उन्हें मैं इसलिए मानता हूँ कि उनकी शैली और भंगिमा में उद्वेग नहीं है।

छायावादी आन्दोलन ने हिन्दी में बड़ा काम किया, किन्तु, उसकी अपनी उपलब्धियों का भविष्य में क्या महत्त्व होनेवाला है? जब यह आन्दोलन जीवित था, उसकी रचनाओं को पढ़ने की थोड़ी-बहुत उत्सुकता, सबमें नहीं, तो छात्रों में अवश्य थी। किन्तु, पाठ्यक्रमों को बाद दे दें तो अब उन कविताओं को पढ़ने की इच्छा बहुत कम दिखाई देती है। और ये बहुत कम लोग भी वे हैं, जो कारण-विशेष से हिन्दी कविताओं से परिचित होना चाहते हैं, इसलिए नहीं कि

छायावादी कविताएँ उन्हें अपने आकर्षण से खींचती हैं। खड़ी बोली के कवियों में अब तक केवल श्री मैथिलीशरणजी गुप्त ही हैं, जिनके बारे में यह कहा जा सकता है कि जनता उन्हें पढ़ना चाहती है और यदि पाठ्यक्रमों से निकाल भी दी जाएँ तो उनकी कितनी ही पुस्तकें जनता में, फिर भी, चलती रहेंगी। किन्तु, यही बात 'कामायनी' के बारे में नहीं कहीं जा सकती। और तो और, जो छात्र 'कामायनी' पढ़कर कॉलेजों से निकल जाते हैं, उन्हें भी अवकाश के समय 'कामायनी' उलटने की इच्छा नहीं होती। फिर भी, देश में जहाँ-तहाँ ऐसे मनीषी हैं, जो 'कामायनी' को आनन्द के लिए पढ़ते हैं। किन्तु, उनकी संख्या अत्यन्त अल्प है।

'परिमल' तो, खैर, कभी पाठ्यपुस्तक रहा ही नहीं, न सौ-पचास उदीयमान कवियों को छोड़कर और कोई उसे पढ़ने जाता है। हाँ, जब हम छायावादी युग की कृतियों पर विचार करते हैं तब प्रत्येक बार 'राम की शक्ति-पूजा' हमारे सामने आती है और इसमें कोई सन्देह नहीं कि सम्पूर्ण छायावाद-युग की श्रेष्ठतम कृति के रूप में इस रचना का उल्लेख अत्यन्त समीचीन है। किन्तु, छायावाद-युग में छायावाद के एक अग्रणी कवि द्वारा विरचित होने पर भी, यह कविता छायावाद की कृति नहीं है। वह तो शुद्ध क्लासिक पद्धति की रचना है। इसी प्रकार, छायावाद-युगीन जो भी कविताएँ, उस काल की सफल कृतियों के रूप में समादृत चली आ रही हैं (जैसे पन्तजी की 'नौका-बिहार', 'एक तारा', 'अप्सरा', 'मौन निमन्त्रण', 'लाई हूँ फूलों का ह्रास' आदि कविताएँ तथा महादेवीजी के 'नीरजा' के पद और निराला जी की 'सरोज-स्मृति', 'मैं अकेला', 'शिवाजी का पत्र' आदि) वे ठीक वे ही रचनाएँ हैं जिसमें अभिव्यक्ति की स्वच्छता और सुस्पष्टता तथा पूर्वापर सम्बन्धों का अच्छा निर्वाह है अर्थात् जिन कविताओं को लिखते समय कवि ने क्लासिक शक्ति का सहारा लिया था। उस समय भावुकता के अन्धे तूफान में जो असंख्य कविताएँ लिखी गईं, उनमें बहुत ही थोड़ी रचनाएँ आज जीवित कही जा सकती हैं और आशा यह है कि इन्हीं थोड़ी रचनाओं में से कुछ को काल सौ-दो सौ वर्ष आगे ले जाएगा। बौद्धिक दृष्टि से भारत अभी भी विश्व का पिछड़ा हुआ भाग है, किन्तु इस देश में भी दिनों-दिन बौद्धिक शक्तियाँ विकास पर हैं तथा ज्यों-ज्यों हमारी बौद्धिकता में वृद्धि होती है, निरी भावुकता हँसी की वस्तु बनती जा रही है। यह ठीक है कि सम्बुद्धिवादियों की कल्पना के अनुसार, मानवता बुद्धि के धरातल से ऊपर उठकर किसी अन्य

धरातल पर पाँव रखनेवाली है। किन्तु, यह धरातल भावुकता या चेतना का सनसनाहट का धरातल नहीं होगा। बुद्धि से ऊपर उठने पर मनुष्य, कदाचित्, सम्बुद्धि के स्तर पर जानेवाला है और सम्बुद्धि का अर्थ बुद्धि की दुर्बलता नहीं, अपितु, उसकी अत्यन्त समाधिस्थ एवं केन्द्रित प्रक्रिया है।

जब प्रगतिवादी आन्दोलन का आरम्भ हुआ, आलोचकों ने छायावाद को पलायनवाद कहना आरम्भ किया और छायावाद को यह गाली उन्होंने इस सन्तोष के साथ दी, मानो, पलायनवादी कहने से बढ़कर साहित्यकार की और कोई निन्दा नहीं हो सकती। और हम लोग भी जिनकी आँखें अभी-अभी खुली थीं, और जो पूरे मन से प्रगतिवादी धारा के साथ थे, मन-ही-मन, इस आलोचना से प्रसन्न होते थे। किन्तु, आज मुझे स्पष्ट दिखाई देता है कि प्रगतिवादियों ने उस समय छायावाद की असली कमजोरी को नहीं समझा। पलायनवाद से केवल इतना ही सूचित होता है कि समाज के सामने जो समस्याएँ थीं, छायावादियों ने उन पर कोई ध्यान नहीं दिया और, एकान्त में, वे अपनी कल्पना के साथ सुहाग मानते रहे। किन्तु, यह तो कविता का भाव-पक्ष है और कवि के लिए भावों की सूची निर्धारित करने का अधिकार दूसरों को तो क्या, स्वयं कवि को भी प्राप्त नहीं होता। कवि जिन संस्कारों में पलकर युवा होता है, जिस वातावरण में साँस लेकर बढ़ता है, वह वातावरण और वे संस्कार उसके भावों और सन्देशों का, आप-से-आप, निश्चयन कर देते हैं। प्रत्येक कवि अपनी भाव-दिशा और सन्देश को पूर्व-निर्धारित पाता है और वह प्रयास करने पर भी उनसे भाग नहीं सकता। कौन कवि किन भावों से प्रेरित होकर लिख रहा है, कला में इस प्रश्न का स्थान हमेशा गौण रहता आया है। मुख्य प्रश्न तो यही हो सकता है कि कवि के भीतर जो भाव उठते हैं, उन्हें वह पूरी सामर्थ्य के साथ लिख पाता है या नहीं। कवि में केवल प्रेरणा की गुदगुदी ही नहीं, उसे सम्यक् रूपेण चित्रित करने की शक्ति भी चाहिए। इनमें से पहला गुण भावुकता से उत्पन्न होता है, किन्तु, दूसरे गुण के आधार बौद्धिक विदग्धता और साधनाओं द्वारा अर्जित कठोर शक्ति है। छायावाद की असली दुर्बलता इसी दूसरे पक्ष की दुर्बलता थी। छायावादी कवि अपनी प्रेरणा को ठीक से पहचानने में असमर्थ थे और इससे भी बड़ी असमर्थता उनकी यह थी कि अनुभूति और प्रेरणा का जो स्वरूप उनकी समझ में आया भी, उसे वे प्रभुत्व में लाकर पूरी विदग्धता से नहीं लिख सके।

हिन्दी के आलोचक अभी भी इस खोज में तल्लीन हैं कि किस कवि के भाव मानवतावादी, क्रान्तिवादी, प्रगतिवादी, प्रतिक्रियावादी अथवा विनाशवादी हैं। मेरे देखने में अब तक ऐसी आलोचनाएँ बहुत कम आई हैं, जिनमें विषयों को छोड़कर काव्य की शैली पर विचार किया गया हो। भावों का, काव्य की गरिमा बढ़ाने में बड़ा हाथ होता है जिसके प्रमाण तुलसीदासजी की रामायण और इकबाल तथा इलियट की कविताएँ हैं। किन्तु, काव्य ऊँचे भावों के बिना भी अत्यन्त महान् हो सकता है, जिसके उदाहरणों में विहारी-सतसई, मियाँ नजीर अकबरवादी की कविता और कीट्स के 'सेंट, एगनेस ईव' जैसी रचनाओं की गणना की जा सकती है। कविता का महत्त्व ज्ञान-दान में नहीं, सौन्दर्य की सृष्टि में है। ज्ञान देनेवाली विद्याएँ साहित्य से बाहर भी मौजूद हैं जो इतना ज्ञान देती हैं, जितना किसी भी कविता के लिए अदेय है। और जब कविता के ऊँचे विचारों का प्राधान्य हो, तब भी कवि की गरिमा के कारण वे विचार नहीं, अपितु, वह काव्यात्मक प्रणाली होगी जिससे विचारों का भाव-पक्ष उभार पाता है। यह दुर्भाग्य की बात है कि हमारे आलोचक आज भी अपनी जेब के नब्बे प्रतिशत अंक भावों की ऊँचाई के लिए ही देते हैं। किन्तु, यह स्थिति अब समाप्त होने ही वाली है। हमारी भाषा में भी वे सत्समालोचक उत्पन्न होकर रहेंगे, जो कवि को दंडित या पुरस्कृत करने के लिए भावों की उपयोगिता और अनुपयोगिता पर न जाकर, परिश्रमपूर्वक यह देखने की चेष्टा करेंगे कि कवि को जो कुछ कहना था, उसे उसका सम्यक् ज्ञान था या नहीं तथा यदि ज्ञान था तो उस भाव को उसने पूरी समर्थता के साथ लिखा है या नहीं। आश्चर्य की बात है कि प्रायः सभी आलोचक कविता को कला का पर्याय मानते हैं, किन्तु, आलोचना के समय वे काव्य शैली को छोड़कर उसमें वर्णित भावों से उलझकर अपना कर्तव्य समाप्त कर देते हैं। कोई विस्मय नहीं, यदि हिन्दी का आलोचना-पक्ष आज भी उसके अन्य कितने ही पक्षों से अधिक कमजोर है।

[1956 ई.]

छायावादोत्तर काल

[1]

हिन्दी में एक प्रथा-सी चल पड़ी है कि आलोचक और इतिहासकार द्विवेदी-युग के बाद छायावाद-युग और छायावाद-युग के बाद प्रगतिवाद-युग की चर्चा करने लगते हैं। इससे कई कठिनाइयाँ उत्पन्न होती हैं। पहली कठिनाई तो यह है कि जैसे द्विवेदी-युग और छायावाद-युग के व्यक्तित्व एक-दूसरे के बाद अलग-अलग स्पष्ट दिखाई देते हैं, उस प्रकार प्रगतिवाद-काल का कँगूरा अलग दिखाई नहीं देता, न इस युग का व्यक्तित्व ही स्पष्ट है। यदि कोई कहे कि छायावाद-युग के बाद, सचमुच ही, एक युग आया था जिसका नाम प्रगतिवादी युग है तो सहज ही यह प्रश्न उठेगा कि यह प्रगतिवादी युग, मोटे तौर पर, कब-से-कब तक रहा और उसके कवि कौन लोग थे?

जहाँ तक मैं समझ सकता हूँ, हिन्दी में उल्लेख प्रगतिवाद-युग का नहीं, प्रगतिशील प्रवृत्ति का होना चाहिए। और यह प्रवृत्ति छायावाद-युग के बाद ही दिखाई नहीं पड़ी। वह भारतेन्दु हरिश्चन्द्र में भी थी और बालमुकुन्द गुप्त में भी तथा द्विवेदी-युग में भी इस प्रवृत्ति का प्रभूत प्रमाण उपलब्ध है। स्वयं छायावादी युग में जो राष्ट्रीय कविताएँ लिखी गईं, वे प्रगतिशील काव्य का ही दृष्टान्त थीं। हाँ, साहित्य में मार्क्सवादी दर्शन का प्रभाव छायावाद के बाद अवश्य परिलक्षित हुआ। फिर भी, यह मानना क्या ठीक होगा कि प्रेमचन्द्र छायावादोत्तर साहित्यकार थे अथवा अपने उपन्यास उन्होंने मार्क्सवादी विचारधारा से प्रभावित

होकर ही लिखे थे? यह भी विचारणीय है कि जो कवि छायावाद के बाद प्रकट हुए, उनके सामान्य लक्षण क्या थे? क्या उनका यश मार्क्सवादी कवि होने के कारण फैला अथवा किन्हीं अन्य कारणों से?

छायावादी कवियों की ठीक पीठ पर आनेवाले कवियों में से बच्चन, नरेन्द्र, नेपाली, आरसी, केसरी, अंचल, प्रभात, सोहनलाल द्विवेदी, स्वर्गीय सुधीन्द्र, हरिकृष्ण प्रेमी, जगन्नाथ प्रसाद मिलिन्द, हंसकुमार तिवारी, जानकीवल्लभ, श्यामनारायण पांडेय, रामदयाल पांडेय, रामगोपाल शर्मा 'रुद्र' आदि के प्रमुख नाम हैं और इसी काल में, एक छोटा नाम मेरा भी जोड़ा जाएगा। तो इनमें से कौन कवि प्रगतिवादी धारा का प्रतिनिधित्व करता है? कालक्रम की दृष्टि से देखें तो सुमन और नागार्जुन इस समूह के बाद आनेवालों में से हैं। इन कवियों की विशिष्टताओं पर विचार किया जाए तो छायावाद की धूमिल, रंगीनी और रोमांटिक हिलोर केवल अंचल और प्रभात की कविताओं में मिलेगी और इन दो कवियों में भी भाषा की छायावादी परम्परा केवल प्रभातजी में शेष है। बाकी सभी कवियों में कई ऐसे लक्षण समान रूप से मिलते हैं, जिन्हें देखते हुए इन कवियों का युग न तो छायावादी युग कहा जा सकता है, न उसे हम प्रगतिवाद शीर्षक के अन्दर लपेट सकते हैं। असल में, इनका काल छायावादोत्तर काल है जिसकी विशेषताएँ हैं :

1. काव्य की भाषा को बोलचाल की भाषा के निकट लाने का प्रयास। यह प्रयास नेपाली और बच्चन में अत्यन्त प्रखर है, किन्तु, अन्य कवियों में भी हम 'पल्लव' और 'परिमल' की भाषा से दूर हटने की चेष्टा स्पष्ट देखते हैं।
2. ऐसी अनुभूतियों पर सबसे अधिक जोर जो सच्ची हैं, जो केवल कवि तक ही सीमित न रहकर पाठकों के मन को भी आन्दोलित कर सकती हैं। इसीलिए, छायावादोत्तर काल के कवियों में रहस्यवादी बनकर बोलने की प्रवृत्ति अत्यन्त अल्प है तथा कविता के मुख्य विषय प्रेम, विरह, प्रकृति तथा समाज और राष्ट्र हो गए हैं।
3. इस युग की तीसरी विशेषता काव्य में प्रसाद गुण की वृद्धि है जिसे बोलचाल की भाषा में सीधी-सच्ची अनुभूतियाँ चित्रित करने का प्रयास का ही परिणाम कहना चाहिए।

भाषा की सजीवता, अनुभूति की सचाई, और अभिव्यक्ति की प्रसन्नता—

ये ऐसे गुण हैं जिनके समन्वय से कोई भी कविता सप्राण हो सकती है। किन्तु, हिन्दी में आधुनिक काव्य की जो चर्चाएँ हुई हैं, उनमें छायावादोत्तर-काल की रचनाएँ छायावादी युग की कृतियों के समक्ष अपेक्षाकृत निम्न स्थान पर रखी गई हैं। तो भी, मेरा अनुमान है कि काव्यरसिकों में छायावादोत्तर-युग की रचनाएँ जिस रोचकता से पढ़ी गईं, उस रोचकता से छायावाद-युग की रचनाएँ नहीं पढ़ी गई थीं। द्विवेदी-युग का भी कुछ-कुछ यही हाल था। उस युग की कविता कहीं तो इतिवृत्तात्मक हो जाती है, किन्तु, मैथिलीशरण गुप्त, रामनरेश त्रिपाठी तथा रामचरित्र उपाध्याय और नाथूराम शंकर को जितने पाठक मिले, उतने पाठक छायावादी काव्य को न मिल सके। 'साकेत', 'यशोधरा', 'जयद्रथ-वध' और 'पथिक' तथा 'स्वप्न' तो आज भी पढ़े जाते हैं। हाँ, पाठ्य-पुस्तकों की कहानी और है। किन्तु, वे तो पढ़ाई जानेवाली पुस्तकें हैं, केवल पढ़ी जानेवाली पुस्तकों से उनका क्या मिलान? बच्चनजी ने एक दिन बातों-बातों में एक सूक्ति कही। 'जो कविता आनन्द के लिए पढ़ी जाती है, उसकी आलोचनाएँ बहुत कम लिखी जाती हैं।' छायावादोत्तर काल के कवि अपेक्षाकृत सरल, रोचक और आनन्ददायी निकले। इसीलिए, आलोचकों ने उन पर श्रम नहीं किया। श्रम छायावाद पर किया गया और प्रगतिवाद पर भी। और सबसे अधिक श्रम प्रयोगवाद पर किया जा रहा है, क्योंकि इस कविता में आनन्द की मात्रा अत्यन्त न्यून है।

कभी-कभी ऐसा भी भासित होता है, मानो, छायावादोत्तर-काल के रूप में कुछ-कुछ द्विवेदी-काल का प्रत्यावर्तन हुआ हो। छायावादोत्तर-कालीन भाषा द्विवेदी-युगीन भाषा की याद दिलाती है। दोनों युगों की भाषाएँ सफाई और हिन्दी के बोलचाल वाले रूप के अधिक समीप हैं। भेद केवल यह है कि छायावाद-काल में भाषा के क्षेत्र में कोमलता के जो प्रयोग हुए, उनकी शिक्षाएँ छायावादोत्तर-काल के कवियों को याद रहीं। किन्तु, द्विवेदी-युगवालों को इस प्रयोग का लाभ नहीं मिला। और जिन्हें यह लाभ सुलभ हो सका, उनकी भाषा कुछ-न-कुछ परिवर्तित अवश्य हो गई।

शरण एक तेरी मैं आई, धरे रहे सब धर्म हरे!
बजा तनिक तू अपनी मुरली, नाचें मेरे मर्म हरे!

[द्वापर]

भाषा के भीतर सारी शक्तियाँ सब दिन मौजूद रहती हैं। हाँ, जब प्रयोग-विशेष का समय आता है तब भाषा के अपेक्षित गुण स्पष्ट होने लगते हैं। लक्ष्मण सिंह मयंक द्विवेदी-युग में हुए हैं, किन्तु, उन्होंने जिस भाषा का अनुसन्धान किया, उसे प्रत्येक युग अपनाने को लालायित रहेगा :

हा! श्रान्त अन्त! उद्‌भ्रान्त अन्त!
हा! हा! कल, कोमल, कान्त अन्त!
गंगा माँ के वक्षस्थल पर,
उस दिन शीतल निर्मल जल पर
देखी थी तब स्वर्गीय छटा,
फिर सघन घनों की घोर घटा।
गूँजा था स्वर-संसार नया।
दीखा था सब संसार नया,
मानस को उथल-पुथल करके
गंगा-जल को उज्ज्वल करके
तू किधर गई, उड्‌डीन हुई?
हा! किस दिगन्त में लीन हुई?

कोमल बनने की प्रेरणा छायावादी-युग को इसलिए मिली कि द्विवेदी-युगीन भाषा बहुत कुछ नीरस और परुष समझी जाती थी। और यह अकारण भी नहीं था, क्योंकि द्विवेदी जी ने भाषा में सौन्दर्य की अपेक्षा सुस्पष्टता लाने पर अधिक जोर दिया था। कल्पना से अधिक व्याकरण-सम्मत भाषा को उन्होंने श्रेष्ठ बताया था। छायावादी युग के एक नवयुवक कवि जब द्विवेदीजी से मिलने गए, तब उन्होंने कवि को सबसे बड़ा उपदेश यह दिया कि कविता लिखने से पूर्व कम-से-कम, सिद्धान्त-कौमुदी तो पढ़ लो। किन्तु, आज यह उपदेश बिलकुल निस्सार-सा लगता है, इसलिए नहीं कि सिद्धान्त-कौमुदी के अध्ययन से कवि-प्रतिभा का हनन होता है, प्रत्युत्, इसलिए कि सिद्धान्त-कौमुदी हिन्दी का व्याकरण नहीं है। उसे पढ़े बिना अनेक लेखक और कवि बहुत अच्छी हिन्दी लिख रहे हैं। और सिद्धान्त-कौमुदी को आगे रखकर चलने से ज्योतित शब्द कैसे बनता, उन्मन शब्द से प्रसन्नता की ध्वनि कैसे निकलती एवं प्रभात का प्रयोग स्त्रीलिंग में कैसे किया जाता? कल्पना के ताप के नीचे

जब भाषा पिघलने लगती है, तब व्याकरण के किनारे टूट जाते हैं। छायावाद ने व्याकरण के बाँध में से नहरें फोड़कर अपनी कल्पना के अनुरूप कोमल भाषा तैयार कर ली, यह कवि और भाषा, दोनों की विजय का प्रमाण है।

किन्तु, भाषा जब कोमलता के अतिरेक पर जा पहुँची तब केवल कविता ही नहीं, उसकी भाषा भी छायावादी कहलाने लगी, तब भावों के साथ-साथ काव्य-भाषा के विरुद्ध भी प्रतिक्रिया उत्पन्न हो गई। किन्तु, कोमलता के वायवीय शिखर से उतरने का कौन मार्ग था? इस नये मार्ग की खोज महादेवीजी में दिखाई देती है क्योंकि वे तब आईं जब पन्त और निराला भाषा के नये रूप का निर्माण कर चुके थे। महादेवीजी की भाषा छायावादोत्तर कवियों की भाषा से कोमल दिखाई देती है। किन्तु, वह ठीक-ठीक 'पल्लव' या 'परिमल' की भाषा नहीं है। किन्तु, छायावादी भाषा से बचकर निकलने की कोशिश करने पर भी छायावादी इसलिए मालूम होती है चूँकि महादेवीजी के सारे भाव रहस्यवाद के भाव हैं। इसलिए, कहा जा सकता है कि महादेवीजी की भाषा छायावाद के ही आसपास की भाषा है। किन्तु, हम लोग तो शिखर के उस ओर को उतर पड़े जिधर द्विवेदी-युगीन घाटी पड़ती थी। किन्तु, द्विवेदी-युगीन घाटी की ओर उतरने पर भी हमारी भाषा द्विवेदी-युगीन भाषा से कुछ अधिक कोमल और व्यंजक रह गई। यह शुभ परिणाम इसलिए निकला कि जो कविता छायावाद-युग के बाद आई, वह गर्भ में तो छायावाद युग में ही आ चुकी थी। अतएव, छायावाद का उतना संस्कार इस कविता के साथ रह गया जो अभिव्यक्ति को धूमिल बनाये बिना साथ रखा जा सकता था।

कोमलता की साधना में छायावाद ने, कदाचित्, अति कर दी थी। छायावादोत्तर काल के कवियों ने आतिशय्य का त्याग कर दिया और उन्होंने छायावादी प्रयोग में से भाषा के निमित्त उतनी ही कोमलता स्वीकार की जितनी से भाषा का सौन्दर्य, उसकी शक्ति को घटाये बिना, सँवारा जा सकता था। भाषा का छायावादोत्तर प्रयोग छायावाद और द्विवेदी-युगीन भाषाओं के बीच समन्वय उपस्थित करता है, यद्यपि इस समन्वय में प्रधानता छायावाद-युगीन कोमलता की अधिक है।

छायावादी युग की तुलना उस मनुष्य से की जा सकती है जो साज-सिंगार, स्वच्छता, सुरम्यता और कोमलता की रक्षा के लिए अपने ड्रांइग कक्ष से बाहर कम निकलता है और छायावादोत्तर काल की उस व्यक्ति से जो स्वच्छता,

सुरम्यता और कोमलता के उतने ही अंश से सन्तुष्ट रहता है जो सड़कों पर घूमने के बाद भी शेष रह सकता है। छायावाद-युग के कवि यदि कक्ष से बाहर निकलते भी थे तो सुबह और शाम को, जब हवा में गर्मी कम हो जाती है। किन्तु, छायावादोत्तर काल के कवि धूप में भी घूमते थे। यह भी हुआ कि जब छायावाद-युग अपने परिपाक अथवा समाप्ति पर आया, छायावाद के वे ही कवि जो धूप में निकलने से परहेज करते थे, खेतों, खलिहानों और कारखानों के आस-पास घूमने लगे। इसलिए, यह भी कहा जा सकता है कि छायावादोत्तर काल कोई सर्वथा नवीन क्षितिज लेकर नहीं आया था। वह छायावादी प्रयोगों के ही परिपाक से उत्पन्न हुआ।

[2]

आरम्भ में छायावादी ढंग की कुछ कविताएँ मैंने भी लिखी थीं, जिनमें से अधिकांश तो विनष्ट हो गईं, किन्तु, कुछेक 'रेणुका' से लेकर 'रसवन्ती' तक मौजूद भी हैं। जो नष्ट हो गईं, विशेषतः, उन कविताओं के सम्बन्ध में ऐसा याद आता है कि उन्हें लिख लेने के बाद मुझे लगा, मानो, मेरी सारी बातें कसमसा कर मेरे भीतर ही छूट गई हों और जो कुछ मैं कह पाया हूँ, वह अकथित या कथ्य का आभास मात्र हो। छायावाद में जो कोमलता थी, उसमें नई-नई सुषमाओं के जो अनेक वातायन खुलते थे, उन सबके लिए मुझमें आकर्षण और लोभ था और इस लोभ से प्रेरित होकर जब मैं कोई कविता करने बैठता, मैं अपने-आप से बहुत प्रसन्न हो उठता था। किन्तु, कविता समाप्त करते-करते मेरी मुद्रा शिथिल हो जाती और अपने श्रम को विनष्ट हुआ मानकर मैं निराश हो जाता था।

मेरी वेदना अभिव्यक्ति की वेदना थी और मेरे सम्मुख जो चुनाव था, वह क्लासिक और रोमांटिक द्विवेदी-युग और छायावादी काल या मैथिलीशरण और सुमित्रानन्दन पन्त के बीच था। अनुभूतियाँ और भाव तो मुझे छायावादियों के ही अच्छे लगते थे, किन्तु, अभिव्यक्ति की सफाई मैं वह चाहता था जो मैथिलीशरण गुप्त और रामनरेश त्रिपाठी में निखरी थी। दूसरे शब्दों में, द्विवेदी-युग की कल्पना मुझे भी स्थूल और किंचित भोंडी लगती थी, किन्तु, पन्तजी की अभिव्यक्ति के भी चारों ओर मुझे कुहासा दिखाई देता था। मैं दोनों से

हटकर अपने लिए कोई ऐसी राह निकालना चाहता था जो दोनों से समीप और दोनों से कुछ दूर हो।

कदाचित्, पन्त के सपने को मैं मैथिलीशरण की सफाई से लिखना चाहता था, किन्तु जोखिम इसमें यह थी कि दोनों को मिलाने से या तो पन्त के सपने घायल होते थे या मैथिलीशरण के मार्ग पर मिहिका छा जाती थी। छायावाद बड़ा ही प्रतापी आन्दोलन था और उसके रोब की उपेक्षा करके मनमानी राह पकड़ लेना छायावादोत्तर कवियों के लिए कोई सरल कार्य न था। उस पर भी, यह मनचाही राह यदि द्विवेदी-युग की ओर जाती हो, तो कौन था जो इस विचार से ही ग्लानि में गड़ नहीं जाता? फिर भी, मैं यह नहीं कह सकता कि जिन दिनों मैं अपनी शैली की खोज में था, उन दिनों मैंने इतना कुछ विचार किया होगा। सच पूछिए तो छायावादी धूमिलता के मैं जितना विरुद्ध था, उतना मैथिलीशरण और रामनरेश त्रिपाठी वाली शैली के पक्ष में नहीं था। अतएव, मैंने अपने लिए जो राह निकाली, उसकी प्रेरणा केवल छायावादी धूमिलता से बचने के प्रयास में थी। यह और बात है कि वह राह द्विवेदी-युग और छायावाद-काल के बीचोबीच पड़ गई।

साहित्य में कभी-कभी कई युग एक साथ जीते हैं और जब छायावाद-युग जीवित था तब उसके साथ-साथ द्विवेदी-युग की आत्मा भी अपना काम कर रही थी। इसलिए, यह भी कहा जा सकता है कि मेरी राह इन दो युगों के मिश्रण से तैयार हुई। किन्तु, मुझे यही मानना अच्छा लगता है कि यह शैली द्विवेदी और छायावादी युगों के बीच की शैली है जिसका प्रमाण यह है कि पन्त के सपने हमारे हाथ में आकर उतने वायवीय नहीं रहे जितने कि वे छायावाद-काल में थे; किन्तु, द्विवेदी-युगीन अभिव्यक्ति की शुभ्रता हम लोगों के पास आते-आते कुछ रंगीन अवश्य हो गई। यह मेरा अपना विश्लेषण है, किन्तु, इसी बात को कोई इस प्रकार भी रख सकता है कि साहित्य का प्रत्येक आन्दोलन, आरम्भ में धूमिल रहता है, किन्तु, आगे चलकर वह स्वच्छ हो जाता है। छायावादी कवियों में जो धूमिलता थी वह छायावादोत्तर काल में आकर उस आन्दोलन के नायकों में भी कम होने लगी थी। हम लोगों का आरम्भ इसी काल में हुआ, अतएव, अभिव्यक्ति की स्वच्छता की नई विरासत हमें आपसे आप प्राप्त हो गई।

और यह विश्लेषण मेरी वैयक्तिक शैली का ही विश्लेषण नहीं है, प्रत्युत्,

वह समान रूप से छायावादोत्तर उन सभी कवियों की शैली पर लागू है जिन्होंने हिन्दी कविता को कुहासे से निकाल कर उसे धूप में खड़ा किया तथा अभिव्यक्ति की धूमिलता और कच्चेपन से बचने के लिए छायावाद की उन रंगीनियों को छोड़ दिया जो प्रायः कवियों की असमर्थता पर झीना-परदा डाला करती थीं।

छायावाद-युग के कवि अपने गिने-चुने विषयों के वृत्त से बाहर नहीं जाते थे, क्योंकि उन्हें भय था कि वृत्त की परिधि के बाहर जो कुछ है, गद्यकल्प है; जो कुछ है, नीरस और रुक्ष है तथा उसके स्पर्श मात्र से कविता की कोमलता विनष्ट हो जाएगी। छायावाद में जो कोमलता थी, वह जीवन की रुक्षताओं से अलग रहकर उपलब्ध की गई थी, जिसका प्रमाण यह है कि इस काल का सारा छायावादी काव्य स्वप्न, हिमकण, आँसू, ओस, विहंग, बुदबुद, टलमल और चन्द्र, नक्षत्र, क्षितिज एवं नीलिमा—इन कोमल, वायवीय शब्दों से भरा हुआ है, कर्म की कठोरता और जीवन की रुक्षता का स्मरण दिलानेवाले शब्द कविता में छायावादोत्तर काल में भरने लगे और छायावादी कवियों की कविताओं में भी ये शब्द छायावाद के बाद प्रविष्ट हुए, स्वप्न की भाषा में वास्तविकता का आख्यान छायावाद-युग में अशक्य कार्य था। शक्य उसे उन लोगों ने बनाया जो छायावादी युग की ठीक पीठ पर आए। छायावाद-काल में बहुत-सी ऐसी अनुभूतियाँ भी चल रही थीं जिनकी सचाई के बारे में जनता को काफी सन्देह था, फिर भी, जो भी नया कवि आता, वह इन्हीं संदिग्ध अनुभूतियों का अनुकरण करने लगता। छायावादोत्तर युग के कवियों ने इन सारी कृत्रिम वेदनाओं एवं रहस्य को छूने का स्वांग भरनेवाली अनुभूतियों के जाल को फाड़ फेंका और वे निर्भीकता के साथ उन भावों का आख्यान करने लगे, जिनकी सम्यक् अनुभूति के विषय में किसी को भी कोई सन्देह नहीं हो सकता था। इसे मैं छायावादोत्तर काल की पराजय नहीं, विजय का प्रमाण मानता हूँ, क्योंकि वे भाव कोई भाव नहीं हैं जो भाषा का लिबास लेने से इनकार करते हैं, न वह अनुभूति ही कोई अनुभूति है जिसे स्वयं कवि भी शब्दों का जामा पहनाने में असमर्थ हो जाए।

मैं यह नहीं मानता कि हम लोग जिस युग में आए, वह हिन्दी कविता के उतार का युग था। उसे कविता के प्रसार का युग कहना कहीं अधिक न्यायसंगत बात होगी। क्योंकि छायावादी युग में सूक्ष्म और धूमिल सृष्टियाँ

चाहे जितनी हुई हों, जन-समुदाय के बीच समकालीन काव्य का जैसा प्रसार हमारे समय में हुआ, वैसा छायावादी युग में न हो पाया था। जनरुचि की अवज्ञा कोई भी कला बहुत अधिक काल तक नहीं कर सकती। छायावाद के आगमन के साथ काव्य-रसिकों ने उससे बहुत बड़ी आशा लगा रखी थी, किन्तु, जब यह आशा पूरी न हुई, छायावाद की आलोचना आरम्भ हो गई और उस पर यदाकदा व्यंग्य भी होने लगे। उन दिनों कवियों की ओर से, कभी-कभी यह भी कहा जाता था कि कवि नीचे क्यों उतरे, जनता को ही उसके पास पहुँचने को ऊपर उठना चाहिए। किन्तु, जनता ऊपर नहीं उठी। जनता का ऊपर उठना कभी किसी को दिखाई भी नहीं देता है। लाचार होकर कवियों को ही नीचे आना पड़ा। और छायावाद-कालीन उन सारी कृतियों को काल ने झाड़-बुहार कर एक ओर को रख दिया जो अपनी दुरूहता या अभिव्यक्ति के कच्चेपन के कारण काव्य-प्रेमियों को आनन्द देने में असमर्थ थीं।

यहाँ यह नहीं समझना चाहिए कि मैं आँख मूँदकर केवल प्रसाद-गुण की साधना के पक्ष में था। प्रसाद भी कविता का सापेक्ष गुण है। वह कविता के लिए अत्यन्त आवश्यक है, किन्तु, इतना आवश्यक नहीं कि हम उसकी प्राप्ति के प्रयास में उन भावों को लिखना ही छोड़ दें जो अखबारी विज्ञापन की सुस्पष्टता में लिखे नहीं जा सकते। मेरी अपनी ही रचनाओं में 'कुरुक्षेत्र' का षष्ठ सर्ग उतना प्रसन्न नहीं है जितने अन्य सर्ग हैं। किन्तु, इसका कारण केवल यह है कि यह सर्ग जिन भावों को लेकर बढ़ता है, वह अन्य संर्गों की भाँति अधिक सुस्पष्टता से लिखे ही नहीं जा सकते थे। विशेषतः रहस्यवादी रचनाओं में जो अस्पष्टता होती है, उसे प्रसाद-हीनता का पर्याय मानना अनुचित है, क्योंकि रहस्यवादी कवि की चेतना जब फैलकर अदृश्य वास्तविकता को छूने लगती है, तब उसमें उठनेवाले चित्र हमारी सामान्य चेतना से इतनी दूर पर झिलमिलाते हैं कि हमें यह भ्रम होने लगता है कि, हो न हो, ये अभिव्यक्ति की दुर्बलता से उत्पन्न हुए हैं। किन्तु, ऐसे स्थलों पर अभिव्यक्ति की दुर्बलता हो भी सकती है और नहीं भी हो सकती है, जिसका निर्णय यह देखकर करना चाहिए कि कवि में अभिव्यक्ति की सच्ची खोज है या नहीं। कबीरादि के धुन्धले उद्गारों के सामने हम जो बिना सोचे-समझे मस्तक झुका देते हैं, उसका कारण हमारी अन्ध श्रद्धा नहीं, बल्कि, हृदय का यह विश्वास है कि कवि, सचमुच, हमें कुछ दिखलाना चाह रहा है, किन्तु भाषा की स्वाभावजन्य असमर्थता के कारण हम

उसकी उक्ति का पूरा मर्म समझ नहीं पाते। 'हृदय का विश्वास', यह टुकड़ा यहाँ अत्यन्त महत्त्वपूर्ण है, क्योंकि जिस रहस्यवादी कवि में अभिव्यक्ति की सच्ची आकुलता नहीं है, उसके प्रति पाठक का विश्वास भी सुदृढ़ नहीं होगा।

केवल प्रसाद-गुण को लक्ष्य बनाकर चलने में खतरा यह है कि हम उन अनेक अनुभूतियों को लिखना छोड़ देंगे जो पूरी स्वच्छता से लिखी जाने पर भी इतनी सुस्पष्ट नहीं हो सकती जितनी कि पोस्टरों और विज्ञप्तियों की भाषा होती है। गहन-गम्भीर अनुभूतियों को अत्यधिक सरल बनाने की इच्छा सदैव साधु नहीं होती। अनेक बार हम ऐसी अनुभूतियों के सामने आ जाते हैं जिन्हें यदि बहुत सुस्पष्टता से लिखने की कोशिश की जाए तो उनका मिथ्या रूप ही चित्रित हो जाता है। प्रसाद-गुण की भी एक सीमा है और सुस्पष्टता कोई ऐसी चीज नहीं है जो प्रत्येक धरातल पर एक समान बरती जा सके। आइंस्टीन का सापेक्षवाद जिस भाषा में समझाया जा रहा है, वह सुस्पष्टता से काफी दूर है, फिर भी, यही अस्पष्ट भाषा वह माध्यम है जिसमें आइंस्टीन के सिद्धान्त समझाये जा सकते हैं। और जब भी कोई पंडित उन्हें समझाने के लिए अत्यधिक सरल शैली अथवा अत्यधिक सुस्पष्ट भाषा का प्रयोग करता है, तब वह सापेक्षवाद की व्याख्या नहीं करके कोई ऐसी बात बोलने लगता है, जिससे मूल सिद्धान्त के सम्बन्ध में गलत धारणाएँ उत्पन्न होती हैं।

किन्तु, इतनी सतर्कता बरत लेने के बाद, अब मैं यह कह सकता हूँ कि साहित्य में भी साधु वे हैं, जो दूसरों को कष्ट नहीं देते, जो अपनी प्रत्येक पंक्ति को लिखते समय अपने से यह पूछते चलते हैं कि अनुभूति की सत्यता को विकृत किये बिना उक्ति इससे और सुस्पष्ट हो सकती है या नहीं। पाठक की कठिनाई का पहले से ही अनुमान लगाकर उसे निराकृत कर देना, यह एक ऐसा शील है जिसकी आशा प्रत्येक पाठक अपने लेखक से करता है और जब लेखक इस शील का पालन सफलता के साथ करते हैं, वे सहज ही पाठकों के प्रेम के अधिकारी बन जाते हैं। इसके विपरीत, जब लेखक पाठकों का सम्मान नहीं करते, साहित्य और जनता के बीच का तार टूट जाता है।

छायावाद-युग में छायावादी कविता और जन-समुदाय के बीच कोई सम्बन्ध न था और यदि सम्बन्ध का कोई पतला धागा दोनों को बाँधे हुए था तो यह धागा भावुक, किशोरवय युवकों के उत्साह का धागा था। उनसे आगे समाज में जो विभिन्न विषयों के विद्वान् और कविता के पाठक थे, वे छायावादी

आन्दोलन को थोड़ा भी महत्त्व नहीं देते थे। सच पूछिए तो छायावाद निर्धन नहीं, कमजोर था; बुरा नहीं, मृत था और, इसीलिए, उसकी जो प्रशंसा होनी चाहिए थी, वह न हो सकी।

वैयक्तिकता उतनी इतनी प्रचंड थी कि किसी भी स्थिति से वह समझौता करने को तैयार नहीं था। आज प्रयोगवादियों के बारे में लोग यह कहते हैं कि उन्हें परम्परा का ध्यान नहीं है। किन्तु, यही आक्षेप उस समय छायावाद पर भी लगाया गया था। और यह आक्षेप कुछ बहुत गलत भी नहीं था। छायावादी कवियों ने नई दुनिया बसाने के उत्साह में द्विवेदी-युग से तो, स्पष्ट ही, अपना सम्बन्ध-विच्छेद कर लिया था। यह ठीक है कि गद्य-कल्प द्विवेदी-युगीन काव्य में ऐसा कोई विशेष गुण नहीं था जिसे छायावादी कवि अपने साथ ले चलते, किन्तु, अभिव्यक्ति की स्वच्छता तो गद्य से भी ली जा सकती थी। किन्तु, दैनिक जीवन की रुक्षता से दूर भागने की कोशिश में छायावादी कवि जनसाधारण की भाषा से भी दूर हो गए और अपने लिए उन्होंने जिस भाषा की रचना की वह देखने में सुन्दर और छूने में मुलायम होने पर भी ऐसी भाषा न थी जिसमें कवि अकवि से बातें करता है। 'पल्लव' और 'परिमल' की भाषा छायावादी-युग के बाद कविता में नहीं टिक सकी, यह घटना भाषा के छायावादी प्रयोग पर स्वयं एक व्यंग्य है।

इस मामले में छायावादोत्तर काल के कवि अपने पूर्वजों से अधिक उदार निकले। परम्परा का आदर तो उन्होंने इस प्रकार किया कि पन्त और मैथिलीशरण को मिलाकर वे द्विवेदी-युग के उस अंश को वापस ले आए जो उसका सर्वोत्तम अंश था अर्थात् जिसका सम्बन्ध सुस्पष्टता और अभिव्यक्ति की सफाई से पड़ता था। तथा जन-साधारण की समीपता में आने को उन्होंने पूर्वजों से उत्तराधिकार में मिली हुई भाषा का परित्याग कर दिया और अपने व्यवहार के लिए वे भाषा का वह रूप उठा लाए जो जनता के, प्रायः, दैनिक व्यवहार की भाषा के करीब था।

जब छायावादोत्तर-काल का आरम्भ हुआ, साहित्य की भूमि पर तब भी छायावादियों का ही राज्य था और, घट-बढ़कर साहित्य में आज भी उन्हीं की प्रधानता है जिसे मैं अनुचित नहीं, उचित ही मानता हूँ। यह बात वैसी ही हुई, जैसे केले के जब नये पत्ते निकलते हैं, तब भी उसके पुराने पत्ते बने रहते हैं और वृक्ष-सम्पदा की रक्षा का मुख्य भार भी नये नहीं, इन पुराने पत्तों पर ही

रहता है। किन्तु, छायावादोत्तर काल की प्रवृत्तियों का प्रभाव छायावादी कवियों पर भी पड़ा अर्थात् इस काल में आकर वे भी अपनी भाषा को जनजीवन के पास लाने लगे और छायावादी अभिव्यक्तियों में जो कच्चेपन का दोष था, वह दोष भी इसी काल में आकर छूटने लगा। 'पल्लव' से 'गुंजन' और 'गुंजन' से 'ग्राम्या' तथा 'युगान्त'—ये सीढ़ियाँ हैं जिन पर पन्तजी की अभिव्यक्ति पहले से अधिक स्वच्छ होती गई है तथा जिनसे यह भी झलकता है कि कवि किस प्रकार वायवीयता से उतरकर दिनोदिन वास्तविकता के अधिक पास आता जा रहा था। इसी प्रकार, निरालाजी का 'अनामिका' और 'परिमल' में जो रूप था, वह दिनोदिन परिमार्जित होता गया और उनकी भी अभिव्यक्ति दिनोदिन अधिक साफ होती गई, यहाँ तक कि उनकी श्रेष्ठतम कृति 'राम की शक्ति-पूजा' की रचना छायावादोत्तर काल में ही हुई। इसके बाद, उन्होंने जो व्यंग्यात्मक कविताएँ लिखीं, उनमें तो उस भाषा की छाया भी नहीं मिलती जो उनकी पहले की रचनाओं, उदाहरणार्थ, 'रेखा' और 'प्रेयसी' में मौजूद है।

[1956 ई.]

प्रयोगवाद

द्विवेदी-युगीन इतिवृत्तात्मकता से असन्तुष्ट जन-रुचि ने कविता में कल्पना, भावुकता और रंगीनी की माँग की। यदि आवश्यकता और पूर्ति के नियम से देखें तो छायावाद जन-रुचि की इसी माँग की पूर्ति का प्रयास था। किन्तु, शीघ्र ही, छायावाद की कविता इतनी काल्पनिक और सूक्ष्म हो गई कि लोग उसकी धूमिलता से अप्रसन्न होने लगे। अत: छायावाद ने अपने इस दोष से बचने के प्रयास में छायावादोत्तर-काल को जन्म दिया, जिसके कवि कुछ तो वे लोग हुए जो साहित्य में अभी नये-नये आए थे और कुछ वे लोग जो छायावाद के उन्नायक और पोषक रहे थे। ठीक इसी समय, साहित्य में प्रगतिशील आन्दोलन का आरम्भ हुआ जिसका लक्ष्य साहित्य की सामाजिक प्रवृत्ति को प्रोत्साहन देना था। इस आन्दोलन के सिलसिले में पहले तो वे सभी लोग एक वृत्त में गिने गए जो साम्राज्यवाद, शोषण और औपनिवेशिकता के विरुद्ध थे, किन्तु, आगे चलकर यह वृत्त और छोटा बना दिया गया तथा अब उसमें केवल वे ही साहित्यकार गिने जाते हैं, जिनका लक्ष्य मार्क्सवादी दर्शन की आराधना है।

प्रगतिवादी आन्दोलन अभी चल ही रहा था कि 'तार-सप्तक' का पहला भाग प्रकाशित हुआ, जो इस बात की सूचना थी कि हिन्दी के नये कवि कविता को प्रचलित शैली से सन्तुष्ट नहीं थे। इन कविताओं पर विचार करते हुए आज से दस वर्ष पूर्व, मैंने अपनी पुस्तक 'मिट्टी की ओर' में लिखा था कि "ये उन सभी कविताओं से भिन्न हैं जिन्हें देखने-सुनने के हम अब तक आदी

रहे हैं। इनका कवि जान-बूझकर काव्य के साधारण नियमों को भी भूल गया है।...इनकी पृष्ठभूमि में जो कुछ दीखता है, वह निर्जन और विषण्ण है" तथा "शायद, आनेवाले युग की कविता इनमें अपनी ट्रेनिंग पा रही है।" और तब से आज तक हिन्दी के तरुण कवि विभिन्न दिशाओं में जिस आकुलता से प्रयोग कर रहे हैं, उससे आज भी यही भासित होता है कि नई कविता की ट्रेनिंग अभी खत्म नहीं हुई है और उसके निश्चित भूमि में पहुँचने में अभी और कुछ देर है।

पहले 'तार-सप्तक' के कई वर्ष बाद, एक-दूसरा 'तार-सप्तक' भी निकला जो पहले की अपेक्षा अधिक सफल था। इन दो संग्रहों के अलावे, इधर और कुछ संग्रह और काव्य-ग्रन्थ (जैसे अज्ञेय का 'हरी घास पर क्षण भर' और 'बावरा अहेरी', गिरिजाकुमार का 'धूप के धान', धर्मवीर भारती का 'ठंडा लोहा' और 'अन्धा युग' तथा नई कविता के दो-एक अंक आदि) निकले हैं, जिन्हें साधारणत: लोग नई कविता के प्रतिनिधि-ग्रन्थ मानते हैं। इनके सिवा, पत्र-पत्रिकाओं में नीरज, भवानीप्रसाद मिश्र, बालकृष्ण राव, सर्वेश्वरदयाल सक्सेना, प्रयागनारायण त्रिपाठी, मदन वात्स्यायन, जगदीश गुप्त, राजेन्द्रप्रसाद सिंह, राजेन्द्र किशोर, रवीन्द्र भ्रमर आदि तरुण कवियों की जो स्फुट रचनाएँ प्रकाशित हुई हैं, उनसे भी ईषत् संकेत मिलता है कि हिन्दी कविता किस दिशा की ओर जा रही है।

यह आन्दोलन अपनी किशोरावस्था को पार कर चुका है, किन्तु, तब भी इसका सही तो क्या, आनुपातिक मूल्यांकन भी अभी नहीं हो पाया है। जहाँ तक मेरा खयाल है, आज तक भी प्रयोगवाद का कोई ऐसा घोषणापत्र कहीं नहीं निकला (यद्यपि कई सूत्रों का एक कार्यक्रम पत्रों में छपा है) जैसी घोषणा 'पल्लव' की भूमिका में छायावाद ने की थी। और इसके उद्देश्य और लक्ष्य के बारे में जो थोड़ा-कुछ कहा भी गया है, वह उतना विशद और पुष्ट नहीं है जिससे काव्य-रसिक जनता यह समझ सके कि प्रयोगवाद कविता के किन गुणों पर जोर देना चाहता है और वह कैसी उपलब्धि के प्रयास में है। इस आन्दोलन की मुख्य प्रवृत्तियों को पहचानने में सबसे बड़ी बाधा यह है कि प्रयोगवाद का गढ़ आगे-पीछे, ऊपर-नीचे सर्वत्र नक्कालों से भर गया है और जो असली कवि हैं, वे इस भीड़ को दबाकर आगे आने में कठिनाइयों का अनुभव कर रहे हैं।

जब छायावादी आन्दोलन उठा था, तब भी हिन्दी में कवियों की बाढ़ आ गई थी, आज के प्लावन की तुलना में वह फिर भी बहुत छोटी बाढ़ थी,

कारण, कदाचित् यह था कि उस समय शिक्षा का प्रसार आज की अपेक्षा कहीं सीमित था और, तत्परिणामस्वरूप, कविता की ओर आनेवाले युवकों की संख्या भी कम थी। किन्तु, छायावादोत्तर काल में आकर हिन्दी-भाषी क्षेत्रों में कविता का जो व्यापक प्रचार हुआ, उससे अब अनेक युवकों में कविता का प्रेम जग पड़ा है और अपने ही समान कुछ अन्य लोगों को काव्य-क्षेत्र में यशस्वी होते देखकर वे भी इस सुयश के भागी होने को ललचा उठे हैं। इसे मैं भारतीय जाति के लिए शुभ लक्षण मानता हूँ। कम-से-कम यह इस बात का प्रमाण तो है ही कि हमारे नवयुवक अपने-आपको अभिव्यक्त करने की इच्छा से आन्दोलित होने लगे हैं।

किन्तु, कवियों की संख्या-वृद्धि के कारणों की खोज यहीं समाप्त नहीं होती। इस संख्यावृद्धि का मुख्य कारण, शायद, यह है कि छायावादी युग में निरी बकवास करने के लिए कवियों को छन्द में लिखना पड़ता था और, यद्यपि, छन्द कभी-कभी अनावश्यक भी हो जाते हैं, किन्तु, उनकी रचना सबके लिए सुगम नहीं होती। प्रयोगवादी कवि छन्द में भी लिखते हैं और छन्दों को तोड़कर भी और दोनों ही शैलियों की कितनी ही नई कविताएँ काफी सुन्दर हुई हैं। किन्तु, इससे युवकों ने यह शिक्षा निकाली कि छन्द अब कविता के लिए किंचित् भी अनिवार्य न रहे। परिणाम यह हुआ कि कविता के बाह्य प्रांगण का दरवाजा चूर-चूर हो गया और आज वे सभी लोग हिन्दी में कविता कर रहे हैं जिनके पास करने योग्य और कोई काम नहीं है। इस सामान्य सिद्धान्त के अपवाद कुछ थोड़े-से ऐसे बुद्धिजीवी ही हैं, जिनके पास करने योग्य काम तो बहुत हैं, किन्तु, जो, फिर भी, अवकाश के समय ताश या बैडमिंटन नहीं खेलकर कविताओं की रचना में लगे हुए हैं और ये सारी-की-सारी कविताएँ प्रयोगवाद के नाम पर चल रही हैं। आज प्रयोगवादी कविता की सफलता के दो नहीं, मात्र एक प्रमाण खोजने की अपेक्षा यह कहीं आसान है कि उसकी विफलता के एक हजार प्रमाण तुरन्त एकत्र कर दिये जाएँ।

कविता के क्षेत्र में अभो गुण नहीं, संख्या का बोलबाला है और संख्या की विशालता के कारण ही इस कविता की सच्ची पहचान गम्भीर समस्या का रूप ले लेती है। यदि छायावादी आन्दोलन अंग्रेजी में शेली और बायरन के समय उठनेवाले रोमांटिक आन्दोलन से मेल खाता था, तो यह नई कविता का आन्दोलन बहुत कुछ उस (इमेजिष्ट) आन्दोलन के समान है जो अंग्रेजी कविता

में प्रथम विश्वयुद्ध के आरम्भ होने के आसपास उठा था। उस आन्दोलन में भी इतने अधिक कवियों ने भाग लिया था कि सन् 1920 ई. में जब पोयट्री बुकशॉप ने 'बिबलियोग्राफी आव् मॉर्डन पोयट्री' के नाम से केवल सन् 1912 ई. से लेकर सन् 1920 ई. के बीच उगनेवाले नक्षत्रों की सूची प्रकाशित की तब उसमें कवियों की संख्या एक हजार से ऊपर चली गई। और इन सहस्राधिक कवियों में से एक सौ चार ऐसे थे, जिन पर समीक्षात्मक टिप्पणियाँ भी दी गई थीं, किन्तु समीक्षा, शोर-गुल और पक्षपातपूर्ण आन्दोलनों से साहित्य में खोटे सिक्के नहीं चलाए जा सकते, न खरे सिक्कों के प्रचलन को ईर्ष्या, द्वेष और निन्दा रोक ही सकती है। इमेजिष्ट सम्प्रदाय के इन हजार कवियों में से केवल दस-बारह ही ऐसे निकले, जिनकी कविताएँ तो नहीं, हाँ, यदा-कदा साहित्य में उनका नामोल्लेख चलता है। अंग्रेजी में जब यह आन्दोलन चल रहा था तब उनके समर्थक और उन्नायक भी उक्त आन्दोलन के आलोचकों पर उसी प्रकार टूटते थे, जैसे आज हिन्दी में टूट रहे हैं, और, अंग्रेजी में भी, कविगण कविताओं के द्वारा जनता के हृदय को न जीत कर उसे बुद्धि द्वारा गद्य में ही पराजित करना चाहते थे। किन्तु, जनता के हाथ में तो ब्रह्मास्त्र होता है। उसने इन कविताओं को खरीदा ही नहीं। परिणाम यह हुआ कि इस युग के कवियों की कविताएँ या तो पतली-छोटी कापियों में छपीं या कई-कई कवियों ने मिल-मिलकर अपने एकत्र संग्रह छपवाये। कहते हैं, जब युद्ध छिड़ा, तब इन कविताओं की थोड़ी बिक्री अवश्य हुई, किन्तु, इतनी नहीं कि कवि का नाम सर्वत्र पहुँच जाए अथवा उसे अच्छी राशि की प्राप्ति हो।

इमेजिष्ट सम्प्रदाय से अपने यहाँ के वर्तमान आन्दोलन की इतनी ही समता नहीं है। विचित्र संयोग है कि इमेजिष्ट कवियों में जो नकली कवि थे, ठीक उन्हीं के लक्षण प्रयोगवाद के नकली कवियों पर चरितार्थ होते हैं, और जो सीमाएँ या कमजोरियाँ असली इमेजिष्ट कवियों की थीं, अपने यहाँ के भी कितने ही नये सत्कवि ठीक उन्हीं दुबर्लताओं से पीड़ित दीखते हैं।

सुर्रियलिष्ट चित्रकारी पर व्यंग्य कसने को किसी ने एक कहानी गढ़ी है कि एक सुर्रियलिष्ट चित्रकार के घर में चोरी हो गई। दूसरे दिन जब पुलिस आई, तब उसने पूछा कि चोर को किसी ने देखा या नहीं। चित्रकार बोला, "क्यों, चोर को तो मैंने स्वयं देखा है और देखा ही नहीं, मैंने छिपकर उसका यह स्केच भी खींच लिया है।" पुलिसवाले इस आशा से वह चित्र ले गए कि

उसके सहारे चोर पहचाना जा सकेगा। किन्तु, खुफिया-विभाग के अधिकारियों ने जब उस चित्र को देखा, उन्हें हँसी आ गई और वे बोले, "अरे, यह तो आलूकोबी की तसवीर मालूम होती है, इसे देखकर आदमी कैसे पकड़ा जा सकता है?"

सुर्रियलिज्म पर चाहे यह कहानी फिट न बैठती हो, किन्तु, प्रयोगवाद के नाम पर प्रतिदिन जो मनों कविताएँ छप रही हैं, वे उसी प्रकार की कविताएँ हैं जिस प्रकार का उस सुर्रियलिष्ट का बना हुआ चित्र था। इन कविताओं की तुलना उन गीतों से की जा रही है जिनमें और सब कुछ तो होता है, केवल सुर नहीं होता, अथवा उस शबीह से की जा सकती है जिसकी गरदन ही गायब हो।

और स्मरण रहे कि ये बातें मैं इसलिए नहीं कह रहा हूँ कि प्रयोगवाद के अन्दर अपार कविताएँ बिना छन्द के लिखी जाती हैं। मुक्त छन्द की परम्परा प्रयोगवादियों की सृष्टि नहीं है। उसका आरम्भ निरालाजी ने और प्रसादजी ने किया था तथा प्रयोगवाद के आगमन से पूर्व भी ऐसी कविताएँ यथेष्ट संख्या में लिखी जा चुकी थीं। कविता में से छन्द महिमा अभी विलुप्त नहीं हुई है। किन्तु, अच्छी कविताएँ बिना छन्द के भी लिखी जाती हैं। मैं यह भी मानता हूँ कि मुक्त छन्द की ओर युवक इसलिए भी दौड़ते हैं कि उसमें स्वतंत्रता की थोड़ी झाँकी रहती है। कुछ यह बात भी है कि कविता की परम्परागत शैली में जो नियंत्रण है, बल्कि उसमें जो जकड़बन्दी आ गई है, ये युवकों की चेतना बर्दाश्त नहीं कर सकती। अतएव, इन कवियों ने अपने-आपको यह विश्वास दिला रखा है कि कविता की पुरानी शैली इतनी पुरानी हो गई कि अब उसका कोई उपयोग नहीं है। छन्दों का त्याग नई कविता का उतना बड़ा दोष नहीं है जितना नये कवियों का यह आग्रह कि छन्द छोड़ने पर चाहे जो भी लिखो, वह काव्य हो जाता है। परम्परा से किंचित् भिन्न चलने की स्वतंत्रता और प्रचलित शैली में परिवर्तन करने का अधिकार, ये दावे तो, प्रायः प्रत्येक युग के कवि किया करते हैं। किन्तु, प्रयोगवाद के नाम पर असंख्य कवियों ने इस स्वतंत्रता का दुरुप्रयोग किया है। परिणाम यह है कि उनकी जो कविताएँ छपती हैं, वे कविताएँ नहीं, असमर्थ गद्य हैं, जिन्हें कविताओं की तरह सजा दिया जाता है। किन्तु, इससे केवल आँखें ही धोखा खा सकती हैं, मन नहीं, क्योंकि वह कविता को पहचानता है।

कला की दृष्टि से देखा जाए तो काव्य-सृष्टि के दो सोपान होते हैं :

पहला सोपान प्रेरणा का और दूसरा सोपान रचना का होता है। प्रेरणा का उद्गम शिक्षा-दीक्षा, संस्कार और भावुकता होती है। और जिस व्यक्ति में भावुकता और कविता का संस्कार है, उसके भीतर काव्य-प्रेरणाओं का उठना अत्यन्त स्वाभाविक बात है। किन्तु केवल प्रेरणाओं के उठने से कोई व्यक्ति कवि नहीं हो जाता। उसे उन प्रेरणाओं को इस प्रकार अभिव्यक्ति देनी होती है कि कविता पढ़ने या सुननेवालों के हृदय में वैसी ही प्रेरणाएँ उत्पन्न हो सके। इसीलिए, प्रेरणा का धरातल संस्कार का और रचना का धरातल परिश्रम और अभ्यास का धरातल होता है। जिसे हम कवि की साधना कहते हैं, वह इस अभ्यास के सिवा और कुछ नहीं है कि हम जो अनुभव करते हैं, उसे अनुरूप ढंग से अभिव्यक्त कर सकें किन्तु, जब कवि यह समझ लेता है कि जवानी की ताजगी स्वयं सबसे बड़ी कविता है तथा हमें परिश्रम से बचे रहकर इस ताजगी को बचाये रखना चाहिए, तब साहित्य में अर्थ से अधिक अनर्थों के ही उदाहरण भरने लगते हैं। शेरिडान ने कहीं कहा है कि जो साहित्य पढ़ने में आसान होता है, उसकी रचना करने में घोर परिश्रम करना पड़ता है। इसी प्रकार, जिस साहित्य का पढ़ना कठिन है, सामान्य नियम यही है कि उसकी रचना बड़ी आसानी से की जाती है। अधिकांश प्रयोगवादियों पर हमारा यह आक्षेप है कि वे अपनी मेहनत बचाकर पाठकों की कठिनाई बढ़ा रहे हैं।

उदाहरण के लिए, प्रयोगवाद के जो अच्छे कवि हैं, उनमें भी यह दोष है कि वे पूर्वापर सम्बन्धों के निर्वाह पर ध्यान नहीं देते अथवा कविता कहते-कहते अचानक वे ऐसी बात बोल उठते हैं जिससे पहले के भाव का कोई सम्बन्ध नहीं दीखता। पाठक यह स्पष्ट अनुभव करता है कि दो भावों के बीच कोई और कड़ी होगी जिसे कवि को बतला देना चाहिए था। किन्तु, कवि, न जाने क्यों, पुल की दो-एक पटरियाँ बीच से अचानक खींच लेता है और चाहता है कि इस दूरी को पाठक अपने आप तय करे। कभी-कभी तो ऐसा भी लगता है, मानो, कवि ने आधी कविता लिखकर ही पूरी कविता समाप्त कर दी हो। कवि की दृष्टि में यह आधा काव्य पूरे काव्य से अधिक पूर्ण भले ही दीखे, किन्तु वह पाठक की दृष्टि में आधा ही रहता है।

पाठकों को किंचित् अतृप्त रखते हुए कविता या उपन्यास को समाप्त कर देना, यह कुछ दिनों से कला का कौशल बन गया है। किन्तु, पाठकों की कल्पना के भरोसे कितना छोड़ा जाए और कितना नहीं, यह विचारणीय विषय

है और इसका सम्यक् ज्ञान रचना की प्रक्रिया में संलग्न कवि को होना ही चाहिए, अन्यथा जिस कौशल से वह पाठक की कल्पना को उत्तेजित करना चाहता है, उसका यह परिणाम भी हो सकता है कि पाठक खिन्न, उदास या अप्रसन्न होकर कविता को फेंक दे। और सबसे बुरी बात तो यह है कि ऐसी कविताएँ पाठकों की कल्पना के भरोसे रची तो जाती हैं, किन्तु, वे कल्पना को जगाने तो क्या, उसे छेड़ने में भी असमर्थ होती हैं। यह ठीक है कि इन असम्बद्ध पंक्तियों में अथवा एक शब्द के विचित्रतापूर्ण वाक्यों में भी कभी-कभी कवित्व की किरणें झलक मारती हैं, किन्तु, उन्हें हम कविता नहीं कह सकते। उनसे तो केवल इतना ही सूचित होता है कि कवि कोई कविता लिखने को तैयार हो रहा है। जब यदि वह कविता लिखे ही नहीं तो उसकी तैयारी मात्र से क्या होता है?

कवियों और पाठकों के बीच का सेतु हर युग में नये ढंग से बनाया जाता है अथवा उस पर नये रंग छिड़के जाते हैं और जब यह पुल जीर्ण हो जाता है, अथवा उसके रंग पुराने पड़ जाते हैं, तब फिर नया सेतु रचने अथवा पुराने सेतु पर नया रंग छिड़कने की आवश्यकता अनुभूत होने लगती है। होना यह चाहिए था कि प्रयोगवादी कवियों के हृदय में जो नये स्वप्न मँडराने लगे हैं, वे बाहर आते और पाठकों का उनसे परिचय कराया जाता। अथवा नये कवि जिस नवीन भंगिमा के कारण यह विशेषण पसन्द करते हैं, वह पाठकों में भी उतारी जाती। किन्तु, यह काम प्रयोगवाद में बहुत कम हो रहा है। प्रयोगवादियों के बीच ज्यादा शोर तो इसी बात का सुनाई देता है कि पुरानी कविता पुरानी हो गई, नई कविताएँ लेकर अब हम आ रहे हैं और हमारे साथ साहित्य में एक नया युग प्रवेश कर रहा है।

अच्छा हो या बुरा, साहित्य में नया युग तो आता ही रहता है। सपूत हो या कपूत, पिता का दायित्व किसी-न-किसी पुत्र को ढोना ही पड़ता है। इलियट परम्परा को तोड़कर चले, यह बात नवयुवकों को बहुत पसन्द आई। किन्तु, वे यह देखना भूल गए कि परम्परा की जितनी टूटी कड़ियाँ इलियट में आकर जुड़ीं, उतनी पहले और कभी नहीं जुड़ी थीं। प्राचीनता और नवीनता के सतही भेद गलत हैं। इलियट के अनुसार भी, नवीनता आकाश से नहीं टपकती, न कभी प्राचीनता का सर्वथा नाश होता है। इतिहास सर्वथा ध्वस्त युगों की गाथा नहीं, प्रत्युत् ऐसा मानचित्र है जिसमें भूत, भविष्यत् और वर्तमान, तीनों एक साथ जी रहे हैं, जैसे भूगोल के मानचित्र में हमें विश्व के विभिन्न देश एक-साथ

जीवित दिखाई देते हैं। इलियट ने यह भी कहा है कि हड्डी के भीतर अपने युग का अस्तित्व और पीठिका में परम्परा का ध्यान, यह साहित्य लिखने की सही मुद्रा है। परन्तु, इलियट में परम्परा-भंजन का जो नाद है, उसे तो हमारे नवयुवकों ने सुना, उनके भीतर परम्परा को जोड़नेवाले जो विचार हैं, उन्हें ही ये कवि पकड़ नहीं पाते। यही कारण है कि प्रयोगवादी धारा का जो कथ्य विषय है, उसका कथन तो नाममात्र को ही हो रहा है, किन्तु, जिन बातों का कोई स्थायी महत्त्व नहीं है, वे ही बातें बार-बार दुहराई जा रही हैं। जो उन्हें करना है, उसका मर्म वे समझ नहीं पाते। किन्तु, जो महज आनुषंगिक बातें हैं, सबसे ज्यादा जोर वे उन्हीं पर दे रहे हैं। नया युग लाने के उत्साह ने उन्हें इस जोर से पकड़ लिया है कि नवीन युग के रहस्योद्घाटन का काम अभी वे प्रारम्भ भी नहीं कर पाए हैं। वे तो बार-बार हमें यही बताए जा रहे हैं कि प्राचीनता उन्हें तनिक भी स्वीकार्य नहीं है।

किन्तु, प्राचीनता किस युग को स्वीकार्य होती है? मैं फिर इलियट का ही उद्धरण दूँगा। वर्तमान की चेतना, वस्तुतः, अतीत का ज्ञान है। हम मृत लेखकों की अपेक्षा कुछ अधिक जानते हैं, किन्तु, मृत लेखकों के सिवा और हम जानते भी क्या हैं? सारा साहित्य सातत्य का अविच्छिन्न प्रवाह है, जिसका वर्तमान बराबर अतीत को अपने साथ लिये रहता है। अतीत बराबर अपूर्ण होता है और जब नये मुहावरों में नई अनुभूतियाँ लिखी जाने लगती हैं तब वह केवल वर्तमान के जीवित होने का ही प्रमाण नहीं होता, उससे यह भी प्रत्यक्ष होता है कि अतीत की प्रक्रिया पूर्ण हो रही है। छायावाद का जन्म द्विवेदी-युग की अपूर्णताओं में हुआ था और छायावाद भी अपूर्ण निकला जिसकी पूर्ति का प्रयास छायावादोत्तर काल ने किया। और अब छायावादोत्तर काल की अपूर्णता और अतृप्ति भी युवकों को अनुभूत होने लगी है। हम जानते हैं कि वे इस अपूर्णता को भी पूर्ण करेंगे, और फिर पोतों का युग आएगा जो अपने पिता की अपूर्णताओं को दूर करने की कोशिश करेगा। अपूर्णता और पूर्णता की यह प्रक्रिया, अनिवार्य रूप से, कविता की निचाई या ऊँचाई की प्रक्रिया नहीं है। ऐतिहासिक सत्य केवल इतना है कि हर युग नया जल लेकर आता है और हर युग जब जाने लगता है, तब उसके लाये हुए जल से आगामी युग की प्यास नहीं बुझ पाती। इसलिए, प्रत्येक युग को अपना कुआँ आप खोदना पड़ता है; चाहे वह छिछला ही क्यों न हो। किन्तु, मेरा अनुमान है, हमारे नये

कवि साधनापूर्वक अपने युग का कुआँ खोदने में निरत नहीं रहकर, बार-बार, यह घोषणा करने में अपना समय बर्बाद कर रहे हैं कि हमारा कुआँ पहले के कुओं के समान नहीं होगा। पहले के कूप अच्छे नहीं थे, अब हम अच्छा कूप तैयार कर रहे हैं।

और यह बात वे केवल लेक्चरों में ही नहीं कहते, उनकी बहुसंख्यक रचनाएँ भी केवल इतना ही प्रचार करके मौन हो जाती हैं कि वे पहले की रचनाओं से भिन्न हैं। हिन्दी में अब तक जो श्रेष्ठ कवि हुए, प्रयोगवादी कवि उनके लक्षणों को त्याज्य समझते हैं। चूँकि पहले के कवियों ने छन्द में लिखा, इसलिए नये कवि बिना छन्द के लिखते हैं। चूँकि पहले के कवियों की रचनाओं में लय होती थी, इसलिए, नये कवि लय को छोड़ रहे हैं। और चूँकि पहले के कवि एक शब्द का वाक्य नहीं लिखते थे, इसलिए नये कवि ऐसे वाक्य धड़ल्ले से लिख रहे हैं। अंग्रेजी के मेटाफिजिकल कवियों की रचनाओं में शिक्षा यह निकली है कि कविता का सर्वश्रेष्ठ गुण उसका मिरेकुलिज्म यानी चमत्कार है; कविता को और कुछ करने के पूर्व पाठकों का ध्यान आकृष्ट करना चाहिए, उनकी चेतना को चौंका देना चाहिए। और एक शब्द के वाक्यों में और कोई गुण चाहे न हो, यह गुण तो है ही कि उन्हें देखकर पाठक चौंक उठें, भले ही, चौंक उठने के बाद उनके भीतर हास्य के अनुभाव उत्पन्न हों, कविता चाहे किसी भी रस की हो।

किन्तु, प्रयोगवादी कविता के ये लक्षण अधिकतर उन्हीं कवियों में मिलते हैं जो बाढ़ के साथ बहकर आए हैं और जो बाढ़ के उतरने के बाद इस कविता की खाद बनेंगे। प्रत्येक आन्दोलन को खाद की आवश्यकता होती है और हर नया आन्दोलन अपनी खाद अपने साथ लाता है। कविता की खाद, यानी वे लोग जो नई दिशा में चलने की कोशिश करते हैं, किन्तु, चल नहीं पाते। फिर भी उनके कूदने-फाँदने से पाँव के नीचे की जमीन चिकनी और मुलायम हो जाती है। इस दृष्टि से असफल कवियों का भी महत्त्व है, क्योंकि नये आन्दोलन की मारकता को वे अपने ऊपर खींचकर, दूसरों को उससे बचने का संकेत देते हैं।

किन्तु, इस बाढ़ के उतरने के बाद कौन लोग बचनेवाले हैं? वे जिनके कलश अभी से कुछ ऊपर दिखाई देने लगे हैं, या वे, जिन्हें इस आन्दोलन का परिपाक आगे चलकर उत्पन्न करेगा? सम्भव है, भविष्य के कोट पर दोनों ही

प्रकार के कवियों का अधिकार हो। किन्तु, यह विचिकित्सा भी व्यर्थ है। मैंने जो नये आन्दोलन से आशा लगाई है, वह व्यक्तियों को देखकर नहीं, प्रत्युत, इस भाव से कि यह आन्दोलन शुद्ध साहित्यिक आन्दोलन है और चूँकि यह प्रगतिवादी आन्दोलन की पीठ पर आया है, इसलिए, इसकी साहित्यिकता मुझे स्वाभाविक भी दिखती है।

प्रयोगवाद के एकाध समर्थक ने यह कहा है कि "छायावाद की शब्दावली भावनाओं को प्रेषित करने में असफल सिद्ध होने लगी थी", इसलिए, नई कविता को आना पड़ा। किन्तु, यह अनुमान अशुद्ध है। छायावाद और रहस्यवाद की असमर्थता के समय प्रयोगवाद जन्मा भी नहीं था। और जब वह जन्मा, उसके पहले ही छायावादी कवि सँभलने लगे थे। यह ठीक है कि प्रयोगवादियों की साधना यदि सफल हुई, तो उससे अनुभूति और अभिव्यक्ति, दोनों की स्वच्छता में वृद्धि होगी। किन्तु, यह शिक्षा प्रयोगवाद ने छायावाद से नहीं ली। यह ज्ञान तो उसने यूरोप की अत्याधुनिक आलोचनाओं और कविताओं से प्राप्त किया है। फिर यह तो ऐतिहासिक सत्य है कि प्रयोगवाद छायावाद के अनन्तर नहीं, छायावादोत्तर काल के पश्चात् उत्पन्न हुआ और छायावादोत्तर काल को ही लोग, भ्रमवश, प्रगतिवाद का काल कहने लगे हैं। अतएव, यदि प्रतिक्रिया की दृष्टि से सोचें तो कहना पड़ेगा कि जैसे छायावाद-काल द्विवेदी-युग के विरुद्ध आया था और छायावादोत्तर काल छायावादी युग की परिष्कृति से उत्पन्न हुआ, वैसे ही, प्रयोगवाद, छायावादोत्तर काल अथवा, स्पष्टतः, प्रगतिवादी आन्दोलन के विरुद्ध प्रतिक्रिया स्वरूप उत्पन्न हुआ है। प्रगतिवाद और प्रयोगवाद के बीच यह जो प्रतिक्रिया का सम्बन्ध है, उसे लोग, साधारणतः, इस कारण नहीं समझ पाते कि पहले 'तार-सप्तक' में भी साम्यवादी कवि घुसे हुए थे और आज भी इस धारा में ऐसे अनेक नवयुवक चल रहे हैं जो विचारों से मार्क्सवादी हैं। ये लोग इस आन्दोलन के साथ रहेंगे या उससे अलग हो जाएँगे, इस सम्बन्ध में कुछ भी कहना कठिन है। किन्तु, इस प्रश्न का कोई खास महत्त्व भी नहीं है, क्योंकि, यह तो पूर्णरूप से समझ में आने की बात है कि मार्क्सवादी होने पर भी व्यक्ति, चाहे तो, शुद्ध साहित्यिक भाव से साहित्य की सेवा कर सकता है। जब कवि के गांधीवादी अथवा आस्तिक या नास्तिक होने से कवि-प्रतिभा मारी नहीं जाती, तब उसे मार्क्सवाद से ही क्यों भय होगा?

जिस बात का मेरी समझ में विशेष महत्त्व है, वह यह है कि प्रगतिवाद

और प्रयोगवाद, दो भिन्न आन्दोलन हैं। प्रगतिवाद का खास जोर कवियों के सामाजिक विचार पर था। उसे इस बात की प्राय:, कोई चिन्ता नहीं थी कि ये विचार शुद्ध कविता की शैली में व्यक्त हो रहे हैं, या गद्य-कल्प रीति से। किन्तु, इस बात की उसे चिन्ता थी और बहुत अधिक थी कि कविगण साहित्य में राजनीति के दल-विशेष की पताका उठाये चल रहे हैं या नहीं। इसीलिए, मेरा मत है कि प्रगतिवादी साहित्यिक आन्दोलन नहीं था।

किन्तु, प्रयोगवाद पर ऐसा कोई भी आपेक्ष नहीं लगाया जा सकता। वह, आदि से अन्त तक, शुद्ध साहित्यिक आन्दोलन है, कला का आन्दोलन है और उसका मुख्य ध्येय काव्य एवं कला-सम्बन्धी हमारी धारणाओं को परिवर्तित करना है। यह आन्दोलन छायावाद की पीठ पर भी आ सकता था, क्योंकि इसका मुख्य ध्येय अनुभूति और अभिव्यक्ति, दोनों को स्वच्छ बनाना है और छायावाद-काल में ये दोनों ही चीजें, अधिकांश रचनाओं में, अस्वच्छ थीं। किन्तु, यह आन्दोलन छायावाद-काल की समाप्ति के साथ नहीं आया, जिसका एक कारण तो यह था कि उस समय हिन्दी में ऐसे युवक बहुत थोड़े थे, कविता के सम्बन्ध में जिनकी रुचि अन्तरराष्ट्रीय रुचि से प्रभावित रही हो। दूसरे, अपनी तमाम दुर्बलताओं के साथ छायावाद पूर्ण रूप से कलापूर्ण और साहित्यिकता से ओतप्रोत था। अतएव, उस समय यह अत्यन्त अप्रासंगिक बात होती यदि कोई नया आन्दोलन यह घोषणा करने को आ जाता कि साहित्य में कला और साहित्यिकता की प्रतिष्ठा होनी चाहिए। यह तो कमल को रँगने और गुलाब को सुवासित करने के समान हास्यास्पद बात होती। छायावाद में सबसे बड़ी कमी सुस्पष्टता की थी जो सबको अनुभूत होती थी और सुस्पष्टता की दिशा में हिन्दी कविता ने छायावादोत्तर काल में प्रगति भी की। किन्तु, जब प्रगतिवाद के नाम पर साहित्य में कनस्तर बजाये जाने लगे और साहित्यिक मूल्यों का ह्रास होने लगा, तब यह आवश्यक हो गया कि हिन्दी में कला और शैली के हिलते हुए महत्त्व को फिर से सुस्थिर करने के लिए कोई बड़ा प्रयास किया जाए। वही प्रयास, धीरे-धीरे, बढ़कर प्रयोगवाद बन गया। यह और बात है कि अब इस आन्दोलन के दर्शन की पीठिका पर छायावादी और छायावादोत्तर युगों की प्रवृत्तियाँ भी खराद पर चढ़ी हुई मालूम होती हैं।

स्वयं प्रयोगवादियों ने अपना आन्दोलन आरम्भ करते समय इन बातों पर विचार किया था या नहीं, इस विचिकित्सा से मेरी स्थापना में कोई फर्क

नहीं आता। कोई भी नया कवि, आरम्भ में, यह नहीं जानता कि वह प्रचलित शैली को छोड़कर किसी नई शैली में क्यों लिख रहा है; न कविगण, आरम्भ में, यही जानते हैं कि वे किसी नये आन्दोलन के साथ है। नये शैली भी उसी स्वाभाविकता से जन्म लेती है, जिस स्वाभाविकता से फूल चटकते या टहनी में पत्ते निकलते हैं। सचेष्ट आन्दोलन केवल राजनीति में चलते हैं। साहित्य में तो आन्दोलन भी सहज भाव से ही प्रकट होते हैं। बाद में चलकर जब छायावादियों का विरोध होने लगा, तभी स्वयं छायावादी कवि भी यह जान सके थे कि वे एक नये आन्दोलन के प्रवर्तक हो पड़े हैं। अन्यथा वे यह क्यों सोचने जाते कि कविताएँ नहीं लिखकर वे कोई आन्दोलन चला रहे हैं? प्रयोगवाद के जन्म की प्रक्रिया भी ऐसी ही सहज थी। जब अनेक कवियों और आलोचकों ने साहित्य में विचारों को अत्यधिक प्रमुखता देकर उसके शैली-पक्ष को गौण कर दिया, तब कुछ नवयुवक साहित्य के शैली या कला-पक्ष को ऊपर उठाने को आगे बढ़े। किन्तु, आरम्भ में, इन युवकों को यह ज्ञात नहीं था कि वे प्रगतिवाद से उत्पन्न होनेवाले दोषों का परिहार करने को आगे आ रहे हैं। यही कारण था कि उनके इस सदुद्योग में बहुत-से ऐसे लोग भी साथ हो गए जो अपने को प्रगतिवादी कहते थे अथवा जो मार्क्सवादी राजनीति के साथ थे। किन्तु, आन्दोलन जैसे-जैसे आगे बढ़ा, बातें सुस्पष्ट होती गईं। यहाँ तक कि आज यह स्थिति है कि, यद्यपि, नई शैली में लिखनेवाले कितने ही कवि विचारों से मार्क्सवादी हैं, किन्तु प्रयोगवाद और प्रगतिवाद के बीच का भेद, फिर भी काफी प्रत्यक्ष हो गया है।

मुझे इस विषय में तनिक भी सन्देह नहीं है कि प्रगतिवादी आन्दोलन ने साहित्य में साहित्येतर मूल्यों को प्रोत्साहन देकर जो स्थिति उत्पन्न की, उसी से युवकों को, फिर से, शैली की महिमा पर विचार करने की प्रेरणा मिली और इसी चिन्तन से प्रयोगवाद का आविर्भाव हुआ, जिसका वास्तविक उद्देश्य काव्य में अधिक कवित्व और साहित्य में अधिक साहित्यिकता को उत्तेजित करना है। प्रगतिवाद के साहित्येतर लक्षणों का विरोधी होने के कारण ही, प्रयोगवाद अपने ऊपर साहित्यिकता के सम्पूर्ण निर्वाह का अत्यन्त गुरु दायित्व लेकर आया है; किन्तु, दायित्व की इस भयानकता को वे क्या समझें, जो केवल साहित्यिक क्रान्ति के जोश में इस आन्दोलन के साथ हो गए हैं? इसका मर्म तो कुछ वे ही कवि जानते होंगे जो सच्चे और ईमानदार हैं तथा इस

दायित्व को सफल करने के प्रयास में जिनका दिमाग फटता होगा। इसी प्रकार, इस पीड़ा का रहस्य वे कवि भी न जान सकेंगे जो बनी-बनाई राह पर चलने के अभ्यासी हैं। छायावाद की शैली रोमांटिक प्रेरणा से निर्मित हुई थी और रोमांटिसिज्म की उन्मत्त प्रेरणा आनन्द की चीज है। इस प्रेरणा के मदोन्माद में शैली का निर्धारण, प्रेरणा के प्रवाह में, बहुत कुछ आपसे-आप हो जाता है। किन्तु, प्रयोगवाद के भीतर आनन्दमय मदोन्माद के लिए अधिक गुंजाइश नहीं है। इसकी सफलता प्रेरणा के साथ बहने में नहीं, उसे विचारों के अधीन रखकर काम करने में है। रोमांटिक मनोदशा उड़ने की मनोदशा होती है और कल्पना की यह उड़ान अब तक कविता की सबसे बड़ी शक्ति मानी जाती रही है। इसके विपरीत, क्लासिक कवियों की वह मनोदशा होती है जिसमें कवि धीर, स्थिर और अपने वर्ण्य विषयों पर हावी बना रहता है। किन्तु, क्लासिक चिन्तन की ही दिशा में अब एक नई मुद्रा उत्पन्न हो रही है जो उड़ने नहीं, जम कर मिट्टी तोड़ने की मुद्रा है, जो पर्वतों पर मूर्ति-खचन नहीं करके संदेह उनके भीतर प्रवेश करना चाहती है। इस मुद्रा के नये कवि, मुख्यतः, चिन्तक-कवि होंगे, किन्तु, कल्पना को वे छोड़ नहीं सकते, क्योंकि उनका सारा चिन्तन कल्पनामय होगा। कल्पना के सिवा और कौन साधन है, जिससे कवि वस्तुओं के भीतर प्रवेश कर सके तथा कल्पना को छोड़कर और कौन शक्ति है, जो वस्तुओं की आन्तरिकता के ज्ञान को चित्रों में परिवर्तित कर सके?

इसीलिए, मेरा विचार है कि प्रयोगवाद हिन्दी कविता को जिस ओर जाने का संकेत दे रहा है, वह काव्यमात्र की सबसे श्रेष्ठ दिशा है और इसीलिए, प्रयोग की साधना भी ऐसी साधना है जिससे अधिक कठोर साधना की कल्पना नहीं की जा सकती। न जाने, यह साधना कितने कवियों का बलिदान लेगी! न जाने, इसमें कितने कवियों के खाद बन जाने पर एक सफल कवि उत्पन्न होगा! इस कविता की आलोचना भी कोई सरल कार्य नहीं है। और हमारे आलोचकों के पास जो पुरानी कसौटी है, उस पर तो नये कवि परखे ही नहीं जा सकते। नये कवि अपना रहस्य, शायद, आप खोलेंगे। अभी भी, प्रयोगवादियों में अनेक कवि ऐसे हैं जिनके भीतर कारयित्री और भावयित्री प्रतिभाओं का अच्छा संयोग है। मेरा अनुमान है कि जो लोग इन कवियों की कविताओं को हँसकर टाल देते हैं, वे भी उनके चिन्तनयुक्त समीक्षात्मक निबन्धों से थोड़ा-बहुत अवश्य प्रभावित होते होंगे। ज्यों-ज्यों यह कविता विकसित होगी, त्यों-

त्यों आलोचकों की कठिनाई बढ़ती जाएगी।

नई कविता की समीक्षा यूरोप में भी दुष्कर सिद्ध हुई है। होल्डरलीन, रिम्बाड (या रेम्बू?), रिल्के, इलियट, स्पेंडर, डिलेन टामस, आदि अभिनव कवियों की कृतियों का विश्लेषण करने में यूरोप के बड़े-बड़े दार्शनिक समीक्षकों की बुद्धि को पसीना आ गया है।

नवयुवकों ने कविता में जो अन्तरराष्ट्रीय रुचि को अपनाना शुरू किया है, उससे भी उन्हें कलंक नहीं, सुयश की ही प्राप्ति होनी चाहिए। और अब क्या यह सम्भव है कि भारत की रुचि अन्य देशों से सर्वथा भिन्न रखी जा सके? और अन्तरराष्ट्रीय रुचि है क्या चीज? वह अनेक राष्ट्रों की रुचियों के पारस्परिक मिलन से ही उत्पन्न होती है। गेटे के फास्ट का प्रिलूड भारतीय नाटकों के नान्दी-प्रसंग से बना था, शीलर और हाइने पर कालिदास का प्रभाव था और इलियट के विकास का एक मुख्य कारण उन पर उपनिषदों और बौद्ध चिन्तन का प्रभाव भी है। और इलियट को अपना आदर्श मानकर चलने में भारत के नवयुवकों का कोई अपमान भी नहीं है। इलियट आसानी से आज विश्व के सर्वश्रेष्ठ कवि माने जा सकते हैं। और उनका उद्भव साहित्य-जगत् के लिए कोई आकस्मिक घटना भी नहीं है। बहुत दिनों से कविता छिलकों को तोड़ कर बीज के भीतर प्रवेश करने का प्रयास करती आ रही है और इस, क्रम में, छिलके बहुत बार टूटे भी हैं और कभी-कभी कवियों ने बीज के भीतर प्रवेश भी किया है। किन्तु, कविता का अधिक सौन्दर्य अब तक छिलकों के रंग से लिपटा रहा है। मगर, नये प्रयोगों से यह बात स्पष्ट हो रही है कि वस्तुओं के ऊपर-ऊपर अब काव्य नहीं है। कविता तो वस्तुओं के अन्तराल में बसती है। यह नया प्रयास प्रत्येक वस्तु की उसी आन्तरिकता में धँसने का प्रयास है। यह उन महलों में दीपक जलाने की तैयारी है जहाँ पहले किसी ने दीये नहीं जलाए थे। महर्षि अरविन्द की कल्पना थी कि अगले युग की कविता मन्त्र के समान होगी अर्थात् आकार उसका छोटा होगा, किन्तु, उसका प्रत्येक शब्द पाठक के भीतर अपार अनुभूतियों का द्वार खोलनेवाला होगा। कविता का यह मन्त्रत्व क्या होगा, इस बात की कुछ थोड़ी झाँकी इलियट की कविताओं में मिलने लगी है। हिन्दी कविता का चरम लक्ष्य इसी मन्त्रत्व की प्राप्ति है और राह भी उसकी वही हो सकती है जिस पर आज इतना कोलाहल मचा हुआ है।

और इस महायज्ञ के पुरोधा भी इसी भीड़ में छिपे हुए हैं। एक दिन यह

भीड़ नष्ट हो जाएगी। सम्भव है, कोयलों के साथ कुछ हीरे भी नष्ट हो जाएँ। किन्तु, ये कोयले और ये हीरे, नष्ट होने पर भी, नये हीरे उत्पन्न करेंगे। इसीलिए, मैं इस आन्दोलन को अत्यन्त श्रद्धा से देखता हूँ और चाहता हूँ कि यह अपने ध्येय को न भूले, हू-हल्लड़ में पड़कर यह पथभ्रष्ट न हो जाए और इसके समर्थ कवि विवाद से बचकर, अज्ञात और अपरिचित को छूने के प्रयास में, अगाधता के भीतर अधिकाधिक डूबते चलें।

यह प्रयोग सफल हुआ तो कविता उस ऊँचाई या गहराई में पहुँचनेवाली है जहाँ वह पहले कभी नहीं पहुँची थी। यह ठीक है कि यह कविता जब सफल होगी, कवि-सम्मेलन बन्द हो जाएँगे और कविता के पाठकों की संख्या भी अपेक्षाकृत कम हो जाएगी। किन्तु, तभी, शायद, वे लोग कविता की पुस्तकों को हाथ में लेंगे जो आज कविता तो छूते भी नहीं और यदि, कृपापूर्वक, कभी उसे सुन लेते हैं तो केवल मनबहलाव के लिए, कुछ इस भाव से नहीं कि कविता भी अनिवार्य है अथवा वह भी उस मस्तिष्क की खुराक बन सकती है, जिसे तब तक संतोष नहीं होता जब तक कि वह किसी गहन-गम्भीर विचार से टक्कर नहीं ले। सम्भव है, मैं जो सोच रहा हूँ उसके घटित होने में अभी काफी देर हो और प्रयोग, अभी कई दशकों तक, प्रयोग ही रह जाए। किन्तु, कविता को अपनी खोयी प्रतिष्ठा को यदि फिर से प्राप्त करना है, तो उसकी राह वही है जिस पर प्रयोगवादी चल रहे हैं। और उनमें से प्रत्येक को यदि खाद बनाना पड़ता है, तो भी यह प्रयोग छोड़ने लायक नहीं है। आखिर, अंग्रेजी के इमेजिष्ट कवियों का भी इतना महत्त्व तो मानना ही पड़ेगा कि जिस मार्ग पर आगे चलकर इलियट उत्पन्न हुए, उसके आरम्भिक प्रयोक्ता इमेजिष्ट कवि ही थे।

[1956 ई.]

कोमलता से कठोरता की ओर

कविता, व्यक्ति और युग, दोनों की ही चेतना का प्रस्वेद होती है। जैसी लकड़ी, वैसी गंध; जैसा भोजन, वैसा विचार—यह उक्ति बहुत दूर तक कविता पर भी चरितार्थ हो सकती है। प्रत्येक युग अपनी चेतना और भावुकता के अनुरूप कुछ खास किस्म के कवियों को उत्पन्न करता है और प्रत्येक कवि अन्ततोगत्वा, किसी-न-किसी मात्रा में, उन बन्धनों को स्वीकार करता है जो उसके युग के स्वभाव से उत्पन्न होते हैं। जब द्विवेदी-युग आरम्भ हुआ, उसके पहले से ही इस देश में स्वामी दयानन्द के कन्या-शिक्षा, ब्रह्मचर्य और व्यायाम-सम्बन्धी विचार तथा भाषा, भेष, भोजन और भाव में संयमशीलता बरतने के उपदेश भलीभाँति प्रचार पा चुके थे। कारण कई और भी थे। किन्तु, सभी कारणों से एक परिणाम समान रूप से निकला, जिसके चलते जीवन में पवित्रतावाद की बड़ी ही सुदृढ़ प्रतिष्ठा हो गई; और जिस युग का वातावरण पवित्रता की भावना से ओतप्रोत हो, उसमें कवि रसिक नहीं हो सकते, न कविता में कल्पना की रंगीन उड़ान ही आ सकती है। पवित्रता का भी एक पहलू है जो जड़ है, प्राणहीन है और जो आत्महनन की भावना को प्रेरित करता है। इसी प्रकार, रसिकता का भी एक पक्ष है जिसमें दैहिकता कम, मानसिकता अधिक होती है, जो रूप को भोग्य नहीं, पूज्य मानता है, जो प्रेरणा बनकर शंकर का धनुष तुड़वाता है और उत्साह बनकर मत्स्य का वेध कराता है।

पं. रामचन्द्र शुक्ल ने अपने हिन्दी साहित्य के इतिहास में यह दिखाने का

प्रयास किया है कि हिन्दी में एक प्रकार के स्वच्छन्दतावाद की स्वाभाविक धारा का विकास ठाकुर जगमोहन सिंह, श्रीधर पाठक, बदरीनाथ भट्ट और रामनरेश त्रिपाठी की रचनाओं में, शनैः-शनैः और आप-ही-आप होता आ रहा था; किन्तु, यह विकास अपने परिपाक पर पहुँचा भी नहीं था कि रवीन्द्रनाथ की विजय-दुन्दुभि बज उठी और हिन्दी के कवियों ने अपनी भाषा के क्रमागत एवं अर्द्धविकसित, किन्तु, स्वाभाविक विकास के सूत्र को छोड़ दिया और आँख मूँद कर वे उस बनी-बनाई चीज को उठाकर हिन्दी में ले आए, जिसका प्रयोग और विकास हिन्दी के बाहर हुआ था। आगे छायावाद पर विचार करते हुए उन्होंने उसका सम्बन्ध अंग्रेजी के रोमांटिक कवियों एवं यूरोप के चित्रभाषावादियों (शुक्लजी ने सिम्बालिज्म का हिन्दी नाम 'चित्रभाषावाद' लिखा है) से भी दिखाया है। यहाँ सोचने की बात यह है कि रवीन्द्रनाथ को नोबेल-पुरस्कार, शायद, 1913 ई. में मिला और उनकी विजय-दुन्दुभि भी, प्रायः, तभी बजी। किन्तु, उसके पूर्व भी हिन्दी के कंठ से छायावादी स्वर निकलने लगे थे जिसके कई प्रमाण माखनलाल जी की 'हिमतरंगिनी' में संगृहीत मिलेंगे। 1913 ई. में ही प्रसाद जी का 'प्रेम-पथिक' भी निकला, किन्तु, 'प्रेम-पथिक' पहले-पहल 1905 ई. में ब्रजभाषा में लिखा गया था एवं खड़ी बोली का रूप उसे बाद में दिया गया (देखिए, 'प्रेम-पथिक' के भारती-भंडारवाले संस्करण की भूमिका)। और यह भी संयोग की बात है कि माखनलालजी एवं प्रसादजी की रचनाओं में रवीन्द्रनाथ का कोई प्रभाव अब तक भी ढूँढ़ा नहीं जा सका है। अतएव, शुक्लजी के इस मत को स्वीकार करने में अभी कुछ-न-कुछ कठिनाई है कि छायावाद हिन्दी कविता का स्वाभाविक विकास नहीं था तथा हिन्दी के स्वभावानुकूल उत्पन्न होनेवाले स्वच्छन्दतावाद को अलग ढकेलकर वह विजातीय प्रभावों के बल पर हिन्दी में आसन जमाकर बैठ गया।

अधिक विश्वसनीय अनुमान तो यही होना चाहिए कि 19वीं शताब्दी में होनेवाले पुनरुत्थान के कारण ही भारतीय भाषाओं में नये क्षितिजों का निर्माण एवं नवीन भावभंगी का उदय हुआ। बंगाल में इस आन्दोलन ने ब्रह्म-समाज का रूप लिया, जिस समाज का स्तर बौद्धिक तथा वृत्ति रहस्यमयी एवं माधुर्यपूर्ण थी। अतएव, वहाँ रवीन्द्रनाथ का जन्म हुआ। हिन्दी प्रान्तों में इस आन्दोलन का व्यापक प्रतिनिधित्व दयानन्द एवं उनके अनुयायियों ने किया,

जो पवित्रतावाद को सबसे ऊपर मानते थे, जिनकी प्रमुख विशेषता खंडन-मंडन की योग्यता थी, प्रेम-मार्गी उपासना का भाव नहीं। इसलिए, साहित्य में उसका सोद्देश्य, उपदेशात्मक एवं इतिवृत्तात्मक रूप ही प्रकट हुआ। श्रीधर पाठक और रामनरेश त्रिपाठी, यद्यपि, आगामी शैली का पूर्वाभास दे रहे थे, तथापि वे इतिवृत्तात्मकता के स्तर को तोड़ने में असमर्थ रहे। इधर, उपदेशात्मक वातावरण में कविता का दम घुट रहा था और उधर, जनता तत्कालीन साहित्य की नीरसता से ऊबकर कुछ ऐसी चीज पाने को तरस रही थी, जिसमें रस और रंगीनी हो, जिसमें उस लोक की झाँकी हो जो दैनिक जीवन में नहीं मिलता है, संक्षेप में, जो पाठकों को जिन्दगी की धूल और धुएँ से उड़ाकर बहुत ऊपर ले जा सके।

द्विवेदी-युग में हम अंग्रेजी, बंगला तथा संस्कृत की कविताओं के भी अनेक अनुवाद देखते हैं। अनुवाद की यह प्रक्रिया अतृप्त पाठकों को तृप्ति देने के लिए ही आरम्भ हुई थी। कारण तथा कार्य के सम्बन्ध की कड़ियों को अगर मिलाकर देखा जाए, तो इस अनुमान के लिए काफी पुष्ट आधार मिलता है कि छायावाद के साथ हिन्दी में जिस पलायनवादी काव्य का आगमन हुआ, उसका एक कारण यह भी था कि द्विवेदी-कालीन इतिवृत्तात्मक काव्य से ऊबी हुई जनता ही पलायनवाद जैसी किसी वायवीय वस्तु की कामना को लेकर आगामी कविता की प्रतीक्षा कर रही थी। प्रतिक्रिया की धारा बड़ी तेज होती है। जिस चीज से हम ऊबने लगते हैं, उसके थोड़ा भी समीप रहना हमें अच्छा नहीं लगता। इसीलिए, शांकर शून्यवाद के विरुद्ध जन्मी हुई प्रतिक्रिया निम्बार्क, मध्य, वल्लभ और चैतन्य की अत्यन्त तीव्र साकारोपासना में पर्यवसित हुई तथा साकारोपासना के विरुद्ध 19वीं सदी में जो आँधी आई, उसका चरम विकास स्वामी दयानन्द में हुआ।

किन्तु, शुक्लजी ने छायावाद का सम्बन्ध केवल रोमांटिसिज्म से ही नहीं, चित्रभाषावाद से भी जोड़ा है। वह एक दृष्टि से सत्य है, क्योंकि हिन्दी में जब छायावाद प्रकट हुआ, उसके पहले ही यूरोप और इंग्लैंड में कविता कई कुलाँचें खा चुकी थी। जिस प्रकार हिन्दी का छायावादी आन्दोलन द्विवेदी-युगीन इतिवृत्तात्मकता के विरुद्ध आया था, बहुत कुछ उसी प्रकार, यूरोप में रोमांटिसिज्म भी 17वीं-18वीं सदियों के आधिभौतिक सिद्धान्तों की प्रबलता के विरुद्ध उत्पन्न हुआ था। डेकार्टे और न्यूटन के सिद्धान्तों का साहित्य पर

भी प्रभाव पड़ा और गणितज्ञों की तरह साहित्यिक भी सृष्टि को यंत्रपरिचालित समझने लगे। साहित्य का स्वभाव है कि वह राग और भावोत्तेजना को लेकर अपनी वस्तु की परीक्षा करता है, किन्तु, 17वीं-18वीं सदियों के यूरोपीय लेखक और कवि, तकनीक अपनी रखते हुए भी, साधन बहुत-कुछ विज्ञान का ही अपना रहे थे। मगर, इस चीज से लोगों को असन्तोष होने लगा, क्योंकि सारा जीवन उतना ही नहीं है, जितने का सम्बन्ध विज्ञान से पड़ता है और न मनुष्य की अनुभूति ही वहीं तक सीमित अथवा ठीक वैसी ही है, जैसी वह विज्ञान से समझ में आती है। सृष्टि यंत्र के समान सीमित और सुस्पष्ट नहीं मानी जा सकती। वह यन्त्रों की अपेक्षा कुछ अधिक रहस्यपूर्ण है तथा यन्त्रों के मुकाबिले वह हमारी समझ में भी कुछ कम आती है। जन-रुचि का संकेत कवियों ने लिया और सोचने पर उन्हें यह पता लगाते देर न लगी कि सृष्टि के लिए यंत्र की उपमा ठीक नहीं है। सृष्टि यंत्र की तरह सरल और सुबोध नहीं है। उसके संघर्ष और उसकी अव्यवस्थाएँ नियमों की अधीनता नहीं मानतीं और उसमें बहुत-सी ऐसी बातें भी होती हैं जिन्हें हम विज्ञान की विधि से नहीं समझ सकते।

इस भावना में वैयक्तिकता के विकास के लिए काफी गुंजाइश थी और, सचमुच ही, इसके बाद यूरोपीय साहित्य में जो रोमांटिक आन्दोलन आया, उसमें वैयक्तिक स्फूर्तियों का अप्रतिम तेज रहा। चूँकि यह आन्दोलन आधिभौतिक विज्ञान के इस दावे के विरुद्ध आया था कि मनुष्य की बाहरी ऊँचाई की तरह उसकी भीतरी गहराई भी माप-जोख की चीज है, इसलिए, उसने व्यक्ति को अनन्त सम्भावनाओं का आगार मान लिया और चुन-चुन कर वह उन विशिष्टताओं को सामने लाने लगा जो सामान्य बुद्धि से भलीभाँति समझी नहीं जा सकती थीं तथा जो स्थूल जीवन से भी कुछ दूर थीं।

यूरोप का रोमांटिक आन्दोलन जब मनुष्य और प्रकृति को रहस्यमयी दृष्टि से देख रहा था, लगभग उन्हीं दिनों डार्विन के विकासवाद के सिद्धान्त के आधार पर प्राणिविज्ञान (बायोलॉजी) का जन्म हुआ, जिसने यह संकेत दिया कि मनुष्य अन्य जन्तुओं से कुछ विलक्षण या भिन्न नहीं है; बल्कि, परिस्थितियों के अधीन होकर अन्य जीवधारी जैसा व्यवहार करते हैं, जीवन के अनेक प्रमुख क्षेत्रों में मनुष्य का भी वही हाल है। प्राणिविज्ञान का यह सिद्धान्त साहित्य में भी गृहीत हुआ, जिसे हम प्रकृतिवाद अथवा नेचुरलिज्म के नाम से जानते हैं। इस धारा के प्रमुख लेखक एमिली जोला हुए, जिनका मत है कि

मनुष्य किस अवस्था में कैसा व्यवहार करेगा, यह प्राणिविज्ञान के नियमों से जाना जा सकता है।

प्रकृतिवाद का सिद्धान्त रोमांसवाद के विरुद्ध पड़ा। इसका एक कारण तो प्राणिविज्ञान का ही जन्म था। किन्तु, इसके अतिरिक्त भी, लोग रोमांसवादी भावुकता से आर्जित आ गए थे तथा रोमांटिक कवियों की पोली रंगीनी एवं खूबसूरत खोखलेपन से ऊबकर वे एक बार फिर कुछ अधिक ठोस साहित्य की कामना करने लगे थे। यह ठोस साहित्य की कामना सीधे क्लासिक शैली की ओर इंगित करती थी। अतएव, अंग्रेजी भाषा में इस समय जो कवि हुए, उनमें हम क्लासिक और रोमांटिक का विलक्षण मिश्रण पाते हैं। टेनिसन एक तरह से क्लासिक साहित्य के इसी प्रत्यावर्तन के कवि हैं, यद्यपि, भावना उनकी भी रोमांटिक ही है। ब्राउनिंग की कविताओं में भी हम एक प्रकार की तटस्थता एवं कठोरता की झलक देखते हैं जो अधिकतर क्लासिक कवियों की तटस्थता की याद दिलाती है।

प्रकृतिवाद का प्रभाव काव्य पर कम, गद्य पर अधिक पड़ा। परिणामतः, इसके प्रतिनिधि लेखक भी गद्य में ही उत्पन्न हुए, जिनमें इब्सन और फ्लाउबर्ट के नाम विशेष रूप से उल्लेखनीय हैं। किन्तु, इब्सन में ही एक बार फिर रोमांटिक भावना अपना सिर उठाने लगी, क्योंकि प्रकृतिवादियों में भी वैयक्तिकता का सर्वथा ह्रास नहीं हो पाया था। कमजोरी यह थी कि जहाँ 17वीं सदी के क्लासिक लेखक मानव-स्वभाव का चित्रण सार्वभौम सिद्धान्तों की कसौटी पर करते थे, वहाँ इब्सन और उनके सम्प्रदाय के अन्य लेखक मनुष्य का अध्ययन उसे किसी काल या परिस्थिति-विशेष में रख करने लगे। अपने-आपके प्रति हमारा क्या कर्तव्य है और समाज के प्रति हमारा क्या व्यवहार होना चाहिए, इस संघर्ष में इब्सन बराबर निमग्न रहे और, अन्त में जाकर, वे व्यक्तित्व के प्रति अपने कर्तव्य की रोमांटिक भावना की ओर मुड़ने लगे। यहीं से रोमांटिसिज्म का दूसरा जागरण आरम्भ होता है, जो फ्रांस में सिम्बॉलिज्म के नाम से अभिहित किया गया तथा जिसके लक्षणों को देखकर शुक्लजी ने उसे चित्रभाषावाद कहा है, जो नाम मेरी विनम्र मति में, प्रतीकवाद से कुछ अधिक सार्थक बैठता है, क्योंकि सिम्बॉलिस्ट काव्य में प्रतीकों से अधिक भाषा के लाक्षणिक प्रयोगों का ही प्राधान्य है अथवा यह भी कह सकते हैं कि उसके प्रतीक भाषा की लाक्षणिकता में समाहित-से हैं।

दलीलें तो हर चीज के खिलाफ दी जा सकती हैं, किन्तु, सारी निन्दा को देखते हुए भी यह अवश्य कहा जाएगा कि रोमांटिसिज्म और सिम्बॉलिज्म विश्व-काव्य की दो बहुत बड़ी उड़ानें रही हैं और इनके चलते काव्य अपनी आत्मा को उन अनेक धरातलों से देख सकने में समर्थ हुआ है, जो धरातल उसे पहले कभी नहीं मिले थे।

हिन्दी का छायावाद चूँकि इन दो आन्दोलनों के बाद आया, अतएव, उसमें दोनों की विलक्षणताएँ एक साथ प्रकट हुईं। अंग्रेजी साहित्य के माध्यम से हम भारतवासी यूरोप की सभी चिंताधाराओं का उत्तराधिकार आप-से-आप प्राप्त करते आए हैं। यहाँ यह भी स्मरण रखना चाहिए कि हिन्दी कविता, प्रधानतः, उन्हीं कारणों से आन्दोलित हो रही थी, जो हिन्दी काव्य की परम्परा और हिन्दी-भाषी जनता की रुचि से उत्पन्न हुए थे। किन्तु, जब हिन्दी काव्य में नये क्षितिज के निर्माण की समस्या सुलझाई जा रही थी, तभी देश और विदेश के कवियों की वाणी ने हमारा पथ-निर्देश किया और हमें अपने अनुकूल एक नवीन स्वर स्थिर करने में सहायता पहुँचाई। देश और विदेश के इन कवियों के स्वरों में ही हमें अपनी आत्मा की झंकार की समता क्यों मिली, इसका समाधान यह नहीं है कि हमारे कवि अनुकरण की मुद्रा में तैयार बैठे थे और रवीन्द्रनाथ तथा इंग्लैंड के कवियों ने उन्हें बना-बनाया पैटर्न दे दिया, बल्कि, यह कि हिन्दी के इन कवियों की आत्मा में 19वीं सदीवाले हिन्दू-पुनरुत्थान का तेज भरा हुआ था तथा उस तेज की अभिव्यक्ति उसी लय में की जा सकती थी, जो लय समुद्र के पार से सुनाई दे रही थी अथवा जिसका भारतीय रूप रवीन्द्रनाथ में दमक रहा था।

असल में 19वीं सदी का हिन्दू-पुनरुत्थान भारतीय और यूरोपीय संस्कृतियों के परस्पर गाढ़ालिंगन का प्रतीक था। जब यूरोप का भारत से सम्पर्क हुआ, उस समय यूरोपीय सभ्यता अपनी जवानी पर थी और भारतीय संस्कृति अपनी जीर्णता के नीचे सब-कुछ भूल कर पड़ी हुई थी। सम्पर्क की टकराहट से उसकी कुंभकर्णी निद्रा भंग हुई तथा आँख खोलने पर उसने अपने अतीत को भी उसी जिज्ञासा से देखा, जिस जिज्ञासा से वह यूरोप से आनेवाले वैज्ञानिक तेज और प्रकाश को देख रही थी। पुनरुत्थान के समय अतीत के सनातन सत्य दुबारा जन्म लेते हैं। हिन्दू-पुनरुत्थान के समय भी भारत के कुछ सनातन सत्यों ने दुबारा जन्म ग्रहण किया और वे यूरोपीय ज्ञान से मिलकर आगे की

ओर बढ़ने लगे। राममोहन राय, विवेकानन्द, तिलक और गांधी के समान हम छायावादकालीन हिन्दी कवियों में भी वेद और उपनिषद् के कुछ सनातन सत्यों को पूर्ण रूप से जीवित पाते हैं, यद्यपि उनकी अभिव्यक्ति के लिए ये कवि पाश्चात्य शैलियों की ओर बड़े ही ममत्व से देख रहे थे, मानो, उनकी अपनी शैलियाँ वे ही रही हों, जिनका उपयोग यूरोप में किया गया था। यह कोई अस्वाभाविक बात नहीं थी, क्योंकि यूरोपीय साहित्य और संस्कृति के सम्यक् सेवन से इन कवियों की विचार-शिराएँ वे ही न रह गई थीं, जो उनके पूर्वजों की थीं, बल्कि, द्रव्य में जहाँ वे भारतीय थे, वहाँ अभिव्यक्ति का यूरोपीय माध्यम अपनाए बिना उन्हें तनिक भी तृप्ति नहीं हो सकती थी। मेकाले की इच्छा थी कि भारतवासी विचार में यूरोपीय और लिबास में भारतीय रहें, किन्तु, साहित्य में हमने लिबास तो यूरोपीय लिया, लेकिन, विचारों में हम स्वदेशी ही बने रहे।

छायावाद ने हिन्दी कविता की अमूल्य सेवा की। समग्र हिन्दी साहित्य के इतिहास में कोई और काल ऐसा नहीं गुजरा है, जब 15-20 वर्षों की अत्यल्प अवधि में साहित्य के भाव और भंगी, दोनों क्षेत्रों में ऐसे आमूल परिवर्तन हुए हों, जैसे छायावाद-काल में हुए। सम्भव है, सम्पूर्ण विश्व के किसी भी साहित्य के लिए यह दृष्टान्त अप्रतिम और नवीन रहा हो। द्विवेदी-कालीन पाठक अपने युग की कविता से इसलिए ऊब उठे थे कि उसमें संकेतों का सर्वथा अभाव था, कि उसमें भावोत्तेजना नहीं थी, कि उसमें वे सामग्रियाँ होती ही नहीं थीं, जो पाठकों के भीतर जिज्ञासा जाग्रत करती हैं। उस समय जो कुछ लिखा जा रहा था, वह सीधे-सादे सुस्पष्ट विश्व की व्याख्या के रूप में था। किन्तु गद्य की यह पद्धति लोगों को पसन्द नहीं आई और वे किसी ऐसी कविता के लिए उत्कंठित हो उठे, जो जीवन और प्रकृति के सम्बन्ध में उनके भीतर किसी जिज्ञासा को जगाती हो, जो मनुष्य के व्यक्तित्व के भीतर किसी निस्सीमता का अनुसंधान करती हो, जो किसी अदृश्य एवं रहस्य लोक की याद दिलाकर हमें इस जीवन से उठाकर कहीं और ले जाती हो तथा जो मनुष्य पर यह प्रभाव डालती हो कि जो कुछ विश्लिष्ट, सुबोध और सुस्पष्ट है, जीवन वहीं तक समाप्त नहीं हुआ है। छायावाद ने पाठकों की इन सारी तृषाओं को काफी दूर तक शान्त किया और इसके लिए आरम्भ से ही उसे वाहवाही भी मिलती रही। किन्तु, जो बात अन्त में जाकर (और आरम्भ से भी) उसके विरुद्ध पड़ी, वह थी सुबोधता और सुस्पष्टता से अत्यधिक दूर भाग जाने की उसकी अनुचित चिन्ता और उसका

यह सिद्ध करने का अनुचित उत्साह कि प्रत्येक पाठक कविता की ओर, अनिवार्यतया, जीवन से भागकर ही आता है, कि कविता का काम पाठकों की त्वचा का स्पर्श सुरखाब के परों से करना है, कि कविता का धर्म सत्य-असत्य, सभी प्रकार की कल्पनाओं से मनुष्य के मन का रंजन करना है।

और तब भी यह सत्य है कि छायावाद अपनी इन कमजोरियों को रोक नहीं सकता था, क्योंकि साहित्य में जब भी कल्पना के प्रबल आन्दोलन आते हैं, तब उनके साथ प्रायः, वैसी ही दुर्बलताएँ लगी होती हैं, जैसी दुर्बलताओं की लीला हमें छायावाद-काल में देखने को मिली थी। ये कमजोरियाँ कल्पना के अतिसंस्कार की कमजोरियाँ होती हैं, ये कमजोरियाँ शब्दों की खूबसूरती में फँसकर रह जाने की कमजोरियाँ होती हैं, ये कमजोरियाँ कवि के इस भ्रम से उत्पन्न होती हैं कि चित्रों का उद्‌देश्य कुछ कहना नहीं, सिर्फ अपनी रंगिनी दिखाना है तथा लय और संगीत भी अभिव्यक्ति के वाहन नहीं, खुद ही उसके सवार हैं।

विचारपूर्वक देखा जाए तो पता चलेगा कि छायावाद की निम्नलिखित दुर्बलताओं ने ही उसके विरुद्ध प्रतिक्रिया को जन्म दिया तथा लोगों को उस सौन्दर्य से मुँह फेर लेने को विवश किया जिसकी कामना वे द्विवेदी-युग से करते आ रहे थे।

छायावाद के कवियों का सबसे बड़ा दोष यह रहा कि वैयक्तिकता की धुन में आकार वे अपनी प्रत्येक अनुभूति तथा चेतना की हर एक सुगबुगाहट को अपना परम सर्वस्व मान बैठे। यह अनुभूति और सुगबुगाहट उनकी दृष्टि में इतनी महार्घ हो उठी कि उसके सामने उन्होंने समाज और विश्व की अनुभूतियों को कोई स्थान न दिया। इतना ही नहीं, प्रत्युत्, इन वैयक्तिक अनुभूतियों का वर्णन छायावादी कवियों ने जिस नर्मी और गर्मी तथा रंगीनी के साथ किया है, वह भी स्वाभाविक नहीं होकर अव्यवस्थित एवं अतिरंजित मालूम होता है। विश्लेषण करने पर उसके भीतर हम इस नियम का निर्वाह नहीं पाते हैं कि जिस भाव में जितना ताप हो, उसकी अभिव्यक्ति की शैली में उससे अधिक ताप न होना चाहिए। रीतिकालीन कवियों ने रूढ़ियों के अधीन विरह का जैसा अवास्तविक वर्णन किया था, कुछ अत्यन्त वैयक्तिक अनुभूतियों का वैसा ही अवास्तविक वर्णन छायावादियों ने भी किया, जिससे छायावाद जीवन के धरातल से विच्छिन्न हो गया और लोग उसकी ओर वैसी गम्भीर दृष्टि से न देख

सके जैसी दृष्टि से क्रान्तिकारी साहित्य को उन्हें देखना चाहिए था।

बौद्धिकता में भी एक दुर्गुण है, जिसके कारण वह कविता की विरोधी समझी जाती है, ठीक वैसे ही, जैसे विज्ञान कविता का प्रतिलोम है। किन्तु, सामान्यत:, कवि भी बुद्धि से काम लेते हैं और जो कवि जितने ही अधिक बुद्धिमान होते हैं, उनके काव्य के भीतर बौद्धिकता की भी उतनी ही प्रबल रीढ़ वर्तमान रहती है। कला और सौन्दर्य का पुष्प वृन्तहीन नहीं होता। उसे भी पुष्ट भावों का आधार चाहिए। उसके नीचे भी बौद्धिकता की कड़ी जमीन होनी चाहिए, जो उसे अच्छा भोजन पहुँचा सके। किन्तु बुद्धि छायावादी काव्य में एक प्रकार से वर्जित रखी गई। बुद्धि की कठोर प्रक्रिया से जो सुगन्धित एवं दीप्तिमय प्रस्वेद क्षरित होती है, अधिकांश छायावादी काव्य में हम उसका अभाव पाते हैं। अतएव, मनोरंजन, रंगीनी एवं मादकता के धरातल पर जो छायावाद उतना सफल हुआ था, वह बौद्धिक धरातल पर पाँव न जमा सका, जो एक प्रकार से वर्तमान युग का मुख्य धरातल है। बौद्धिकता के अभाव के कारण ही छायावाद उन लोगों को अपनी ओर न खींच सका, जो मनीषी और विचारों के नेता थे तथा जो भावुकता के स्तर पर उतरकर तितलियों और फूलों से मन-बहलाव नहीं कर सकते थे।

भावुकता और रुदनशीलता ने भी छायावाद की प्रतिष्ठा में कम बाधा नहीं पहुँचाई। भावुकता कच्ची उम्र वाले किशोरों का गुण है और रुदनशीलता को तो हम बच्चों में भी अवगुण मानते हैं। विचित्र बात तो यह रही कि छायावादी कवि के रोने का कारण समाज को मालूम ही न हो सका। महादेवीजी ने यह कहकर छायावाद की रुदनशीलता को जरा ऊँचे धरातल पर पहुँचाने की चेष्टा की है कि करुणा भारत की साहित्यिक परम्परा में विशिष्ट स्थान की अधिकारिणी रही है तथा 'रामायण', 'महाभारत' और 'अभिज्ञानशाकुन्तल' में जो चमत्कार है वह, अन्तत:, करुणा का ही चमत्कार है। परन्तु, यह तर्क अखंडनीय नहीं है; क्योंकि रामायण, महाभारत और शकुन्तला में जो करुणा है, उसके रहस्य का विश्लेषण पूर्ण रूप से कर दिया गया है। और इसी से उसका प्रभाव की अधिक पड़ता है। किन्तु, कोई आदमी करुणा का प्रदर्शन तो करे, किन्तु उसका कारण समाज को न बताए, तो समाज पर उसके आँसुओं का क्या प्रभाव होगा? और लोग क्या उसे औसत आदमी समझेंगे? फिर क्या आश्चर्य है कि समाज ने यह मान लिया कि या तो इन कवियों की वेदना ही मिथ्या है या अति भावुकता

के कारण वे किसी नगण्य व्यथा से इस तरह रो रहे हैं, जिस तरह किसी भी स्वाभिमानी मनुष्य को नहीं रोना चाहिए।

आरम्भ में तो छायावादियों ने वास्तविकता की इस प्रकार उपेक्षा की, मानो समग्र विश्व में सबसे कम महत्त्व की यही एक वस्तु हो। किन्तु, आगे चलकर उनकी दृष्टि वास्तविकता की ओर भी गई और तब यह और भी स्पष्ट हो गया कि छायावाद में कोई मौलिक दुर्गुण है जिसके कारण वह वास्तविकता पर अधिकार नहीं कर सकता। कवि की जो शक्ति उसे वास्तविकता पर अधिकार दिलाती है, वही शक्ति उसे इस योग्य भी बनाती है कि वह भावों की अभिव्यक्ति ठीक उसी रूप में कर सके जिस रूप में वे उसे अनुभूत हुए हैं। असल में, कविता रचते समय कवि को दो धरातलों पर एक साथ जगना पड़ता है। एक तो वह धरातल है, जिस पर से हमारे भाव उतरते हैं और दूसरा यह है कि कवि ऊपर के धरातल पर कान लगाकर अपनी प्रेरणा के गुंजन को ठीक-ठीक सुने और नीचे के धरातल पर जब वह रचना करने लगे, तब यह सोचता जाए कि उसने जो कुछ सुना है, वह ठीक-ठीक अंकित हो रहा है या नहीं। वास्तव में, ये दोनों एक ही कार्य के दो पक्ष हैं, क्योंकि ऊपर के धरातल पर की आवाज को हम जिस रूप में सुनते हैं, नीचे के धरातल पर वही हमारी शैली बन जाता है। अधिकांश छायावादी कविताओं में शब्दों की कोमल योजना और रंगीनी को देखकर, अक्सर, लोग कह उठते हैं कि छायावाद का शैली-पक्ष बहुत ही सुन्दर और समर्थ था। किन्तु, इतना कहना यथेष्ट नहीं है, क्योंकि शैली भाव से भिन्न नहीं होती। जिस रूप में हम किसी भाव को हृदयंगम करते हैं, वह हमारी अभिव्यक्ति के माध्यम को भी निर्धारित करता है। बहुत-सी छायावादी कविताओं में छूँछी रंगीनी और एक प्रकार की अस्पष्ट कोमलता का आभास मिलता है, जो कदाचित् इस बात का प्रमाण है कि इन कवियों ने जो कुछ लिखा, उसकी या तो उन्हें स्पष्ट अनुभूति न हुई थी अथवा वे अपनी अनुभूतियों के सम्यक् चित्रण में असमर्थ रह गए।

इसी दुर्बलता से सम्बद्ध एक और दोष है, जिसे मैं सजावट का मोह कहूँगा। सभी जानते हैं कि कहानियों में मनोविज्ञान का जो स्थान है, कविताओं में चित्रों का भी वही महत्त्व है। विशेषत:, साहित्य अन्य विद्याओं से इसीलिए भिन्न समझा जाता है कि अन्य विद्याओं में विचार जहाँ तर्क बन कर सामने आते हैं, वहाँ साहित्यकार के विचार चित्रों में परिणत होकर प्रकट होते हैं।

काव्य में विज्ञान के समान सुनिश्चित भाषा का प्रयोग नहीं किया जाता और यही काव्य की अपनी विशेषता है। हम जब कोई कविता पढ़ते या सुनते हैं; तब एक प्रकार का आनन्द हमें अर्थ-बोध के पूर्व से ही प्राप्त होने लगता है; शब्दों की झंकार और उनके बैठने की अदा से ही हमारी इन्द्रियाँ जाग्रत होने लगती हैं और इसी प्रकार हम काव्य का जो अर्थ ग्रहण करते हैं, उसे अपनी सभी इन्द्रियों की गवाही में ग्रहण करते हैं। इसीलिए, काव्य के अनिश्चित अर्थों वाले शब्द-समूह से हम जो अर्थ लेते हैं, वह उससे भी अधिक पूर्ण एवं विश्वासदायक होता है, जो विज्ञान की सुनिश्चित भाषा के द्वारा प्रेषित किया जाता है। हमारी इन्द्रियाँ काव्यगत विचारों को जो इतनी प्रसन्नता और उत्साह से अपना लेती हैं, उसका प्रधान कारण यह है कि मनुष्य कानों पर कम, आँखों पर अधिक विश्वास करता है। विचार जब चित्र बनकर सामने आते हैं, तब मन की आँखें उन्हें देखते ही पहचान लेती हैं। और शेष इन्द्रियों को भी यह सन्तोष हो जाता है कि बात ठीक है।

किन्तु, चित्रों का प्रयोग कवि केवल तमाशा दिखाने को नहीं करता। असल में, चित्रों के सहारे वह हमारी सभी इन्द्रियों को जगाकर अपने तात्पर्य तक ले जाता है, जिसके मानी ये हुए कि शब्दों, अलंकारों, लय और संगीत की तरह, चित्र भी कविता में अभिव्यक्ति का वाहन बनकर आते हैं। छायावाद की यह कमजोरी रही कि उसने चित्रों का प्रयोग अभिव्यक्ति की पूर्णता नहीं, बल्कि, कविता में रंगीनी लाने के लिए, उसे केवल सजाने के लिए किया। छायावादी कवि कल्पना के धनी थे। विशेषतः उप-कल्पना अथवा 'फैन्सी' पर उनका असाधारण अधिकार था। पन्तजी की कविताओं में उप-कल्पना के करतब देखते ही बनते हैं। किन्तु, उप-कल्पना द्वारा निर्मित उनके अद्भुत चित्र हमारे भीतर सौन्दर्य की जितनी तृषाएँ जाग्रत करते हैं, उन्हें वे तृप्त नहीं कर पाते।

छायावाद-कालीन काव्य-चित्रों में इतनी पारदर्शिता नहीं है कि उनके भीतर से हम जीवन की गहराई को देख सकें। इसे भी मैं एक प्रकार से अनुभूति की ही दुर्बलता मानता हूँ, क्योंकि अनुभूतियाँ जब गहराई से उठती हैं, तब वे अपनी अभिव्यक्ति के योग्य सफल संकेतों का भी सन्धान कर लेती हैं। बहुत-से ऐसे रहस्यवादी हुए हैं, जिनमें कारीगरी नहीं थी, किन्तु, तब भी वे केवल अनुभूति की तीव्रता के कारण उपयुक्त संकेतों का प्रयोग कर गुजरे। ऐसे व्यापक संकेत,

जिनकी झंकार दूर तक पहुँचती हो, छायावाद-काल के रहस्यवादी काव्य में नहीं मिलते। इसका भी कारण, सम्भवतः, यही है कि छायावादियों के भीतर रहस्य की मुद्रा, सहज रूप में, प्रकट नहीं हुई थी। प्रत्युत्, रहस्य के धुँधले लोक में भी ये कवि रुक्षता और स्थूलता से रूठकर ही पहुँचे थे, कुछ उस लोक के आकर्षण से खिंचकर नहीं।

विलाप का एक कारण यह भी है कि अगर हम यूरोप से कुछ लेना ही चाहें, तो उसके साहित्य से भावुकता, पलायनवाद और रहस्यवाद को क्यों लें? ये तत्त्व तो हमारे अपने साहित्य में ही विद्यमान हैं और आज की कसौटी पर जाँचने से वे ही हमारे साहित्य के अभिशाप भी सिद्ध होते हैं। बौद्धिकता और वैज्ञानिक वस्तुवाद, ये ही दो तत्त्व है, जिन्हें पश्चिम से अपने साहित्य में लाकर हम युगानुरूप नये क्षितिज का निर्माण कर सकते हैं।

छायावाद पर हिन्दी में बहुत कुछ लिखा जा चुका है, किन्तु, छायावाद के कुहासे से हिन्दी कविता किस प्रकार आगे बढ़ी, इसकी कहानी अभी शुरू भी नहीं हुई है। धन्यवादार्ह हैं पं. नन्ददुलारे बाजपेयी, जिन्होंने एक जगह इसकी थोड़ी-बहुत चर्चा कर दी है और इस बात का एक हल्का-सा संकेत दे दिया है कि बच्चन की बोलचाल वाली भाषा छायावाद-कालीन अव्यावहारिक भाषा से अपेक्षाकृत श्रेष्ठ है।

पन्त, निराला और महादेवी के ठीक बाद वाली पीढ़ी के कवियों में हम दो-तीन उल्लेखनीय बातें देखते हैं। पहली तो यह कि इन कवियों की भाषा का झुकाव बोलचाल की भाषा की ओर है और वे उस भाषा का अनुकरण करने के मोह से प्रायः, मुक्त हैं, जिसकी रचना और संधान छायावाद-कालीन वायवीयता को अभिव्यक्ति देने के लिए किया गया था। दूसरी यह कि ये कवि विषयों के चुनाव में भी कोमलता की रूढ़ि से बँधे हुए नहीं थे और न इनका यही विश्वास था कि कविता, अनिवार्यतः, मनुष्य को जीवन से दूर ले जानेवाली चीज है। किन्तु, इससे भी अधिक महत्त्व की बात, शायद, यह है कि ये जिस धरातल के कवि थे, उस पर इनकी अनुभूतियाँ बड़ी ही तीव्र और सच्ची थीं। परिणामतः, इनकी अभिव्यक्तियों में जनता के लिए एक विशिष्ट कोटि का आकर्षण प्रकट हुआ, जो, असल में, सचाई और ईमानदारी का आकर्षण था। छायावाद की रंगीनी का मोह तो ये भी नहीं छोड़ सके, किन्तु, अपनी कृतियों से इन कवियों ने यह अवश्य प्रमाणित कर दिया कि कविता कोमल शब्दों, रंगीन

कल्पनाओं (अथवा उप-कल्पनाओं) और उपयुक्त-अनुपयुक्त, सभी प्रकार की अनुभूतियों के चित्रण में ही नहीं बसती है। वह चाहे तो इनमें से कितनी ही सामग्रियों को छोड़कर केवल अपने अस्तित्व की सचाई पर भी जी सकती है।

प्रयोग यहीं तक नहीं रुका। वह बढ़कर बहुत दूर जा पहुँचा है, यद्यपि आँखें अभी उस कवि को तलाश रही हैं, जिसमें यह प्रयोग सिद्धि के स्तर से बोलेगा। रोमांटिक सनसनाहट और छायावादी रंगीनियों से तो आज भी असंख्य कविगण लिपटे पड़े हैं, किन्तु, ये वे कवि हैं जिनकी बसें छूट चुकी हैं। जिस पृष्ठभूमि पर छायावाद की घटा उठी थी, वह पृष्ठभूमि भी बड़ी तेजी के साथ इतिहास में सिमटती चली जा रही है। दुनिया में एक नई जिन्दगी करवट ले रही है और जिनमें जिन्दगी का एहसास है, वे इसे भलीभाँति समझ भी रहे हैं। रोमांटिक युग उन कवियों का था, जो इतिवृत्तात्मकता की सूखी जमीन को अपनी कल्पना के रस से सरसाने आए थे। आज का जमाना उन कवियों का है, जो रंगीनी में नहीं उलझकर, तीर के समान सीधे अपने लक्ष्य पर टूटना चाहते हैं। छायावाद का काल हमारे साहित्य का उषाकाल था, आज, प्रायः दोपहरी का सूर्य हमारे माथे पर चमक रहा है। ऊषा में ओस होती है, फूल की पहली मुस्कान होती है, आसमान में लाली और सामने कभी-कभी तुषार का जाल भी होता है, मगर, उसके बाद शुद्ध प्रकाश का समय आता है, जो समय आज व्यतीत हो रहा है। प्रकाश की कविता मिहिकाओं से आँखमिचौनी नहीं खेलती, न वह रुककर फूल और शबनम से किलोल करती है। उसका सबसे बड़ा काम तो जीवों की धमनियों में 'अल्ट्रा वायलेट' किरणों के द्वारा स्वास्थ्य का संचार करना तथा कोनों और दरारों में दुबके हुए अन्धकार को दूर भगाना होता है।

छायावाद की दी हुई कुछ विलक्षण शक्तियाँ अभी भी कविता के साथ रहेंगी, किन्तु, वे साधक होंगी, साध्य नहीं। चित्र, गीत, छन्द, अलंकार और लय भी कविता के साधन हैं, साध्य नहीं। अपने ही देश में काव्याचार्यों ने जब यह अनुसन्धान आरम्भ किया था कि कविता की आत्मा क्या है, तब वे पहले अलंकार पर रुके, फिर उसे उन्होंने छोड़ दिया। तब रीति पर आए, फिर उसे भी छोड़कर आगे बढ़े और सीधे ध्वनि पर आकर उन्होंने साँस ली। और ध्वनि-सिद्धान्त का पता लग जाने पर समस्या यह खड़ी हुई कि तब उन कविताओं का क्या हो, जिनमें ध्वनि तो नहीं है, किन्तु, जो कविता छोड़कर किसी और

श्रेणी में खपाई ही नहीं जा सकतीं। तब बाद के आचार्यों ने कृपापूर्वक ऐसी कविताओं के लिए गुणीभूत व्यंग्य एवं चित्र-काव्य की कोटियाँ बना दीं। जिन अलंकारों से ध्वनि की उत्पत्ति में सहायता नहीं मिलती, उन्हें हेय कहकर हमारे आचार्यों ने इसी सत्य की तो घोषणा की है कि कविता में केवल ध्वनि की प्रधानता होती है। और जितनी भी चीजें हैं, साज-शृंगार तथा सजावट की चीजें हैं, उन्हें छोड़ देने से कविता मर नहीं जाएगी। मरती वह तब है, जब उसमें ध्वनि का वास नहीं रहता, जो उसकी आत्मा है।

मनुष्य की उलझनें बहुत बढ़ी हुई हैं। उनके भीतर धँसने का उसे कोई सीधा मार्ग चाहिए। बाह्य जीवन में तो सरलता का महत्त्व यह भलीभाँति समझ चुकी है। हवादार, सीधे-सादे घर, मर्दों और औरतों की सीधी-सादी पोशाकें, गहनों-आभूषणों और मोर-मुकुटों का सर्वथा परिहार—ये सभी इस बात के सबूत हैं कि सभ्यता सरलता की ओर बढ़ रही है। जो अनावश्यक है, उसे छोड़ दिया जाए, साथ हम उतना ही रखेंगे, जिसके बिना हमारा काम नहीं चल सकता। सभ्यता के दिन-दिन बढ़ते हुए अनावश्यक उपकरणों के बीच भी, मनुष्य की आत्मा जिस सरलता, जिस आडम्बर-हीनता की माँग कर रही है, वह सोचने और समझने की चीज है।

तो कविता को क्या करना होगा? उसके साथ कौन-सी अनावश्यक सामग्रियाँ हैं, जिन्हें छोड़कर वह फुर्ती से चल सकती है? और यह आवश्यक ही क्यों समझा जाता है कि कविता उन सामग्रियों को छोड़ दे, जो उसके लिए अहितकर नहीं, तो कम-से-कम उसकी समृद्धि के कारण नहीं हैं?

शायद, समृद्धि के उपादानों का सर्वथा त्याग आवश्यक न भी हो। किन्तु, काव्य में हम जिन नये मूल्यों की स्थापना करना चाहते हैं, उनको प्रमुख रखने के लिए यह उपयोगी है कि हम काव्य को उन सभी तत्त्वों की पराधीनता से मुक्त कर दें, जो उसे सुन्दर तो बनाते हैं, किन्तु, समुचित प्रतिष्ठा नहीं दिला सकते। पिकाक के अनुसार कविता आज सभ्यता के बीच अर्धसभ्यों की वाणी हो रही है। इससे मानवता की एक हानि यह हो रही है कि जो लोग अच्छे चिन्तक होते तथा ज्ञान की गहराई में गोता लगाकर मनुष्यता के लिए कोई अमूल्य रत्न निकालते, वे भी कविता के फेरे में पड़कर यों ही बर्बाद हो रहे हैं।

पिकाक-जैसे लोगों की बातें सुनकर मुझे भी दुःख होता है, और तब अनायास ही मुझे पुराने जमाने के वे कवि याद आ जाते हैं, जो अपने समाज

का मनोरंजन करने वाले नहीं, बल्कि, उसके नबी और द्रष्टा होते थे तथा जिनकी वाणी पर विचार किये बिना मनुष्य किसी भी बड़े काम में हाथ नहीं डालता था। किन्तु, तब वह युग बीत रहा था, जब हृदय और मस्तिष्क दो नहीं हुए थे। बर्बादी की प्रक्रिया हृदय और मस्तिष्क की दो शक्तियों के विभाजन के बाद शुरू हुई। बौद्धिकता के उत्थान के साथ मस्तिष्क ने यह षड्यंत्र किया कि जीवन के स्थूल उपयोग में आनेवाली सभी विद्याओं का सम्बन्ध उसने अपने साथ जोड़ लिया तथा उनकी वर्णना और विवेचना के लिए गद्य का माध्यम खोज निकाला। जीवन के उपयोग में आनेवाली गम्भीर विद्याओं के मस्तिष्क की अधीनता में चले जाने के बाद, हृदय किंकर्तव्य-विमूढ़ हो गया; क्योंकि अब कोई ऐसी चीज बची ही नहीं जिसका अवलम्ब लेकर वह समाज में पहली प्रतिष्ठा के पद पर आसीन रह सके। अतृप्त कामनाएँ, अतृप्त वासनाएँ, कल्पित रंगीनी और खुशनुमा चेहरों की तसवीरें अथवा नकली रहस्यवाद के धुँधले देश, ये ही कुछ पूँजी थे, जिन्हें मस्तिष्क ने छोड़ दिया था। ये ही चीजें कविता का विषय बन गईं और आदमी ने भी कहा : 'चलो, थकावट में दिल्लगी ही सही।'

तब से जीवन के कूलों में बौद्धिक प्रवाह कल-कल करता हुआ बड़े वेग से बह रहा है, और कविता उस प्रवाह पर इन्द्रधनुष बनकर निर्जीव सुषमा के समान खड़ी हैं।

रोमांटिसिज्म को लाइए अथवा सिम्बॉलिज्म को, छायावाद को लाइए अथवा रहस्यवाद को, इनमें से कोई भी जीवन की धारा को प्रभावित नहीं कर सकेगा। ये सब-के-सब उस धारा पर इन्द्र-धनुष का मेहराब बनकर खड़े हैं। इनकी जो प्रतिच्छवि धारा के जल पर पड़ती है, वह जल का असली रंग नहीं है, और इस रंगीनी से धारा का वेग, उसकी अकुलाहट और बेचैनी का रूप भी नहीं बदलता।

मनुष्य का जीवन कटकर दो टुकड़ों में बँट गया। बड़ा टुकड़ा है मस्तिष्क की तरफ और छोटा टुकड़ा है हृदय की ओर। हृदय और मस्तिष्क के बीच इस चौड़ी दरार को पटाने का काम कविता को करना है, विज्ञान को नहीं। और कविता इस काम को खुशनुमा रंगीनियों के बल पर अंजाम नहीं दे सकेगी। खुशनुमाई का गुलाल तो वह सदियों से छींटती रही है। और इसी कारण होली-दीवाली के दिन उसकी थोड़ी-बहुत पूछ भी हो जाती है। किन्तु, इतने से ही

उसे वह प्रतिष्ठा नहीं मिल सकती, जिस पर आज मस्तिष्क का एकाधिपत्य है।

ऐसी दलीलें सुनकर कविगण अक्सर नाराज हो जाते हैं। उन्हें यह सुनना अच्छा नहीं लगता कि वे जो काम कर रहे हैं, वह मस्तिष्क के काम की अपेक्षा छोटा काम है। यही वह गलत ढंग की भावुकता है, जिससे नये कवियों को बचना चाहिए, बशर्ते कि काव्य की प्रतिष्ठा में वृद्धि लाना उनका वास्तविक ध्येय हो।

कविता मस्तिष्क से अलग नहीं जा सकती। कविता का ऐसा कौन-सा तत्त्व है, जिसके पीछे मानसिकता का बहुत बड़ा हाथ नहीं है? और तो और, जिस प्रेरणा का हम कविगण इतना अभिमान करते हैं, और बहकी हुई मुद्रा में उसे दैवी वरदान समझ लेते हैं, वह भी मानसिकता का ही एक अंग है। फिर कविता के क्षेत्र में वे लोग क्यों आते हैं, जिन्हें ज्ञान से घृणा और परिश्रम से वैर है अथवा जो चिन्तन की कठोर प्रक्रिया की रुक्षता को बर्दाश्त नहीं कर सकते?

दार्शनिक होना फिर भी आसान है; क्योंकि दर्शन में तर्कों के सीधे सोपान होते हैं, जिन पर चढ़ कर हम अपनी स्थापना तक परिश्रम के बल पर पहुँच सकते हैं। किन्तु, कविता में ऐसी सीढ़ियाँ नहीं होतीं। कवि को उतना ज्ञान तो चाहिए ही, जितना दार्शनिक को होता है; किन्तु, इस समग्र ज्ञान-राशि को उसे चित्रों में परिवर्तित करना होता है। और चित्र-विधान की कला सीखी नहीं जाती, वह भीतर की किसी अनिर्वचनीय शक्ति से आप-से-आप प्रकट होती है। मगर, कवि-सम्मेलनों को धन्यवाद कि हिन्दी में कविता से बढ़कर सुगम चीज और दूसरी नहीं रह गई है। और कवि-सम्मेलनों की जितनी ही संख्या-वृद्धि होती है, कविता का मान भी उतना ही घटता जाता है।

यह प्रसन्नता की बात है कि हिन्दी के कुछ नवीन कवियों ने ज्ञात का अज्ञात रूप से, छायावादी रंगसाजी और अंत:शून्य कोमलता की व्यर्थता का भेद पा लिया है और वे उस दिशा में प्रयोग कर रहे हैं, जिस दिशा में काफी दूर चलने के बाद कविता एक बार फिर मनीषियों के अध्ययन और मनन की वस्तु बन सकती है।

किन्तु, जिनकी कविता विचारों के नेताओं के अध्ययन की चीज होगी, वे क्या स्वयं ज्ञान से डरने वाले और चिन्तन से जी चुराने वाले होंगे? अथवा कविता क्या वे इसलिए करेंगे कि और कोई उपयोगी काम करने की योग्यता उनमें नहीं है?

बहुत काल से कविता हल्की रंगीनियों की जाली में उलझी रही है। उसी का परिणाम है कि अब वह ज्ञानियों की नहीं, किशोर भावुकों की सम्पत्ति समझी जाती है तथा 'शास्त्रेषु भ्रष्टाः कवयो भवन्ति' वाली उक्ति में आज जितनी सचाई झलकने लगी है, उतनी सचाई क्लासिकों के युग में नहीं देखी गई थी।

हिन्दी के काव्य-क्षेत्र में जो लोग नया प्रयोग कर रहे हैं, उन्हें ईमानदारी के साथ अपने-आपसे यह प्रश्न करना चाहिए कि वे कविता के क्षेत्र में क्यों आए हैं? यह भी कि वे कविता के रूपों में, उसके छन्दोबंध, पदयोजना और अर्थाभिव्यक्ति के अन्य साधनों में इतने अधिक परिवर्तन क्यों कर रहे हैं? इतना तो स्पष्ट है कि रोमांटिक परम्परा उन्हें पसन्द नहीं है और कविता को वे किसी नई भूमि की ओर से ले जाना चाहते हैं। किन्तु, हिन्दी-जगत् एवं विश्व भर के काव्य-रसिकों को संतोष तब होगा जब अपनी कृतियों से वे यह दिखला सकें कि उनका उद्‌देश्य हल्की भावनाओं के साथ खिलवाड़ नहीं, प्रत्युत्, ज्ञान के सौरभ को काव्य के भीतर से प्रदान करना तथा जो ज्ञान मनुष्य के मस्तिष्क पर बोझ बनकर पड़ा हुआ है, उसे चित्र बनाकर आँखों के आगे तैरा देना है। दूसरे प्रश्न का भी समीचीन उत्तर यही होगा कि कविता के नियमों को हम इसलिए तोड़ रहे हैं कि उनसे भी कहीं कठोर नियमों का हमें पालन करना है।

ज्ञान के पक्ष पर इतना अधिक जोर देने का अभिप्राय यह नहीं है कि रोचकता कविता का दूषण है, बल्कि, यह कि रोचकता-रोचकता में भेद होता है। रीति-कालीन श्रृंगार की रोचकता छायावाद का जीन श्रृंगार की रोचकता से भिन्न रही। इसी प्रकार, रोचकता वहाँ भी हो सकती है जहाँ सत्य का वर्णन उसकी नग्न कठोरता में किया जाता हो, जहाँ सरसता और कोमलता की घूस नहीं देकर हम अपनी अनुभूति को ठीक उसी तीव्रता के साथ पाठकों के सामने उपस्थित कर दें, जिस तीव्रता के साथ हमने उसका अनुभव किया है। मनुष्य की सारी अनुभूतियों का आवेष्टन केवल कोमलता और रंगीनी ही नहीं है, बहुत बार वे जहर के घेरों में भी प्रकट होती हैं।

और रोचकता तो वहीं आ जाती है, जहाँ काव्य अन्य विद्याओं से अलग होता है। कविता में रोचकता की कमी नहीं होगी। अभाव उसके पास गाम्भीर्य का है और गम्भीरता उसे मिलेगी बौद्धिकता को अपना कर, उस प्रकार से नहीं, जैसे विज्ञान उसे अपनाता है, बल्कि, उस प्रकार से, जैसे क्लासिक युग

और उसके पूर्व के कवियों ने उसे अपनाया था अथवा जैसे आज के युग में अरविन्द और इलियट ने उसे अपनाया है। असल में, आज भी हमें कविता ही लिखनी है, किन्तु, यह कविता उस जीवन की कविता होगी, जो ज्ञान के मार्ग पर बहुत दूर जा चुका है।

रोचकता के सभी उपादानों का उपयोग करते हुए भी दृष्टि हमारी अभिव्यक्ति की पूर्णता पर ही रहनी चाहिए। अपने सीमित अनुभवों से हम जानते हैं कि चित्रों की मोहकता कवि को कभी-कभी भटकाने का भी काम करती है। और शब्द भी अपनी अदाओं से कभी-कभी हमें कथ्य वस्तु से पीछे रोक लेते हैं। इसके सिवा, रोचकता की रंगीनी वाली परम्परा भी कविता को अपने सच्चे उद्देश्य तक जाने देने में बाधक हो रही है। रस तो चिन्तन की कठोरता में भी है। और संगीत के तार विचारों से भी अनुस्यूत रहते हैं। किन्तु, इस आनन्द के भोक्ता विशेष प्रकार के पाठक होंगे और कहना व्यर्थ है कि ये विशिष्ट कोटि के पाठक ही समाज के मस्तिष्क के सच्चे नेता होते हैं।

सस्ती रोचकता का समय लद चुका। भावी कविता केवल फूलों का मकरन्द ही नहीं, शिलाओं का दूध भी पियेगी। रंगीनियाँ और मकरन्द अगर सामग्री के रूप में आते हैं, तो आएँ, किन्तु, भावी काव्य में उनका वह महत्त्व नहीं रहना चाहिए, जो छायावादी काव्य अथवा उससे पूर्व वाले काव्यों में था। हम कविता में ऐसी प्राणवत्ता और गुणों की कठोरता चाहते हैं कि वह फिर से मनीषियों के अध्ययन और मनन की वस्तु बन जाए। हम उसमें कोमलता भी चाहते हैं, वह चमकीली और नर्म चीज, जिसका सच्चा उपमान मुलायम सोना ही हो सकता है।

[1953 ई.]

भविष्य की कविता

कविता और विज्ञान एक दूसरे के प्रतिलोम हैं। कवि की महत्ता आविष्ट होकर बोलने में है, किन्तु, वैज्ञानिक आवेश में आ जाए तो उसकी स्थापनाओं के प्रति श्रोता को शंका होने लगेगी। विज्ञान में जो शब्द प्रयुक्त होता है, वह केवल एक ही निर्दिष्ट अर्थ देता है, किन्तु, कविता में आए हुए शब्द अनेक अर्थों की ओर संकेत करते हैं। विज्ञान किसी भी ऐसी बात में विश्वास नहीं करता जिसका अस्तित्व स्थूल जगत् में नहीं है, किन्तु, कविता बहुत-सी ऐसी बातों को भी लेकर चलती है जिनका अस्तित्व हो या नहीं, किन्तु, जो वातावरण तैयार करने में सहायक होती हैं अथवा जिनके सहारे भावावेश जगाया जा सकता है। इस दृष्टि से देखने पर यह काफी चिन्ता का विषय दीखता है कि विज्ञान की वृद्धि के युग में कविता की स्थिति क्या रहेगी।

और अब तो भारतीय काव्य पर भी विज्ञान का प्रभाव पड़ने लगा है। तुसली के राम 'साकेत' में आकर आर्य-सभ्यता के विस्तारक हो गए, यह बुद्धिवाद का प्रभाव है। भगवतीचरण वर्मा के 'कर्ण का रथ' शापवश पृथ्वी द्वारा ग्रसित नहीं होकर दलदल में जा फँसा, यह भी बुद्धिवाद का ही असर है। और मैंने 'रश्मि-रथी' में, प्रसंगवश, भगवान् कृष्ण के विराट रूप का जो वर्णन किया है, उसे सुनकर जयप्रकाशजी ने मुझे पत्र लिखा कि "कृष्ण में मानवों के गुण कुछ कम नहीं हैं कि उनके भीतर अलौकिक चमत्कार दिखाया जाए।"

कविता की पृष्ठभूमि में परम्पराएँ खड़ी थीं और इन परम्पराओं से कवियों

को बड़ा बल मिलता था। किन्तु, विज्ञान के प्रभाव से अब परम्पराएँ टूट रही हैं। सूर्य के पास अब कोई रथ नहीं है, न उस रथ का चालक अरुण ही अब शेष है। मैनाक के समान उड़नेवाले पर्वतों की कहानी समाप्त हो गई। नदी, पर्वत, फूल और पशु-पक्षी अब मनुष्यों की भाषा नहीं जानते, न पुरूरवा अब इन्द्रलोक ही आ-जा सकता है। अशोक के फूलने के लिए अब युवती रमणी का पदाघात आवश्यक नहीं रहा। केलिगृह में अब मणियों के दीप नहीं जलते, न दीप बुझाने के लिए नायिकाएँ अब मुट्ठी भरकर पुष्प-रेणु ही फेंकती हैं। सारी अलौकिकताएँ विश्लिष्ट होकर सामान्य धरातल की वस्तु बन गई हैं। माताएँ बच्चों को अब इसलिए प्यार करती हैं कि दूध पिलाने के समय उन्हें रस-क्षरण (सिक्रेशन) का आनन्द मिलता है और नर तथा नारी एक-दूसरे के प्रति इसलिए आकृष्ट होते हैं कि दोनों के बीच सेक्स का पारस्परिक खिंचाव है। प्रेम की चमक मद्धिम पड़ गई। रोमांस के रहस्यपूर्ण पाटल की पत्तियाँ बिखर गईं। मन के मन्दिर में बैठनेवाले देवता अपदस्थ कर दिये गए। उनके सिंहासन पर अब मनोविज्ञान की प्रयोगशाला में निर्मित नये देवता, श्रीमान् लिबिडो (Libido) विराजमान हैं।

भविष्य की कविता के लिए एक बाधा और है। सभ्यता ज्यों-ज्यों प्रगति करती है, कविता की आग त्यों-त्यों मन्द होती जाती है। भावना की आग बर्बर लोगों में अधिक, सुसभ्य समाज में कम होती है। यूनानियों की अपेक्षा हिब्रू-जाति के लोग अधिक उत्तप्त थे और यूनानियों में जो ताप था, वह रोमवालों के ताप से कहीं अधिक था। जातियों में दार्शनिक और वैज्ञानिक दृष्टिकोण का ज्यों-ज्यों विकास होता है, त्यों-त्यों संवेगों की गर्मी और कविता का आवेश घटता जाता है। विज्ञान के विकास का प्रभाव यह होता है कि साहित्य की शैली में सुनिश्चितता तो आती है, किन्तु, उसका आवेशमय प्रभाव क्षीण हो जाता है।

ये सारी निराशा की बातें हैं, किन्तु, इन बातों से निराश होना भी वर्तमान युग में हास्यास्पद काम है। विज्ञान झूठा नहीं है। और तो और, हम कविगण भी, जो विज्ञान से विपरीत क्षेत्र में काम करते हैं, विज्ञान को झुठलाने का साहस नहीं कर सकते क्योंकि यह तो निश्चित बात है कि जो कुछ असत्य है, वह अभी विज्ञान नहीं हुआ है। अतएव, हमें केवल इस बात का भरोसा रखना चाहिए कि, यद्यपि, विज्ञान सत्य है, किन्तु, सारा सत्य विज्ञान नहीं है। वैज्ञानिक सत्य के अलावे भी एक और सत्य है जिसे विज्ञान नहीं, कला जानती है; जिसे बुद्धि

नहीं, कल्पना समझती है।

किन्तु, इतने विश्लेषण से यह बात नहीं उड़ जाती कि जिस विज्ञान से हमारा तन और मन प्रभावित होता है, हमारे वातावरण और परिवेश में परिवर्तन आता है, हमारे मनन, चिन्तन और दर्शन की दिशाएँ बदलती हैं, उसका प्रभाव हमारी कविता पर भी पड़ के रहेगा। आज तक मनुष्य का मन पौराणिक संस्कारों से ग्रसित था। किन्तु, अब बुद्धिवाद उसके इन संस्कारों को छिन्न-भिन्न करनेवाला है। अब तक मनुष्य के परिवेश फूलों, पत्तों, पहाड़ों और नदियों से सजे थे, अब इन परिवेशों में कल-कारखाने, हवाई जहाज, रेडियो, टेलीविजन और बिजली भी प्रवेश कर रही है। और इन सबसे भी बड़ा परिवर्तन वह है, जो मनुष्य के दृष्टिकोण में घटित हो रहा है, जो उसके चिन्तन और विचार को नया रूप दे रहा है।

मनुष्य की सभ्यता छह हजार वर्ष पुरानी है। किन्तु, विज्ञान उतना प्राचीन नहीं है। वह, अधिक से अधिक, पिछले दो सौ वर्षों में बढ़ा है। किन्तु, भविष्य में इन दो सौ वर्षों के ज्ञान की ऐसी धाक बैठनेवाली है कि उसके सामने परम्पराओं के पाँव उखड़ जाएँगे। और यदि परम्पराओं को बचाना आवश्यक हो, तो यह काम केवल साहित्य कर सकता है, बशर्ते कि वह विज्ञान से आनेवाले प्रभावों को अंगीकार करे और अपना रूप ऐसा बना ले कि वैज्ञानिक युग के लोग उसे अपरिचित न समझें। सभ्यता विज्ञान की और कविता पौराणिक अथवा रोमांटिक युग का उच्छ्वास, ये बातें अभी से बेमेल दीखने लगी हैं।

परन्तु, साहित्य क्या विज्ञान के प्रभावों को क्षिप्रता से अपना रहा है? सच तो यह है कि विज्ञान के कारण दुनिया की हालत बदल गई, किन्तु, विज्ञान छोड़कर अभी अन्यत्र हमारे सोचने का ढंग नहीं बदला है, यद्यपि, उसे बदलना चाहिए और जितना शीघ्र यह बदलेगा, विज्ञान के साथ हमारा रागात्मक सामंजस्य भी उतना ही शीघ्र स्थापित होगा। सोचने का यही पुराना ढंग कविता में हमारा पीछा कर रहा है। रिचर्ड्स के अनुसार, कविता को हम बहुत कुछ उसी दृष्टि से देखते हैं, जिस दृष्टि से दो सौ पीढ़ी पूर्व देखा करते थे। कविता, यानी वह चीज जिसमें छोटी बातें बड़ी बनाकर कही जाती हैं; कविता, यानी वह चीज जो हमें दुनिया को भूलने में सहायता देती है; कविता, यानी वह चीज जो वायलिन पर गाई जाती है; कविता, यानी वह चीज जिसमें मादक छवियों

का ध्यान होता है; कविता, यानी वह चीज जिसमें प्रेमी तड़पते और प्रेमिकाएँ आँसू बहाती हैं; कविता, यानी वह चीज जिससे आन्दोलन चलाए जाते हैं और कविता, यानी वह चीज जिसमें कान्ता-सम्मित उपदेश होता है। कोई आश्चर्य नहीं कि उन्नीसवीं सदी के आरम्भ में, टामस लव पिकाक ने कविता पर जोर से आक्रमण किया, जो एक तरह से, काव्य पर विज्ञान के ही आक्रमण का प्रतीक था। "ज्ञान, विज्ञान और बुद्धिवाद के युग में कविता का कोई उपयोग नहीं है। कवि सुसभ्य समाज में अर्ध-सभ्य प्राणी के समान जीता है। कविता चाहे जैसी भी हो, किन्तु, वह ज्ञान की किसी-न-किसी उपयोगी शाखा की कीमत पर जीती है। कितने खेद की बात है कि जो मस्तिष्क कठोर ज्ञान की साधना करने के योग्य है, वह बौद्धिक प्रयासों के रिक्त एवं निरर्थक अनुकरणों में बर्बाद हो रहा है! जब सभ्यता बच्ची थी, कविता का यह उपयोग था कि वह मानसिक खड़खड़ाहट पैदा करके बुद्धि में थोड़ी जागृति उत्पन्न कर देती थी। किन्तु, यदि ज्ञान की वयस्कता के काल में भी, मनुष्य अपने बचपन के खिलौनों को गम्भीर चिन्तन का विषय मान ले, तो यह बिलकुल बेहूदी बात है।"

पिकाक की बातें अप्रिय और असत्य भी थीं। किन्तु, समाज में ऐसे बहुत-से लोग हैं, कविता के विषय में, जिनकी ऐसी ही धारणा है। यही कारण था कि विज्ञान के उस आक्रमण के उत्तर में शेली ने 'इन डिफेन्स ऑफ पोयट्री' नामक निबन्ध लिखा और मैथ्यू आर्नाल्ड को जब पिकाक की दलीलों का कोई जवाब नहीं सूझा, तब वे यह कहकर बैठ गए कि चाहे जो हो, किन्तु, विज्ञान से यदि सभ्यता विनष्ट होने लगी, तो मनुष्य की रक्षा केवल कविता कर सकेगी। और वर्तमान सदी में भी, आइ.ए. रिचर्ड्स ने 'साइंस एंड पोयट्री' नामक अपने अत्यन्त लघु, किन्तु, विचारोत्तेजक ग्रन्थ में पिकाक का उद्धरण देकर कवियों और आलोचकों के सामने, फिर से, यह प्रश्न उपस्थित किया है कि कौन वह उपाय है जिससे विज्ञान के युग में कविता अपने अस्तित्व का औचित्य सिद्ध कर सकती है।

कविता ज्ञान है या आनन्द, यह प्रश्न बहुत दिनों से विश्व के चिन्तकों को हैरान करता रहा है। कठिनाई यह है कि कविता को यदि ज्ञान कहें तो दर्शन, इतिहास, समाजशास्त्र, नीतिशास्त्र तथा अन्य विद्याओं के सामने कविता गौरवहीन हो जाती है, क्योंकि ज्ञान जितना इन विद्याओं से मिलता है, उतना कविता से नहीं मिल सकता। और यदि कविता को आनन्द कहें तो वह

मनोरंजन की वस्तु बन जाती है तथा जीवन में उसका कोई गौरवपूर्ण स्थान नहीं रह जाता। और यदि यह कहें कि कविता ज्ञान और आनन्द, दोनों का मिश्रण है, तब भी कविता के गौरव में वृद्धि नहीं होती। वह कुछ तो दान या उधार पर जीनेवाली कंगालिनी हो जाती है तथा उसका कुछ रूप उस गवैये का रूप हो जाता है जिसका काम खा-पीकर डकार लेते हुए बाबुओं का मनोरंजन करना है। ज्ञान और विज्ञान से भरे हुए संसार में कविता की मर्यादा तब तक न बढ़ेगी, जब तक यह प्रमाणित न हो जाए कि मनुष्य के मन और जीवन में ऐसे भी कुछ क्षेत्र हैं जो महत्त्वपूर्ण हैं और कविता उन क्षेत्रों की एकमात्र स्वामिनी है, अर्थात् कविता जो काम करती है, वह अत्यन्त आवश्यक है और उसे कविता के सिवा और कोई विद्या नहीं कर सकती।

धर्म और विज्ञान पर विचार करते हुए आइंस्टीन इस निष्कर्ष पर पहुँचे थे कि इन दोनों के कार्यक्षेत्र दो हैं। विज्ञान उन वस्तुओं का विश्लेषण करता है जिनका अस्तित्व स्थूल जगत में है, अर्थात् विज्ञान के द्वारा हम उन नियमों का ज्ञान प्राप्त करते हैं जो इन वस्तुओं के पारस्परिक सम्बन्धों के आधार हैं। किन्तु, धर्म ऐसा कोई भी कार्य नहीं करता। वह केवल इस बात पर विचार करता है कि मनुष्य को होना कैसा चाहिए। विज्ञान यह पता लगाता है कि हृदय मानव-शरीर में दाहिनी या बाईं ओर है। धर्म यह बतलाता है कि, असल में, हृदय को होना कहाँ चाहिए। विज्ञान नित्य नई शक्तियों का अर्जन करके उन्हें मनुष्य के हाथों में रखता जा रहा है, किन्तु, मनुष्य इन शक्तियों का उपयोग किन ध्येयों के लिए करे, यह शिक्षा विज्ञान से नहीं निकाली जा सकती। यह बात हमें धर्म बतला सकता है। किन्तु, धर्म अनादृत हो गया और मनुष्य ने अपने कार्यों के लिए धर्म से राय-मशविरा करना छोड़ दिया है। वह अपना सारा काम अब केवल बुद्धि से पूछकर करता है। परिणाम यह है कि विज्ञान की शक्तियाँ मनुष्य का काल बन रही हैं, क्योंकि मनुष्य यह जानता ही नहीं कि इन शक्तियों का सम्यक् उपयोग क्या है।

धर्म और कविता एक नहीं हैं। किन्तु, जैसे धर्म को छोड़कर मनुष्य संकट में आ पड़ा है, वैसे ही, यदि कविता उसके जीवन से विदा हो गई तो वह इससे भी भयानक संकटों में गिरनेवाला है। कारण यह है कि धर्म की अपेक्षा कविता का मूल मानवीय अस्तित्व की अधिक गहराई में है। धर्म को नहीं माननेवाले कितने ही व्यक्ति हैं, जो समाज के अच्छे सदस्य हैं। किन्तु, जिसके भीतर भाव

(दया, प्रेम, घृणा, उत्साह आदि) नहीं जगते हों, ऐसे व्यक्ति की कल्पना करना कठिन है और यदि यह अकल्पनीय व्यक्ति कहीं है तो वह समाज के लिए सुखकर नहीं, कष्टकर ही होगा। इसीलिए, मैथ्यू आर्नाल्ड ने संकेत किया था कि विज्ञान ने यदि धर्म को मार भी दिया, तो ऐसे समय में एकमात्र कविता मनुष्य की रक्षिका और सहायिका हो सकती है।

किन्तु, धर्म को क्या विज्ञान ने मारा है? विज्ञान ने बुद्धिवाद का दीपक जलाया। धर्म इस दीपक का प्रकाश न सह सकने के कारण आप-से-आप लांछित हो गया। विज्ञान की संगति में आकर मनुष्य ने यह शिक्षा ग्रहण की कि सत्य सापेक्ष होता है और मनुष्य का ज्ञान नई शोधों के अनुसार बराबर बदलता रहता है। इतिहास, दर्शन और विज्ञान में भी, एक समय, मनुष्य ऐसी बातों में विश्वास करता था जो गलत थीं। इसलिए, उसने नई शोध की और बहुत-सी प्राचीन भूलों को सुधार कर वह नई बातों में विश्वास करने लगा। किन्तु, धर्माचार्यों ने कहा, संशोधित धर्म कोई धर्म नहीं है। धर्म जैसा जन्मा था, वैसा ही सत्य है। उसमें सुधार की गुंजाइश कहीं भी नहीं मानी जा सकती। अतएव, इस दुराग्रह के कारण धर्म निन्दित हो गया और मनुष्य उसकी अधीनता से छूटकर यह सोचने लगा कि आत्म-तुष्टि के लिए अब जो कुछ भी किया जाए, वह जायज है, बशर्ते कि हम पुलिस के हाथों से बचे रहें। धर्म का पतन इस कारण हुआ कि धार्मिक लोग विज्ञान और बुद्धिवाद के साथ अपना सामंजस्य नहीं बिठा सके। सामंजस्य बिठाना अनिवार्य रूप से समझौते की प्रक्रिया नहीं है। उसका अर्थ केवल इतना है कि नये सत्यों के अनुसन्धान से हमारे मन और जीवन में जो हलचल उठती है हमारे विश्वासों में जो कंपन आता है, उसका हम कोई समाधान खोज सकें।

जैसी समस्या धर्म के सामने थी, वैसी ही समस्या अब कविता के सामने उपस्थित हुई है। और कहीं कवियों और काव्य-रसिकों ने यह हठ किया कि काव्य-सम्बन्धी वे वही धारणाएँ ठीक हैं जो पहले से चली आ रही हैं, तो एक दिन कविता का भी वही हाल होगा जो धर्म का हुआ है। विशेषतः, विज्ञान के युग में काव्य-विषयक रोमांटिक धारणाएँ टिकनेवाली नहीं हैं।

कविता के सम्बन्ध में पूछा जाने योग्य अब यह प्रश्न नहीं रहा कि कविता ज्ञान है या आनन्द। हमें पूछना यह चाहिए कि कौन वह कार्य है जिसे केवल कविता कर सकती है? ज्ञान और आनन्द अपनी जगह पर रहें। हमें उनसे कोई

झगड़ा नहीं है। किन्तु, कविता के रूप और आत्मा पर प्रभाव अब उस उत्तर का पड़ेगा जो इस प्रश्न से निकलता है कि कविता किन कारणों से अन्य विद्याओं से भिन्न है अथवा कौन वह कार्य है जिसे अन्य विद्याएँ नहीं कर सकतीं, किन्तु, कविता कर सकती है।

बर्ट्रेंड रसल ने मानव-स्वभाव का विश्लेषण करते हुए एक जगह लिखा है कि मनुष्य की मूल-प्रवृत्तियाँ तीन प्रकार की होती हैं, पहली प्रवृत्ति तो वह है जो स्थूल और अनगढ़ रूप में सभी जीवधारियों में देखी जाती है। यह प्रवृत्ति जीवधारी-प्रवृत्ति है जो हममें क्षुधा, तृषा और यौनेच्छा जाग्रत करती है तथा जिसकी प्रेरणा से हम क्रोध, प्रेम, घृणा और उत्साह का अनुभव करते हैं। आत्मरक्षा की प्रवृत्ति इसी जीवधारी-प्रवृत्ति के साथ है और वह मनुष्य के साथ पशु में भी पाई जाती है। भेद केवल सूक्ष्मता और स्थूलता का है। भैंस नहीं चाहती कि उसके खूँटे पर कोई दूसरी भैंस आए। घृणा का यही भाव परिष्कृत होकर मानव-समाज में राष्ट्रीयता कहलाता है।

मनुष्य में दूसरी प्रवृत्ति सोचने अथवा चिन्तन करने की प्रवृत्ति है। सोचने की किंचित् शक्ति पशुओं में भी होती है। किन्तु, पशुओं का सोचना केवल उपयोग की दृष्टि से चलता है। गायें इतना ही सोच सकती हैं कि कौन घास खाने योग्य है और कौन नहीं अथवा खतरों के समय कैसे और किधर को भागना चाहिए। जो उपयोगी नहीं है, उस पर पशु विचार नहीं करते। किन्तु, मनुष्य बहुत-सी ऐसी बातों पर भी विचार करता है, जिनका कोई उपयोग नहीं है। संसार के सारे-के-सारे आविष्कार आकस्मिक रूप से हुए हैं। मनुष्य पूरब की ओर सोच रहा था, अचानक पश्चिम की ओर से झलक आ गई। ज्ञान ज्ञान के लिए और चिन्तन चिन्तन के लिए, यह बात यदि सत्य नहीं होती तो सोचने की प्रक्रिया में जो कष्ट है, उसे कौन स्वीकार करता? यदि ज्ञान का संचय, अपने-आप में ही, आनन्द की वस्तु न हो तो कोई भी व्यक्ति अधिक ज्ञान संचित करना नहीं चाहेगा। सभी ज्ञान उपयोगी और सोद्देश्य नहीं होते। बहुत-से ऐसे ज्ञान भी हैं जिनका मनुष्य की जीवित रहने की प्रवृत्ति से कोई सम्बन्ध नहीं है। बल्कि, मनुष्य ने बड़ी कठिनाई झेलकर ऐसा भी ज्ञान प्राप्त किया है जिसका एकमात्र उपयोग आत्महत्या में किया जा सकता है।

मनुष्य की तीसरी प्रवृत्ति सदसद्-विवेक की प्रवृत्ति है जिसे धर्म की भाषा में आत्मा कहते हैं। कई लोग इस प्रवृत्ति को भी बुद्धि का ही अंश मानते

हैं। किन्तु, बुद्धि सोचने का यंत्र मात्र है। वह क्या सोचे और क्या न सोचे, किस दिशा में जाए और किस दिशा में न जाए, यह प्रेरणा किसी और शक्ति से आती है। यही शक्ति धर्म, कांसेस, स्पिरिट आदि नामों से अभिहित की जाती है। अथवा यों कहें कि सोचने के यंत्र में भी इतना विवेक है कि वह आधिभौतिक संकटों से बचकर चले, मानो कोई इंजिन पहाड़ों और नदी-नालों को देखकर आप-से-आप मुड़ जाता हो। किन्तु, एक और प्रकार का संकट है जो आधिभौतिक नहीं, आध्यात्मिक होता है, जैसे यह बात कि बुद्धि मनुष्य को धनवान बनाना चाहती हो, किन्तु, कोई शक्ति आकर उसे यह बता जाए कि चोरी करके धनवान नहीं बनना चाहिए।

मनुष्य की सदसद्-विवेकवाली प्रवृत्ति जन्मजात प्रवृत्ति है या वह अनुभव और अभ्यास से बनी है, इस विचिकित्सा का कोई बड़ा महत्त्व मैं नहीं मानता। मनुष्य के भावों का मूल कहाँ है, इसका अन्तिम समाधान, प्राय:, असम्भव बात है। वस्तुस्थिति यह है कि मनुष्य में अब हम इन तीनों प्रवृत्तियों को काम करते देखते हैं और हमारे व्यक्तित्व का चौकोर विकास इन तीनों प्रवृत्तियों के सन्तुलित विकास पर ही निर्भर करता है। असभ्य मनुष्य में जीवधारी-प्रवृत्ति अत्यन्त प्रबल होती है तथा बाकी दो प्रवृत्तियाँ उसके भीतर नाममात्र को ही होती हैं। इसी प्रकार, वर्तमान सभ्यता में ऐसे भी लोग हैं जिनकी चिन्तन-शक्ति तो बहुत समुन्नत हो गई है, किन्तु, आत्मिक और जीवधारी प्रवृत्तियाँ उनमें अपेक्षाकृत अविकसित अथवा अपरिमार्जित रह गई हैं। परिणाम यह है कि उनकी बुद्धि में बहुत दूर तक अमानुषिकता और निर्जीवता के दोष दिखाई देते हैं।

असन्तुलित जीवन का एक उदाहरण असभ्य प्राणी है जिसमें जीवधारी प्रवृत्ति बिलकुल अनियंत्रित होती है, जैसी वह पशुओं में दिखाई देती है। उसका दूसरा उदाहरण वह सिनिक या विक्षिप्त चिन्तक है जिसने आत्मा की उपेक्षा की है तथा जो मनुष्य की जीवधारी प्रवृत्तियों की ओर से भी आँख मूँदे हुए है। और असन्तुलित जीवन का तीसरा उदाहरण वह हठयोगी है जो केवल आत्मिक शक्तियों का ही विकास चाहता है तथा जो बौद्धिक एवं जीवधारी, दोनों प्रवृत्तियों का दलन सिखाता है। जो प्रवृत्तियाँ दलित की जाती हैं, वे सुन्दर नहीं, कुरूप हो जाती हैं, वे मरती नहीं, प्रत्युत्, अपरिमार्जित रह जाने के कारण भयानक भ्रम और कुंठाएँ उत्पन्न करती हैं। जो व्यक्ति क्रियाशील चिन्तन का

प्रेमी है तथा जो जीवन से स्वस्थ प्राकृतिक आनन्द भी चाहता है, वह हठयोग को सन्तुलित जीवन का आदर्श नहीं मान सकता। केवल योगी, केवल पंडित और केवल भोगी में से प्रत्येक व्यक्ति मनुष्य के एकांगी विकास का उदाहरण होगा। मनुष्य का सर्वांगीण विकास उसकी योग, भोग और पांडित्य—तीनों प्रवृत्तियों के अधिक से अधिक सन्तुलित विकास में है। इसीलिए, जीवन में विज्ञान भी चाहिए तथा साहित्य और धर्म भी।

इन तीनों प्रवृत्तियों में से मनुष्य की जीवधारी-प्रवृत्ति सबसे प्रबल होती है और साहित्य के जो मूल भाव (रति, क्रोध, घृणा, उत्साह आदि) हैं, वे इसी प्रवृत्ति से उत्पन्न होते हैं। चूँकि इस धरातल पर मनुष्य पशुओं का साथी होता है, इसलिए, हमारे मनोवेग पाशविक संवेगों के रूप में आते हैं। किन्तु, बुद्धि और आत्मा की प्रवृत्तियाँ उन्हें छीलकर कोमल और चिकना कर देती हैं। कला का जन्म जीवधारी-धरातल पर होता है और जन्म लेकर वह आत्मा की ओर बढ़ना चाहती है। इसीलिए, कलाओं में वासना भी होती है, विश्व की सुन्दरता का भी बखान होता है और, अन्त में, उसके भीतर रहस्यात्मक अनुभूतियाँ भी प्रकट होती हैं। रहस्यात्मक अनुभूति का स्तर वह स्तर है जहाँ पहुँचकर वस्तुओं का स्थूल रूप विलीन होने लगता है तथा वे अत्यन्त सूक्ष्म आवरण मात्र रह जाती हैं जिनके पीछे विश्व का सार मनुष्य को अर्द्ध-निरावृत्त रूप में दिखाई पड़ता है।

और धर्म का जन्म आत्मा के धरातल पर होता है। किन्तु, उसकी सार्थकता इस बात में है कि वह आत्मा के स्तर पर से उतरकर जीवधारी-धरातल की प्रवृत्तियों को प्रभावित करे। जीवधारी-प्रवृत्तियाँ उल्लंग और असंयत होती हैं, किन्तु, धर्म के भाव जब उन्हें प्रभावित करते हैं, तब वे ही प्रवृत्तियाँ सावधान, अतः, सुन्दर हो जाती हैं। धर्म की इसी प्रक्रिया से नीतियों का जन्म होता है। और जीवन, मस्तिष्क एवं आत्मा की इन्हीं तीन प्रवृत्तियों से साहित्य, विज्ञान और धर्म उत्पन्न होते हैं। साहित्य और कलाओं का जन्म जीवधारी-प्रवृत्ति से होता है, विज्ञान का मस्तिष्क से तथा धर्म का आत्मा से। और इन्हीं प्रवृत्तियों से उत्पन्न होनेवाली क्रियाओं को पहले, क्रमशः काम, अर्थ और धर्म कहते थे।

अपने निम्नतम धरातल पर मनुष्य पशुओं का भाई है, किन्तु, चरम विकास पर पहुँचते-पहुँचते वही देवत्व का स्पर्श करने लगता है। तो पशुत्व से देवत्व तक की जो दूरी है, उसे मनुष्य कैसे तय करता है? क्या बुद्धि के बल पर? तब तो सभी पंडित और विद्वान् देवता हो गए होते। किन्तु, वे देवता नहीं

हैं। एक मनुष्य वह था जो गुफाओं में रहता था और दाँतों या नखों से अपने बैरी को फाड़ डालता था। दूसरा मनुष्य वह है जो वातानुकूलित भवन में रहता है और एक भी आँसू बहाये बिना हिरोशिमा में एक बम फेंककर चार लाख मनुष्यों को मार डालता है। और इन दोनों में से देवता कोई भी नहीं है, न तो गुफावासी वह असभ्य मानव, न वातानुकूलित भवन में रहनेवाला यह सुसभ्य मनुष्य। बुद्धि बहुत बड़ी शक्ति है, किन्तु, वह अपने-आपमें इतनी समर्थ नहीं है कि मनुष्य को पशुत्व से उठाकर देवत्व तक पहुँचा दे। मनुष्य का यह उत्थान उसके भावों के परिष्कार से होता है और भावों का परिष्कार ही वह कार्य है जिसके लिए साहित्य और कलाओं की आवश्यकता है।

केवल इतना ही कहना यथेष्ट नहीं दीखता कि बुद्धि मनुष्य के भावों का परिष्कार करने में अक्षम और असमर्थ है, प्रत्युत्, कहना यह चाहिए कि भावों के परिष्कार की क्रिया बुद्धि के स्वभाव में ही नहीं है। उलटे, यदि लक्षणों से कोई अनुमान निकाला जा सकता है तो वह बुद्धि के और भी प्रतिकूल पड़ेगा, क्योंकि जब से विज्ञान का उत्थान हुआ, दयालु, श्रद्धालु, परोपकारी और दूसरों के निमित्त कष्ट सहनेवाले व्यक्तियों की संख्या कम होती गई है। यही नहीं, प्रत्युत्, विज्ञान के युग में जो थोड़े-से ऐसे सन्त हुए भी, उनमें से अधिकांश विज्ञान को शंका से देखते थे। इस वैज्ञानिक युग की विचित्रता यह है कि लन्दन के घंटे की आवाज तो हमें रेडियो के द्वारा पटने में भी सुनाई पड़ती है, किन्तु, पास-पड़ोस में कराहने वाले रोगी की आवाज हमारे कान नहीं सुन सकते।

विज्ञान ने जो भी आविष्कार या अनुसन्धान किये हैं, उनसे मनुष्य की सुजनता नहीं, शक्ति की वृद्धि हुई है; क्रूरता नहीं, कठिनाइयों में कमी आई है। शरीर में जहाँ भी कोई धमनी, नाड़ी, रेशा या तार है, विज्ञान उन सबको जानता है। किन्तु, उसने कभी भी यह जानने की कोशिश नहीं की कि मनुष्य कवि क्यों होता है, वह नाचना और गाना क्यों चाहता है, तथा वह सांसारिक सुखों को लात मारकर रहस्यवादी और सन्त क्यों बन जाता है। और कोशिश नहीं की, इसमें उसका कोई दोष नहीं है, क्योंकि इन रहस्यों को जानने का विज्ञान के पास कोई साधन ही नहीं है, न ये रहस्य उसके क्षेत्र में ही पड़ते हैं। इधर मनोविज्ञान के नाम से जो साहित्य निर्मित हो रहा है, सम्भव है, उसे आगे करके यह जाना जाए कि अब विज्ञान भावों के क्षेत्र में भी प्रवेश कर रहा है। किन्तु, मनोविज्ञान शुद्ध विज्ञान नहीं, आधा साहित्य है और उसकी स्थापनाओं को हम

बुद्धि के साथ-साथ भावों की भी उपस्थिति में स्वीकार करते हैं। यह साहित्य की एक नई शाखा है जो मनुष्य की भावनाओं और प्रेरणाओं का विश्लेषण, करीब-करीब, विज्ञान की भाषा में करती है।

और साहित्य, यद्यपि, वही कार्य नहीं करता जो मनोविज्ञान करता है, किन्तु, दोनों के बीच समानता की भी कुछ बातें हैं। उदाहरणार्थ, मनोविज्ञान यह जानना चाहता है कि भावों के पारस्परिक सम्बन्ध क्या हैं और प्रवृत्तियों के बीच घात-प्रतिघात के काम कैसे चलते हैं। किन्तु, मनोविज्ञान जिसे अटकल से जनाना चाहता है, साहित्य उसे आँखों से देख लेता है। यही नहीं, साहित्य स्वयं जो कुछ देखता है, वह साहित्य के पाठकों की भी आँखों के सामने प्रत्यक्ष हो उठता है। और यह तो है ही कि नाटकों, उपन्यासों और कविताओं के द्वारा मनुष्य के भावों में चढ़ाव-उतार की जो प्रक्रिया चलती है, उससे मनुष्य के भावों का परिष्कार होता है, उसकी मानसिक गुत्थियाँ ढीली होती हैं और उसके अचेतन मन पर भी अनुकूल प्रभाव पड़ता है। यह कुछ-कुछ वैसी ही प्रक्रिया है, जैसे अस्पतालों में पागलों का पागलपन दूर करने के लिए उन्हें इनसुलीन की सूई देकर पहले बेहोश कर देते हैं और फिर ग्लूकोज देकर उन्हें होश में लाते हैं। लगभग दो हजार वर्ष पहले प्लेटो ने कविता पर यह आक्षेप लगाया था कि वह अनैतिक वस्तु है, क्योंकि वह रागों का शमन नहीं करके उन्हें उत्तेजित बनाती है। इस आक्षेप का उत्तर अरस्तू ने यह कहकर दिया था कि नाटक रागों में वृद्धि नहीं करके उनका रेचन करते हैं। दुःखान्त नाटकों को देखकर हममें भय, घृणा या क्रोध के जो भाव जगते हैं, उनके परिणामस्वरूप, हम भीरु, मानवद्वेष्टा या क्रूर नहीं बन जाते। उलटे, इन दुर्गुणों के रेचित हो जाने के कारण हमारे भाव पहले की अपेक्षा कुछ अधिक शुद्ध हो जाते हैं। मेरा खयाल है, अरस्तू ठीक थे। मनुष्य का आन्तरिक परिष्कार साहित्य उसके भावों को ही जगाकर करता है। इसीलिए, भरत ने साहित्य के रस-पक्ष पर इतना जोर दिया। इसीलिए, पश्चिम में विज्ञानेतर साहित्य को ह्यूमेनिटीज कहने की प्रथा अब तक प्रचलित है। शक्तियाँ मनुष्य के ज्ञान और विज्ञान से आती हैं, किन्तु, उसके मानवीय गुणों का विकास साहित्य और कला से होता है। बुद्धि पर जमी हुई पपड़ियाँ विज्ञान की नई शोधों से टूटती हैं, किन्तु, मनुष्य के हृदय पर की पपड़ियों को तोड़ने का काम नाटक, उपन्यास, चित्र, संगीत तथा कविताएँ करती हैं।

इस प्रसंग में, रिचर्ड्स का यह मत उल्लेख के योग्य है कि कविता का श्रेय मनोविज्ञान की उस प्रक्रिया को प्रभावित करने में है[1] जो मनुष्य की चेतना में सतत सुगबुगाहट और तरंग उत्पन्न करती रहती है तथा कविता की जाँच भी अब इसी कसौटी पर की जानी चाहिए कि उसके द्वारा मनुष्य की अधिक से अधिक मानसिक प्रवृतियों के बीच सन्तुलन उत्पन्न होता है या नहीं तथा उसके जरिये मनुष्य की उदारता या आत्मिक प्रसार की वृद्धि होती है अथवा कुंठा और संकीर्णता की। यदि रिचर्ड्स का यह मत चला तो काव्यालोचन का असली क्षेत्र मनोविज्ञान हो जाएगा (जो बहुत दूर तक आज है) और कवि की जो शक्ति आज वादों, विचारों और आन्दोलनों के समर्थन या विरोध में नष्ट होती है, उसका उपयोग मनुष्य के मनोवैज्ञानिक स्वरूप के चित्रण में होने लगेगा। सारा क्रोध राजनीति पर उतारना बेकार है। राजनीति के संचालन और जो उनसे पीड़ित हैं, दोनों ही श्रेणियों में ऐसे लोगों की संख्या बेशुमार है जो अपनी मानसिक प्रवृतियों के बीच सामंजस्य नहीं ला सकने के कारण लोभी, कायर या क्रूर हो गए हैं, जो मानसिक धरातल पर ठीक से नहीं जी सकने के कारण अर्द्धमनुष्यता की स्थिति में जी रहे हैं जो मानसिक कुंठाओं से ग्रस्त होने के कारण हीन भावना अथवा अहंकार से पीड़ित हैं। इन रोगियों की ओर से राजनीति पर हल्ला बोलना आसान है, किन्तु, वह सदैव चिकित्सा का सही ढंग नहीं माना जा सकता। रोगी पर केवल दया दिखाना ही यथेष्ट नहीं है। उसे रोग की निद्रा से जगने के लिए मानसिक झकझोर की भी आवश्यकता हो सकती है और यह झकझोर उसे साहित्य दे सकता है। और यह साहित्य उन आलोचकों का भी उपकार करेगा जो अपनी श्रेष्ठता स्थापित करने का और कोई उपाय नहीं देखकर जीवित या मृत लेखकों की कृतियों को धुन कर यशस्वी होना चाहते हैं। यह भी एक प्रकार का मनोवैज्ञानिक रोग है। सार्त्र ने कहा है : "ज्यादा आलोचक ऐसे ही हैं जिन्हें अच्छे दिन देखने का सुयोग नहीं मिला है; जिनकी पत्नियाँ, शायद उनकी वैसी प्रशंसा नहीं करतीं, जैसी उन्हें करनी चाहिए; जिनके बच्चे, कदाचित्, कृतघ्न हैं अथवा जिन्हें पैसों की कमी

1. प्रथम 'तार-सप्तक' पर विचार करते हुए मैंने 'मिट्टी की ओर' नामक ग्रन्थ में लिखा था : "उसकी (नई कविता की) चिन्ताधारा पर चित्र-व्यंजना से अधिक मनोवैज्ञानिक विश्लेषण-पद्धति का प्रभाव है।"

के कारण कष्ट है।" अपने परिवार और समाज में जो व्यक्ति सम्मान नहीं पाता, वह आलोचना में आने पर कटुता उद्गीर्ण करता है।

इस मत के प्रचलन का दूसरा परिणाम यह होगा कि कविता की भाषा ढीली-ढाली न रहकर कुछ अधिक सुनिश्चित और चुस्त हो जाएगी, यद्यपि, वह विज्ञान की भाषा कभी नहीं बनेगी। विज्ञान और कविता में जो भेद है, वह दोनों के भाषा-प्रयोगों में स्पष्ट हो जाता है। वैज्ञानिक और कवि शब्द तो, प्रायः, एक ही कोश से लेते हैं, किन्तु, शब्दों को वाक्यों के भीतर बिठाने में दोनों के तरीकों में भेद हो जाता है। कवि शब्दों को इस उद्देश्य से बिठाता है कि वे अपनी ध्वनि को झंकृत कर सकें; एक नहीं, अनेक अर्थों का संकेत दे सकें; उनसे प्रभावोत्पादकता टपके और वे पाठकों के भीतर किंचित् आवेश भी उत्पन्न कर सकें। किन्तु, वैज्ञानिक का उद्देश्य इसके सर्वथा विपरीत होता है। किसी भी वैज्ञानिक का विश्वास हम इसलिए नहीं करते कि वह प्रभावोत्पादक ढंग से बोलता है, बल्कि, वह यदि प्रभाव जमाने को बोलने लगे तो हमें उस पर सन्देह होने लगेगा। वैज्ञानिक एक शब्द से एक ही अर्थ लेना चाहता है और न तो वह स्वयं आवेश में आता है, न अपने शब्दों के द्वारा दूसरों को आविष्ट बनाना चाहता है।

प्रकृति अथवा सुन्दरता का वर्णन यदि कविता में किया जाए और फिर वैज्ञानिक ढंग से गद्य में तो, प्रायः, काव्यगत वर्णन अधिक सत्य और सुनिश्चित प्रतीत होगा। कारण यह है कि अर्थों के जितने बिम्ब (शेड्स) हैं, किसी की भाषा में उन सबके लिए अलग-अलग शब्द नहीं हैं। किन्तु, इस शब्दाभाव की कठिनाई को कवि अपने शब्दों की कलापूर्ण योजना से दूर कर देता है। कविता का अर्थ समझने के पहले ही हम पर छन्द, वाक्य-विन्यास और शब्दों के बैठने की अदा का असर होने लगता है। परिणाम यह होता है कि कविता पढ़ते-पढ़ते हमारे भाव जग पड़ते हैं, हम में एक विशेष प्रकार की भावदशा उत्पन्न हो जाती है और भावों की जागृति की अवस्था में हम शब्दों से वह अर्थ ले लेते हैं जो कवि हमें बतलाना चाहता है। किन्तु, वैज्ञानिक पद्धति से प्रयुक्त शब्द ऐसे अर्थ देने में असमर्थ होते हैं, क्योंकि कोश के शब्दों के भीतर वे अर्थ होते ही नहीं। यह तो कवि-कौशल का चमत्कार है कि वह कई शब्दों को कलापूर्वक आस-पास बिठाकर कोई ऐसा अर्थ उत्पन्न कर दे जो अलग-अलग खोजने पर किसी भी एक शब्द में नहीं मिल सकता।

रिचर्ड्स परिभाषा साहित्य में स्वीकृत हो या नहीं, किन्तु, मुझे ऐसा लगता

है कि कविता में महान् परिवर्तन होने जा रहा है, बल्कि, यह कहना चाहिए कि कविता पुनर्जन्म लेने की तैयारी में है और यह तैयारी नई कविता के जन्म के पूर्व बहुत काल तक चलनेवाली है और यह बात मैं इसलिए नहीं कहता कि अपने चारों ओर मुझे जो कोलाहल सुनाई देता है, मैं उसके प्रभाव में हूँ। सच तो यह है कि आगामी कविता की दूरागत पदचाप मुझे अपनी ही रचनाओं के भीतर सुनाई पड़ी है।

मेरे नवीन काव्य संग्रह 'नील कुसुम' में परम्परागत शैली की भी कविताएँ हैं और कुछ रोमांटिक गीत भी हैं। किन्तु, मेरे जानते ये कविताएँ 'नील कुसुम' की विशिष्टता का प्रमाण नहीं है। इस संग्रह की विशिष्टता उन कविताओं में देखी जा सकती है, जिनका छन्द गद्य की भंगिमा लिये हुए है तथा जिनकी भाषा बिलकुल साधारण बोलचाल की है। और इन्हीं कविताओं में भावुकता भी बौद्धिकता के अनुशासन में चलती है। 'शबनम की जंजीर', 'कल कहा एक साथी ने तुम बर्बाद हुए', 'तुम क्यों लिखते हो?' 'सपनों का धुआँ', 'नील कुसुम', 'भावी पीढ़ी से', 'सबसे बड़ी आवाज' आदि कविताओं की रचना मैंने जानबूझकर अपनी तकनीक बदलने के लिए नहीं की थी। जीवन की समस्याओं पर सोचते-सोचते ये कविताएँ आप-से-आप स्फुरित हो गईं। हाँ, रचना के बाद मैंने देखा कि इन कविताओं की भंगिमा या वातावरण वही नहीं है जो मेरी पहली कविताओं में था। फिर, मुझे यह भी लगा कि ये कविताएँ अधिक ताजी और मेरी आत्मा के अधिक समीप हैं। अतएव, मुझे अपने ही कृत प्रयोग से यह भासित हो गया कि कविता की प्रचलित शैली अपूर्ण होने लगी है और यहाँ से काव्य का मार्ग वे प्रशस्त करेंगे जिन पर परम्परा का बन्धन उतना कड़ा नहीं है, जितना हम लोगों पर है। विशेषतः मुझे यह महसूस हो रहा है कि अब हम जिस युग में जी रहे हैं, उसका संगीत टूट गया है। इसका कारण यह है कि जैसे छन्दों में काव्य रचना करने का मैं अभ्यासी रहा था, वे छन्द अब मुझे अधूरे लगने लगे हैं। 'नील कुसुम' और 'शबनम की जंजीर' वाले छन्द में मुझे जो तृप्ति हुई, वह इधर हाल में और किसी भी छन्द में न हुई थी। यदि मेरा यह आत्मविश्वास गलत या अतिरंजित नहीं है कि मेरे भीतर का चेतन-यंत्र अभी काल के हृदय की धड़कनों को पकड़ सकने में समर्थ है, तो मेरा अनुमान है कि जो छन्द संगीत को अपील करते हैं, उनके द्वारा वर्तमान युग का टूटा हुआ संगीत पकड़ा नहीं जा सकता। किन्तु, जिस दिन मैंने ये पंक्तियाँ लिखीं कि :

रचना तो पूरी हुई, जान भी है इसमें?
पूछूँ जो कोई बात, मूर्ति बतलायेगी?
लग जाए आग यदि किसी रोज देवालय में
चौंकेगी या यह खड़ी-खड़ी जल जाएगी?

उस दिन मुझे लगा कि काल का भग्न संगीत इनमें बहुत दूर तक गिरफ्तार हो गया है। और यह छन्द जिस जोर से चल पड़ा और जिस उत्साह से अगणित नवयुवक उसमें कविताएँ लिखने लगे हैं, उससे मेरा यह विश्वास और भी बढ़ गया है कि अब वे ही छन्द कवियों के भीतर से नवीन अनुभूतियों को बाहर ला सकेंगे जिसमें संगीत कम, सुस्थिरता अधिक होगी, जो उड़ान की अपेक्षा चिन्तन के अधिक उपयुक्त होंगे।

लेकिन मैं यह नहीं मानता कि केवल यह या ऐसे ही छन्द भावी कविता के छन्द होंगे। इन पाँच-सात कविताओं की रचना के बाद जो बात मुझे दिखलाई पड़ी, वह यह थी कि हमारी मनोदशाएँ परिवर्तित हो रही हैं और इन मनोदशाओं की अभिव्यक्ति वे छन्द नहीं कर सकेंगे जो पहले से चले आ रहे हैं। इन कविताओं को लिखकर मैंने सबसे बड़ी चेतावनी अपने-आपको दी थी कि यदि कविता की भूमि में अभी और रहना है तो अब गर्जमान छन्दों से काम नहीं चलेगा :

बन्धु मेरे सिन्धु, यों क्या चीखते हो?
तुम सुयश के भिक्षु मुझको दीखते हो।
मोह में भूले हुए प्लुत में पुकारो,
या कि उससे भी अधिक निज कंठ फाड़ो।
यह जगत इस छोर से उस छोर तक
क्या कभी गर्जन तुम्हारा सुन सकेगा?
जिस तरह तुम धुन रहे मस्तक यहाँ पर
उस तरह संसार क्या सिर धुन सकेगा?
मूक हो जाओ अगर बल चाहते हो।
रव नहीं, रवहीन की झंकार है वह,
मूकता के साथ एकाकार है वह,
मूक है, प्रच्छन्न है सबसे बड़ी आवाज।

फिर भी, मैं तो युवकों की तुलना में परम्परा का ही प्रतिनिधि हूँ। यदि भविष्य मुझे अपनी लपेट में लेता भी है तो मेरे लिए वैसे छन्द पर्याप्त होंगे जो परम्परागत छन्दों से किंचित् भिन्न हैं तथा जिनमें चिन्तन की प्रक्रिया बाधित नहीं होती, जैसे वह गेय छन्दों में रुकती है। किन्तु, यह सीमा युवकों के लिए नहीं है। जब मुझे ही यह भासित हो रहा है कि सभी छन्द मेरे अनुकूल नहीं रहे, बल्कि सबसे अनुकूल अब वे छन्द हैं जो गद्य के पास होकर चलते हैं, तब युवकों की चेतना तो उन्हें खींचकर कहीं भी ले जा सकती है। इसीलिए, मेरी आधी सहानुभूति उन सभी लोगों के साथ है जो छन्दों को अपनी चेतना के प्रतिकूल पाकर उन्हें तोड़ रहे हैं अथवा अर्द्ध छन्दों या गद्य-खंडों में अपनी कविताएँ लिख रहे हैं।

छन्दों की महिमा सर्वविदित है। और अभी तो यह सोचा भी नहीं जा सकता कि छन्द किसी भी समय कविता से बिलकुल बहिष्कृत हो जाएँगे, किन्तु छन्दों के महत्त्व का एक कारण यह भी है कि कविता को अधिकांश जनता अब तक मनोरंजन का साधन मानती रही है। एक तरह की कविता रोमांटिक कहलाती है, वह अलग बात है। परन्तु, सभी कविताओं का अब तक एक रोमांटिक मूल्य भी रहा है और इस कारण भी छन्द आदरणीय रहे हैं। वर्डस्वर्थ ने कहा था कि छन्द आनन्द-वृद्धि का साधन है। छन्दों के कारण काव्य-चेतना दैनिक जीवन के धरातल से जरा ऊपर उठ जाती है। छन्द विश्व से कवि की रागात्मक दूरी की भी वृद्धि करते हैं। गद्य में जो दिवा-जागरूकता है, छन्द उसे कम करके कविता में अर्द्ध-जागृति का वातावरण उत्पन्न करते हैं। छन्दों का गुण है कि वास्तविकता का वर्णन करनेवाली कविता पर भी वे अवास्तविकता का किंचित् रंग छिड़क देते हैं।

ये सारी अच्छी बातें हैं, किन्तु, ज्यों-ज्यों मनुष्य रोमांटिक चेतना के रंगीन मोह से निकलता जाएगा, त्यों-त्यों ये अच्छी बातें भी अनावश्यक होती जाएँगी। राजाओं की जड़ाऊ पोशाकें बहुत अच्छी थीं, किन्तु, अब उन पोशाकों को कोई नहीं पहनता। अब तो राजे भी बुश-शर्ट पहनना ही अधिक पसन्द करते हैं। एक समय पन्तजी ने कहा था : "तुक राग का हृदय है, जहाँ उसके प्राणों का स्पन्दन विशेष रूप से सुनाई पड़ता है।" मेरा अनुमान है, राग जैसे-जैसे विचार से उलझेगा, वैसे-वैसे ही उसके हृदय में से तुक के पाँव उखड़ते जाएँगे। तुकें भाव की अभिव्यक्ति में बाधा डालती हैं, इसके दो-एक अनुभव प्रत्येक कवि

को होंगे। फिर भी, दो-एक बातें ऐसी भी हैं जो छन्द और तुकों के पक्ष में पड़ती हैं। छन्द पाठकों के आकर्षण को शिथिल होने से बचाते हैं। वे पढ़नेवालों के भीतर इस कौतूहल को बनाये रखते हैं कि देखें, अगली पंक्ति कैसे चलती और कैसे खत्म होती है! उर्दू की गजलों में काफिये का चमत्कार कभी-कभी कविता के सारे चमत्कारों को ढँक लेता है। काफियों से मिलनेवाला आनन्द ही एक ऐसा आनन्द है, जिसे केवल शैली की देन कह सकते हैं। और, अन्त में, जैसाकि कालरिज ने कहा है, छन्द का पूरा प्रभाव कविता के भीतर सुवासित वातावरण का प्रभाव उत्पन्न करता है।

ये दो-एक बातें ऐसी हैं, जो छन्दों के पक्ष में पड़ती हैं। परन्तु, यह नहीं भूलना चाहिए कि जब भी साहित्य में, सचमुच, कोई साहित्यिक क्रान्ति आती है, तब सबसे पहले छन्द परिवर्तित होते हैं। भारतेन्दु के समय नये छन्द प्रकट हुए। द्विवेदी-युग ने भी अपने अनुकूल छन्दों को प्रधानता दी और छायावाद ने तो छन्दों का एक नया संसार ही बसा दिया। केवल प्रगतिवाद ही ऐसा आन्दोलन था जिसने छन्दों पर कोई खास जोर नहीं दिया। यह भी एक प्रमाण है कि वह साहित्यिक आन्दोलन नहीं था, इसलिए, साहित्य के शैली-पक्ष की चिन्ता उसे हुई ही नहीं।

कविता के नये माध्यम, यानी नये ढाँचे और नये छन्द कविता की नवीनता के प्रमाण होते हैं। उसने युग-मानस की जड़ता टूटती है; उनसे यह आभास मिलता है कि काव्याकाश में नया क्षितिज उदय ले रहा है। जब कविता पुराने छन्दों की भूमि से निकलकर नये छन्दों के भीतर पाँव धरती है, तभी यह अनुभूति जगने लगती है कि कविता वहीं तक सीमित नहीं है, जहाँ तक हम उसे समझते आए हैं; और भी नई भूमियाँ हैं, जहाँ कविता के चरण पड़ सकते हैं। नये छन्दों से नई भावदशा पकड़ी जाती है। नये छन्दों से काव्य को नई आयु प्राप्त होती है।

अतएव, छन्दों के चरमराने या उनके टूटने से साहित्य में जो कर्कशता का नाद छा रहा है, वह अपने में चिन्ता का कोई बड़ा कारण नहीं हो सकता। न मैं इसी को बुरा समझता हूँ कि कवियों का सारा ध्यान छोटी-छोटी मूर्तियाँ गढ़ने में लगा हुआ है। नई भाषा, नये छन्द, नई लय और नवजीवन से उठकर आनेवाले नये चित्र, ये अगर कोई बड़ा लक्ष्य सिद्ध न कर सकें, तब भी, इनका साहित्यिक महत्त्व होगा ही, क्योंकि ये साहित्य को, यों भी, समृद्ध बनाते हैं।

और तो और, मैं तार की भाषा (उदाहरणार्थ, एक शब्द का वाक्य) का भी समर्थन करूँगा, यदि उसमें चिट्ठियों से ज्यादा संकेत हों अथवा कविता के भीतर उस एमर्जेंसी या आतुरता का प्रमाण हो, जिसके कारण चिट्ठी के बदले तार भेजना आवश्यक हो जाता है। किन्तु, अभी मैं ठीक से नहीं जानता कि कविता की तकनीक में ये परिवर्तन क्यों हो रहे हैं। इनकी पूरी सार्थकता तभी मानी जाएगी जब आगे चलकर महान् कृतियों द्वारा यह प्रमाणित हो जाएगा कि कविता किसी बड़ी, व्यापक और कठोर मनोदशा की अभिव्यक्ति के लिए उतना हाथ-पाँव पटक रही थी। और यदि आंशिक सार्थकता चाहें, तो वह तो साहित्य के असफल प्रयोगों को भी प्राप्त होती है।

इसी प्रकार, प्रयोगवाद में चित्रों पर जो अधिक-से-अधिक जोर है, उसे भी मैं साहित्य में साहित्यिकता उत्तेजित करने का ही प्रयास मानता हूँ और इस प्रयास की महत्ता के विषय में भी मेरे जानते दो मत नहीं हो सकते। काव्यगत चित्र उस चित्रकाव्य के उदाहरण नहीं होते जिसकी, भारतीय साहित्यशास्त्र में, निन्दा की गई है, प्रत्युत्, यह वह कला है जिसके द्वारा काव्य में शब्दों के संयोग से वस्तुओं और विचारों के मूर्तिमान रूप प्रस्तुत किये जाते हैं। चित्र-रचना की सामग्री, अक्सर, अलंकारों की सामग्री होती है, किन्तु, चित्र अलंकार लाये बिना भी रचे जा सकते हैं। यही नहीं, प्रत्युत्, किसी भी विशेष योजना के बिना, केवल विशेषणों अथवा क्रियापदों के आधार पर भी सजीव चित्रों की रचना हो सकती है। परन्तु, व्यवहारतः, चित्र-रचना में उपमानो से इतना अधिक काम पड़ता है कि अंग्रेजी में चित्र और रूपक, प्रायः, पर्याय बनकर चल रहे हैं।

और चित्र तथा मूर्ति शब्द से दृश्य वस्तु का जो बोध होता है, उससे भी यह नहीं समझना चाहिए कि काव्यगत चित्र केवल नेत्रेन्द्रिय के लिए होते हैं। प्रसंगानुसार, वे सभी वस्तुएँ और क्रियाएँ काव्य में मूर्त रूप ले सकती हैं जिनका सम्बन्ध नेत्र से न होकर जिह्वा, नासिका, श्रुति अथवा स्पर्श इन्द्रिय से है। इन्द्रियों की एक क्रिया तो स्थूल होती है जिसे हम, सचमुच का, देखना, सुनना, सूँघना और स्पर्श करना कह सकते हैं। किन्तु, इन क्रियाओं का एक रूप वह भी है जो हमारी स्मृति में चलता है। ऐन्द्रिय क्रियाओं के ये स्मृतिवाले रूप ही चित्रविधान के आधार होते हैं।

लता-भवन ते प्रगट भेते हि अवसर दोउ भाइ
निकसे जनु जुग विमल विधु जलद-पटल बिलगाइ।

इस दोहे में जो चित्र है, वह नेत्र का विषय है और उसे हम मन की आँखों से देख सकते हैं।

किन्तु :

शाम का झुटपुटा-सा होता है,
दूर पर छै की गजर डूब रही।

—गिरिजाकुमार

इन पंक्तियों में जो चित्र है, उसका अनुभव हम श्रवण-शक्ति से करते हैं।

इसी प्रकार : *कच्ची मिट्टी का ठंडापन*

अथवा : *अब ब्राह्म घड़ी का ठंडा-सा आलोक जगा।*

—गिरिजाकुमार

में जो चित्र हैं, उनकी अनुभूति हमें स्पर्शेन्द्रिय से होती है।

और :

आई खेलि होरी घरै नवल किसोरी कहूँ
बोरी गई रंगते सुगन्धनि झकोरे है।

पद्माकर की इस पंक्ति में सुगन्ध की लपट का जो चित्र है, उसकी अनुभूति नासिका और स्पर्श, दोनों इन्द्रियाँ करती हैं।

चित्र कविता का अत्यन्त महत्त्वपूर्ण गुण है, प्रत्युत, कहना चाहिए कि यह कविता का एकमात्र शाश्वत गुण है जो उससे कभी भी नहीं छूटता। कविता और कुछ चाहे करे या न करे, किन्तु, चित्रों की रचना वह अवश्य करती है और जिस कविता के भीतर बननेवाले चित्र जितने ही स्वच्छ यानी विभिन्न इन्द्रियों से स्पष्ट अनुभूत होने के योग्य होते हैं, वह कविता उतनी ही सफल और सुन्दर होती है। भामह आदि ने अलंकारों को जो काव्य की आत्मा कहा था, वह उक्ति इसी प्रसंग में सार्थक प्रतीत होती है। कविताओं में क्रान्तियाँ होती हैं, किन्तु, प्रत्येक क्रान्ति अपने को अनुरूप चित्रों में व्यक्त करती है। कविताओं की प्रवृत्तियाँ बराबर बदलती रहती हैं। किन्तु, चित्र प्रत्येक प्रवृत्ति के साथ रहते हैं। कविताओं की शैली बदलती है, छन्द बदल जाते हैं और कभी-

कभी छन्द टूट भी जाते हैं। किन्तु, चित्र कभी भी नहीं रुकते। वे टूटे छन्दों के भीतर भी वाक्यों में मोती के समान जड़े रहते हैं। और तो और, जब कविता के भीतर का सारा द्रव्य बदल जाता है, दर्शन और दृष्टिकोण, सभी कुछ परिवर्तित हो जाते हैं, तब भी चित्र कविता का साथ नहीं छोड़ते। कविता में चित्रों का आना संयोग की बात नहीं है। प्रत्येक सुन्दर कविता चित्रों का अलबम अथवा स्वयं एक पूर्ण चित्र होती है।

चित्र रेगिस्तान से उड़कर नहीं आते। वे उस कवि के मस्तिष्क से निकलते हैं, जो कल्पना और विचार से लबालब भरा हुआ है तथा जो संक्षिप्त होने के लिए अलंकारों में बोलना चाहता है। अलंकार शब्द से, वैसे तो, अनावश्यक बनाव-सिंगार की भी ध्वनि निकलती है, किन्तु, कविता में अलंकारों के प्रयोग का वास्तविक उद्‌देश्य अतिरंजन नहीं, वस्तुओं का अधिक-से-अधिक सुनिश्चित वर्णन ही होता है। साहित्य में जब भी हम संक्षिप्त और सुनिश्चित होना चाहते हैं, तभी रूपक की भाषा हमारे लिए स्वाभाविक हो उठती है। रूपकों पर सम्पूर्ण अधिकार को अरस्तू ने कवि-प्रतिभा का सबसे बड़ा लक्षण कहा है। और ईट्स का विचार था कि परिपक्व ज्ञान बराबर रूपकों में व्यक्त होता है। सच्चे अर्थों में मौलिक कवि वह है जिसके उपमान मौलिक होते हैं और श्रेष्ठ कविता की पहचान यह है कि उसमें उगनेवाले चित्र स्वच्छ और सजीव होते हैं।

किन्तु, चित्रों के प्रसंग में भी एक बात है जिसकी उपेक्षा नहीं की जा सकती और वह यह कि चित्र भी कविता के साधन होते हैं, साध्य नहीं। शक्तिशालिनी कविता केवल चित्र दिखलाकर सन्तुष्ट नहीं हो जाती, वह चित्रों के भीतर से कुछ और दिखलाना चाहती है। केवल चित्र केवल अतिशबाजी के खेल हैं। जार्ज रसल (ए.ई.) ने लिखा है कि जब मेरे सामने कोई कविता आती है, मैं अपने-आपसे दो प्रश्न करता हूँ। पहला यह कि कविता अंधी है या पारदर्शी अर्थात् कविता केवल ऊपर-ऊपर रंगीन है या रंगों के भीतर से कुछ दिखाई भी देता है। और दूसरा यह कि यदि कविता पारदर्शी है तो उसके भीतर कितनी दूर की चीजें दिखाई देती हैं?

चित्र-रचना का एक तरीका सुर्रियलिष्ट लोगों ने भी निकाला है। किन्तु, उनके चित्र साधना से अधिक 'डूडलिंग' (अन्यमनस्कता में खींची या लिखी गई चीजें) के ही परिणाम प्रतीत होते हैं। भीतर से भावों का जो निर्झर चलता

है, सभी कलाकार उसमें चुनाव और उसका नियंत्रण करते हैं। किन्तु, जो व्यक्ति इस झरने में न तो चुनाव करता है, न उसका नियंत्रण, वह सुर्रियलिष्ट चित्रकार बन जाता है।

प्रगतिवाद ने अपना सारा जोर साहित्यगत विचारों पर देकर जैसी भूल की थी, कुछ वैसी ही भूल प्रयोगवाद से भी हो सकती है, यदि उसने अपनी सारी शक्ति साहित्य की शैली सँवारने में लगा दी, यद्यपि, यह भूल पहली भूल की अपेक्षा, फिर भी, कम घातक और कम भयानक होगी। शैली साहित्य का सर्वस्व है, किन्तु, यदि उसके भीतर कुछ कहा ही न जाए तो शैली का क्या महत्त्व रह जाता है? नये चित्र, नये ढाँचे, नये छन्द और नई विच्छित्ति, ये सभी सार्थक हैं—यदि उनके भीतर से ऐसे कवि बोलते हों जिनका हृदय नये काल का हृदय है, जिनका कंठ नई मानवता का कंठ है और जिनका आवास उस कोलाहल के पास पड़ता है जो नाना कुंठाओं से ग्रसित मनुष्य के मन में मचा हुआ है।

मैं नहीं जानता कि प्रयोगवादी कवि कविता को किस दिशा की ओर ले जाना चाहते हैं, न मैं यही अनुमान लगा सकता हूँ कि भविष्य की कविता की जो कल्पना मुझे दिखाई पड़ती है, वह शीघ्र साकार होगी या उसके रूप धरने में अभी काफी विलम्ब है। वृक्ष मुझे दिखाई नहीं देते। मैंने अपनी सारी आशा वन के विस्तार से लगा रखी है। किन्तु, एक बात है जिस पर मुझे बार-बार सोचने पर भी कभी सन्देह नहीं होता। और वह यह कि भावी कविता केवल शैली के कारण पूजी नहीं जाएगी। उसकी पूजा का कारण यह होगा कि वह मनुष्य के आत्मनिरीक्षण की कविता होगी, वह अपने अस्तित्व के भीतर आप निमग्न होने की कविता होगी, वह मन के भीतर चलनेवाली मनोवैज्ञानिक प्रक्रिया की कविता होगी। उस कविता में मिठास और रंगीनी कम, बौद्धिक चिन्तन की कठोरता अधिक होगी। मेरा अनुमान है कि कविता का परम्परागत स्वभाव बदलनेवाला है। भविष्य की कविता पाठकों को विश्व से बाहर न ले जाकर उन्हें साथ लिये हुए विश्व की आन्तरिकता में प्रवेश करेगी। वह रिझाने, दुलराने और गुदगुदाने की कविता नहीं होगी। वह अपने पाठकों का मनोरंजन कम, उन्हें सोचने को विवश अधिक करेगी। वह मनुष्यों को उस दिशा की ओर प्रेरित करेगी जो आत्म-मंथन और आत्मज्ञान की दिशा है, जहाँ मनुष्य अपने आपको समझने का प्रयास करता है। सम्भव है, वह हमें किसी गम्भीर सत्य

की संगति में ले जाकर छोड़ दे; सम्भव है, वह हमें झकझोर कर अलग हो जाए; अथवा यह भी सम्भव है कि, कभी-कभी, वह कवि-मानस की अस्पष्ट क्षणिक छाया बनकर ही रह जाए। किन्तु, हर हालत में वह हममें विचारों को उत्तेजना देगी। भविष्य की कविता गाने और सुनाने की चीज न होकर पढ़ने और सोचने-समझने की वस्तु होगी।

अगली कविता का एक लक्षण यह भी होगा कि वह विलावल, केदारा, गजल और दादरा से बहुत दूर हो जाएगी। काव्य का संगीत से जो सम्बन्ध अभी चल रहा है, वह गलत सम्बन्ध है। उन्नत देशों में कविता और संगीत, ये दो कलाएँ अब परस्पर बहुत दूर हो गई हैं। वही दूरी इन दोनों कलाओं के बीच भारत में भी उत्पन्न होनेवाली है।

भाषा में जो छुई-मुई-सी सुकुमारता और कल्पना में जो रोमांटिक कोमलता और वैचित्र्य अब तक कविता में आदर पा रहे थे, अब उनकी भी विदाई के दिन पास हैं। अगली कविता की भाषा और विचार, दोनों कठोर होंगे। भाषा की कठोरता, यानी वह गुण जो लोहे और इस्पात को भी पचा सके, जो कारखानों से उड़कर साहित्य में पहुँचनेवाले चित्रों को देखकर भागे नहीं, प्रत्युत्, उन्हें उसी सहजता से अंगीकार कर ले, जैसे वह कमल-वन से आनेवाले सपनों को अंगीकार करती रही है। और विचारों की कठोरता, यानी वह गुण जो विज्ञान से टक्कर लेगा और जिससे उलझने का आनन्द लेने को बड़े-बड़े चिन्तक कविताओं की ओर उसी उत्साह से मुड़ेंगे, जिस उत्साह से वे दर्शन और विज्ञान की ओर जाते हैं। भावुकता, अतिरंजन और अल्पवयस्कता के विचार, ये कविता में दिनोंदिन कम होते जाएँगे और जब यह कविता अपने पूरे विकास पर पहुँचेगी, उसकी कल्पना पुरुष-कल्पना और उसके भाव कठोर चिन्तक के भाव होंगे। अगला युग विचारक-कवियों का युग होगा, क्योंकि विचारों के कविता का विषय बनने में कोई दोष नहीं है और तर्क भी जब उत्तम कोटि का होता है, तब उसके भीतर से आग धधक उठती है, जो कविता की आग है; एक प्रकार का प्रकाश बल उठता है, जो कल्पना से खिलनेवाला प्रकाश है। और इस प्रकाश के भीतर से सत्य बौद्धिक धारणा बनकर नहीं, बल्कि, विजन या अनुभूति के रूप में ही प्रकट होता है। इलियट दार्शनिक मुद्रा में भी कवि रहते हैं, क्योंकि सत्य की वे शिक्षा नहीं देते, एकबारगी उसके दर्शन ही करा देते हैं। उनके 'फोर क्वार्ट्रेट' में दार्शनिक सूक्तियाँ और काव्यात्मक चित्र इस प्रकार

गुम्फित हैं कि सहसा यह पता नहीं चलता कि कौन दर्शन और कौन काव्य है।

अगले युग की कवि-प्रतिभा सजावट, रंगीनी और रोचकता में कुशल होने के कारण पूजी नहीं जाएगी, प्रत्युत्, उसके सम्मान का कारण यह होगा कि वह प्रतिभा विस्फोट अथवा आविष्कारवाली प्रतिभा से सम्पन्न होगी। और उसमें भी जो सबसे प्रतिभाशाली कवि होंगे, उनकी पहचान यह होगी कि लोग उनकी कृतियों को छोटी खुराकों में पढ़ेंगे। कविता की अगली राह जुही और चमेली के कुंज से होकर नहीं, प्रत्युत्, समर्थ बुद्धि की कड़ी चट्टान पर से जानेवाली है।

[1956 ई.]

कविता ज्ञान है या आनन्द?

कविता विचार है या शैली, भाव है या ढंग, इस विषय की विचिकित्सा बहुत पुरानी है और मेरे जानते अब तक की यह विचिकित्सा किसी सम्यक् समाधान पर नहीं पहुँची है। इधर इलियट साहब ने यह मत रखा है कि साहित्य की ऊँचाई तो भावों और विचारों से मापी जा सकती है, किन्तु, वह साहित्य है या नहीं, इसकी परख हम कला की कसौटी पर ही कर सकते हैं। यह समझौते का स्वीकार्य-रूप-जैसा लगता है, किन्तु, इसके भीतर भी प्रत्यूह हैं। पहला प्रत्यूह यह है कि जब हम किसी अच्छी कविता का आनन्द लेते होते हैं, तब हमारे लिए यह जानना कठिन होता है कि कविता का इतना प्रतिशत आनन्द उसके भाव से मिल रहा है और इतना प्रतिशत शैली से। दूसरे, साहित्य के कारखाने में अब तक वह आरी नहीं बनी जिससे कविता का भाव-पक्ष उसके शैली-पक्ष से चीरकर अलग किया जा सके और आगे भी ऐसी आरी के बनने की कोई सम्भावना नहीं है। जैसे, अर्थ शब्दों के साथ लिपटे होते हैं, वैसे ही, भाव भी शैली में समाया रहता है। एक ही अर्थ दो भिन्न कवियों में प्रकट होकर दो भिन्न रूप ले लेता है और क्रोसे के अनुसार उन्हें अलग-अलग दो भिन्नार्थ मानना ही होगा। जब हम 'समय की अतल गहराई में', इस उक्ति का प्रयोग करते हैं, तब यह उक्ति 'बहुत पुराने समय में' का पर्याय नहीं बन जाती, वह 'समय की अतल गहराई' ही बनी रहती है। शैली भाव की कमीज नहीं, उसकी चमड़ी है और जैसे प्रत्येक व्यक्ति चमड़ी के साथ जन्म लेता है, वैसे ही, भाव भी अपनी

शैली के साथ ही उत्पन्न होते हैं। और जैसे मनुष्य के लिए यह असम्भव कि वह कूदकर अपनी चमड़ी से बाहर निकल जाए, वैसे ही, भाव भी शैली से अलग नहीं किये जा सकते।

शब्द और अर्थ अथवा भाव और शैली के बीच जो यह नित्य सम्बन्ध है, उसी को दृष्टिगत रखते हुए आचार्य कुन्तक ने साहित्य को शब्द और अर्थ अर्थात् भाव और शैली की पारस्परिक स्पर्धा का परिणाम कहा है। किन्तु, कुन्तक यहाँ इलियट की अपेक्षा अधिक वैज्ञानिक और अधिक गम्भीर भी हैं। इलियट के कथनानुसार भाव और शैली के दो अलग मापदंड हो सकते हैं, जिनमें से एक के द्वारा तो हमें साहित्य की ऊँचाई की माप करनी चाहिए और दूसरे के द्वारा उसके सौन्दर्य की परीक्षा। किन्तु, कुन्तक के अनुसार, परस्परस्पर्धी होने के कारण ये दोनों मापदंड, वस्तुतः, एक ही हैं। यह भी विचारणीय है कि कविताएँ ऐसी भी हो सकती हैं जिनमें भाव तो ऊँचे नहीं हैं, किन्तु, जो हैं, वे अनुरूप शैली में अभिव्यक्त हुए हैं। ऐसी कविताएँ इलियट की कसौटी पर कविताएँ तो कही जाएँगी, किन्तु, अच्छी या ऊँची नहीं। किन्तु, कुन्तक के अनुसार काव्य में ऊँचाई-निचाई का प्रश्न ही नहीं उठता। देखने की बात मात्र इतनी है कि कविता में जो भाव हैं, वे अपने अनुरूप शैली में व्यक्त हुए हैं या नहीं, अर्थात् कविता के भीतर यह प्रमाण मिलता है या नहीं कि भाव और शैली के बीच न्यूनाधिक्य से रहित परस्परस्पर्धी समभाव विद्यमान है। यदि कविता के भीतर यह प्रमाण उपलब्ध है तो वह कविता श्रेष्ठ कही जाएगी। मैं समझता हूँ, संसार में कविता की आज जो परिभाषा प्रचलित हो रही है, उसे देखते हुए कुन्तक का यह मत सबको ग्राह्य होना चाहिए। यह भी ध्यान देने की बात है कि कुन्तक ने वक्रोक्ति-जीवन में दो ऐसे श्लोक उद्धृत किये हैं जिनमें से एक तो कोमल से कोमल शब्दों की संघटना है और दूसरे में दर्शन और मीमांसा के अत्यन्त ऊँचे विचार और इन दो श्लोकों में से किसी को भी उन्होंने कविता नहीं माना है। कारण स्पष्ट है कि पहले श्लोक में शैली की बहार है, किन्तु, उसमें कोई भाव नहीं है। और दूसरे में भाव तो बहुत ऊँचे हैं, किन्तु, शैली उसकी शुष्क और कवित्व के प्रतिकूल है। कविता के कविता होने के लिए शैली और भाव के बीच परस्परस्पर्धी समभाव चाहिए, अनुभूति और अभिव्यक्ति के बीच सन्तुलन चाहिए, विचार और भाषा में से किसी को भी एक-दूसरे से पीछे नहीं रहना चाहिए। और यह ठीक भी है। क्योंकि जिसके

पास कहने की कोई बात ही नहीं है, वह चाहे जैसे भी कहे, उसके कहने का ढंग कभी भी प्रभावोत्पादक नहीं होगा। और जिसके पास कहने की बातें तो हैं, किन्तु, कवित्व नहीं है, वह गद्य में कहे या पद्य में, उसका कथन कवित्व के वृत्त से बाहर रहेगा।

यह बड़े मार्के की बात है कि भारतवर्ष के काव्याचार्यों ने एक बार यह मान लेने के बाद कि कविता का उद्देश्य आनन्द और ज्ञान का दान है, कभी यह प्रश्न ही नहीं उठाया कि किस महाकवि का जीवन-दर्शन क्या है, किसका उपदेश धर्म- संगत और किसका उपदेश धर्म-विरुद्ध है अथवा अपनी कविताओं में कौन कवि प्रवृत्तिवादी और कौन निवृत्तिवादी रहा है। इस देश में कविता कला का पर्याय नहीं मानी जाती थी, किन्तु, व्यवहार उसके साथ वही होता था जो कला के साथ होना चाहिए। अर्थात् जब-जब यहाँ यह प्रश्न उठा कि कविता की आत्मा क्या है, तब-तब आचार्यों ने काव्यगत भावों और विचारों पर तनिक भी ध्यान नहीं देकर बराबर इस प्रश्न का समाधान कविता की शैली में खोजा। और तदनुसार किसी ने अलंकार को काव्य की आत्मा बताया, किसी ने रीति को और किसी ने रस और ध्वनि को। कदाचित् वे यह मानते थे कि पुरुषार्थ (आज की भाषा में प्रगति) के जो सामान्य लक्षण हैं, वे सभी कवियों में शिक्षा-दीक्षा और संस्कार से आप-से-आप आ जाते हैं, अतएव, यह पूछना अनावश्यक है कि किस कवि के विश्वास क्या हैं। कदाचित् वे यह भी मानते हों कि जिस व्यक्ति का उद्देश्य नया धर्म चलाना है, तार्किक बनकर दर्शन रचेगा या प्रतिपक्षियों से शास्त्रर्थ करेगा; कविता की ओर तो वही व्यक्ति आएगा जिसके सामने तर्क और ज्ञान के लक्ष्य नहीं हैं, जो मात्र आनन्द लेना और आनन्द देना चाहता है तथा जिसके भाव और विचार कल्पना से उद्दीप्त भाषा में आते हैं, क्योंकि उपदेशों में 'कान्ता-सम्मितता' तो तभी आ सकती है, जब उनकी भाषा विज्ञान की भाषा न होकर, काव्य की भाषा हो। भारतीय आचार्यों ने कविता के लक्ष्य और स्वभाव पर जिस ढंग से विचार किया, उसमें वादों और विचारों का प्रश्न नहीं उठता है।

किन्तु, यूरोप के विचार काव्यगत द्रव्य, भाव या विचार के प्रति इतने तटस्थ नहीं रहे हैं। वहाँ, आरम्भ में ही, प्लेटो ने यह प्रश्न उठाया था कि सुयोग्य नागरिकों के विकास के लिए जिस वातावरण की आवश्यकता होती है, उसमें कविता सहायक होती है या नहीं और जाँच-पड़ताल करके उसने

यह मत प्रचलित किया कि कविता समाज में सुयोग्य नागरिकों के विकास में सहायक नहीं, बाधक होती है। उसकी आपत्तियाँ, मुख्यतः, दो थीं। पहली तो यह कि कविता असत्य का प्रचार करती है, क्योंकि विश्व-प्रपंच जिस आदि तत्त्व का बिम्ब है, उस तत्त्व तक पहुँचना कविता के लिए शक्य नहीं है। इस तत्त्व तक जाने की राह तर्क और दर्शन की राह है। निदान, कविता जब मनुष्य या प्रकृति का वर्णन करती है, तब यह वर्णन वास्तविक तत्त्व का वर्णन नहीं होकर उसकी छाया का वर्णन हो जाता है। अतएव, कविता त्याज्य है। प्लेटो की दूसरी आपत्ति यह थी कि सुयोग्य नागरिक वही व्यक्ति बन सकता है जो अपने रागों को बस में रखता हो। किन्तु, कविता मनुष्य के रागों का शमन नहीं करके उन्हें और उत्तेजित करती है; मनुष्यों को बुद्धिमान नहीं बनाकर, भावुक बनाती है। अतएव, वह त्याज्य है।

स्पष्ट ही, प्लेटो ने कविता पर जो आक्षेप लगाए थे, उनका निराकरण तभी हो सकता था जब सफलतापूर्वक यह सिद्ध किया जा सके कि कविता छाया का अनुकरण नहीं होकर सत्य की ही व्याख्या करती है तथा वह मनुष्य की जिस शक्ति से स्फुरित होती है, मानवता के लिए उस शक्ति का भी बड़ा मूल्य है। और दूसरा यह कि कविता रागों को उत्तेजित करते हुए भी उन्हें अनुशासन में लाती है। प्लेटो का खंडन करते हुए कविता की ओर के ये दोनों कार्य अरस्तू (अरिस्टोटल) ने किये। उसने कविता की तुलना इतिहास से की और यह कहा कि दोनों में मुख्य भेद यह है कि इतिहास उन तथ्यों का वर्णन करता है जो हैं या, सचमुच, घटित हुए हैं। इसके विपरीत, कविता उन घटनाओं का वर्णन करती है जो घटित हो सकती हैं। इतिहास घटना-विशेष तक सीमित रहता है। कविता घटनाओं की सार्वभौम सम्भावनाओं को लेकर चलती है। अतएव, इतिहास की अपेक्षा कविता का क्षेत्र अधिक विस्तृत है एवं ऐतिहासिक सत्यों की तुलना में कविता के सत्य भी अधिक सार्वभौम होते हैं। और प्लेटो के इस आक्षेप का उत्तर देते हुए कि कविता रागों को उत्तेजित करके मनुष्य के चरित्र को दूषित बनाती है, अरस्तू ने यह कहा कि प्लेटो का यह आक्षेप भी गलत है, क्योंकि दुःखान्त नाटकों का अन्तिम प्रभाव रागों का पोषण या वर्धन नहीं, प्रत्युत्, उनका रेचन होता है। "दुःखान्त नाटक देखकर जब हम नाट्यशाला से चलते हैं, तब हमारे भीतर राग उत्तेजित नहीं, शमित पाए जाते हैं।" संक्षेप में, अरस्तू का कहना यह था कि कविता रागों को उभारकर उन्हें

अनुशासन में लाती है, अर्थात् मनुष्य के लिए कविता का थेरापेटिक महत्त्व है। इस प्रकार, प्लेटो के इस आक्षेप का उत्तर देते हुए कि कविता असत्य, तुच्छ और हानिकर क्रिया है, अरस्तू ने यह सिद्ध किया कि वह सत्य, सुगम्भीर और अत्यन्त उपयोगी वस्तु है।

प्लेटो ने कविता पर इस दृष्टि से विचार किया था कि उसका मानव-समाज के लिए क्या उपयोग है और अरस्तू ने भी प्लेटो की शंका का समाधान उपयोगिता को ही सामने रखकर किया। किन्तु, कविता पर विचार करते हुए अरस्तू ने उससे मिलनेवाले अद्भुत आनन्द की भी चर्चा की।

अरस्तू के बाद लांगिनस नामक एक अन्य आचार्य ने कविता पर इसी आनन्द की दृष्टि से विचार किया। कविता का मूल्य क्या है, इसे जानने के लिए प्लेटो और अरस्तू, दोनों ने यह प्रश्न उठाया था कि कविता मनुष्य के लिए उपयोगी है या नहीं। किन्तु, लांगिनस ने उपयोगिता को छोड़ दिया। उसने कविता के मूल्य की खोज उससे मिलनेवाले आनन्दातिरेक में की और कहा कि कविता का कोई उपयोग है या नहीं, इस प्रश्न का कोई महत्त्व नहीं है। महत्त्वपूर्ण प्रश्न यही हो सकता है कि काव्य-विशेष के वाचन या श्रवण से पाठक या श्रोता के भीतर आनन्द का ज्वार उठता है या नहीं, या कविता की गरिमा और रागोत्तेजकता उसे इस विश्व से उठाकर किसी अन्य विश्व में पहुँचा सकती है या नहीं। यदि काव्य की गरिमा से पाठक के भीतर यह लोकोत्तर आनन्द उत्पन्न होता है तो वह कविता परम श्रेष्ठ है। पाठक को इस प्रकार आनन्दाभिभूत करने के लिए लेखक में कौन-से गुण चाहिए, इसकी विचिकित्सा करते हुए लांगिनस ने कहा कि मनुष्य की हैसियत से कवि में जहाँ विचारों की प्रभावशालिता एवं भावों की वेगवत्ता का होना जरूरी है, वहाँ यह भी आवश्यक है कि लेखक की हैसियत से वह अलंकारों का सम्यक् प्रयोग और शैली में उत्तमता का समावेश कर सके तथा सारी कलाकृति को वह इस प्रकार सजाए कि वह गरिमायुक्त एवं ऊँचे धरातल की चीज बन जाए। लांगिनस के अनुसार साहित्य का सारा ध्येय पाठकों को आन्दोलित करना है, उन्हें इस दैनिक विश्व से निकालकर लोकोत्तर आनन्द के धरातल पर ले जाना है और आलोचना का ध्येय उन कौशलों का विश्लेषण है जिनसे साहित्यकार पाठकों को इस प्रकार, आन्दोलित करने में सफल होता है।

इस प्रकार, प्लेटो और अरस्तू ने कविता के सम्बन्ध में उपयोगिता का जो

प्रश्न उठाया था, वह लांगिनस में आकर मन्द पड़ गया तथा कविता, मूलतः, केवल आनन्द की चीज मानी जाने लगी। बहुत दिनों के बाद जब यूरोप में धार्मिक क्रान्ति (रिफार्मेशन) हुई, तब समाज में फिर से नैतिकता के प्रचारक पवित्रतावादी लोग ऊपर आ गए और उन्होंने प्रत्येक वस्तु को केवल इस कसौटी पर परखना शुरू किया कि उससे पुण्य की वृद्धि होती है या नहीं। और कविता के बारे में उन्होंने फिर यह कहना आरम्भ किया कि वह काल्पनिक, असत्य और अनैतिक क्रिया है। स्पष्ट ही, ये पवित्रतावादी आलोचक प्लेटो की शंकाओं को फिर से जीवित कर रहे थे और, मुख्यतः, प्लेटो के तर्कों के द्वारा ही वे कविता के मूल्यों को दबाना चाहते थे। कविता को इस स्थिति से उबारने के लिए सर फिलिप सिडनी ने (समय सोलहवीं सदी का समाप्ति-काल) 'द डिफेन्स ऑव् पोयट्री' नामक निबन्ध लिखा जो पाश्चात्य आलोचना का स्तम्भ माना जाता है।

सिडनी ने भी कविता की तुलना इतिहास और दर्शन से की और यह माना कि ये दोनों शास्त्र तथ्यों के विश्लेषण और वर्णन पर जीते हैं, जबकि कविता का कार्य सृजन और आविष्कार है। कवि किसी भी वस्तु का अनुकरण नहीं करके नये विश्वों का आविष्कार करता है और कवि का विरचित विश्व इस स्थूल विश्व की अपेक्षा अधिक कोमल, अधिक रमणीय और अधिक सत्य होता है। कवि की वाटिका में जैसे फूल खिलते हैं, वैसे फूल चर्मचक्षु के सामनेवाले उपवन में नहीं खिलते, न इस स्थूल जगत में वैसे मनुष्य ही होते हैं, जैसे मनुष्यों की रचना साहित्यकार करता है। प्लेटो की इस शंका का उत्तर देते हुए कि कवि इतिहास का अनुकर्ता है, अरस्तू ने यह कहा था कि कवि अनुकरण नहीं करता, वह ऐसे विश्व की रचना करता है जो सत्य तो नहीं है, किन्तु सत्य हो सकता है। और चूँकि कवि, सचमुच, घटित घटनाओं को अपना विषय नहीं मानकर सम्भावित घटनाओं की कल्पना से काम करता है, इसलिए, इतिहासकार की अपेक्षा वास्तविकता के भीतर उसकी दृष्टि अधिक दूर तक पहुँचती है। सिडनी भी, कदाचित् अरस्तू के ही इस तर्क को दुहराना चाहता था, किन्तु, पवित्रतावादी आलोचकों की इस शंका का उत्तर देने के प्रयास में कि कवि की कल्पना का विश्व अनैतिक और मनुष्य को नीचे गिरानेवाला होता है, उसने कवि-कल्पना का महत्त्व सिद्ध करने को, व्याजांतर से, यह मान लिया कि कल्पना के सहारे कवि वास्तविकता के भीतर नहीं

डूबकर एक अपर वास्तविकता की सृष्टि करता है जो दृश्य वास्तविकता से अधिक रमणीय, मनोहर और पवित्र होती है।

प्लेटो ने कविता को यह कहकर टाल दिया था कि वह वास्तविकता का अनुकरण मात्र है। अरस्तू ने यह सिद्ध किया था कि कवि वास्तविकता का अनुकरण नहीं करता, वरन्, उसके भीतर प्रविष्ट होकर वह इतिहासकार और दार्शनिक की अपेक्षा सत्य का अधिक गम्भीर ज्ञान प्राप्त करता है। और सिडनी इस निष्कर्ष पर पहुँचा कि वास्तविकता के भीतर डूबने का कार्य कवि का कोई बड़ा कार्य नहीं है। कवि की महत्ता तो यह है कि स्थूल वास्तविकता से परे वह एक नई वास्तविकता की कल्पना करता है और चूँकि यह वास्तविकता लोकोत्तर गुणों से भरी होती है, इसलिए उसके परिचय और सम्पर्क से स्थूल जगत् के मनुष्य भी अधिक रमणीय, अधिक कोमल और अधिक उदार बनने की प्रेरणा पाते हैं। अर्थात् इन तीनों की दृष्टि में कविता का उद्देश्य मनुष्य की उन्नति और परिष्कार है।

सत्रहवीं सदी में जान ड्रायडन ने नाट्य-काव्य पर एक निबन्ध प्रकाशित किया, जिसमें उन्होंने यह कहा कि नाटक का महत्त्व यह है कि उससे दर्शकों को मानव-स्वभाव का ज्ञान होता है और यह ज्ञान नाटककार जीते-जागते चित्रों द्वारा देता है। साहित्य का महत्त्व ड्रायडन यह मानते हैं कि उससे मनुष्य को शिक्षा और आनन्द की प्राप्ति होती है, जैसाकि भारत में भी, इसी समय के आसपास, आचार्य मम्मट ने कहा था : 'सद्यः परिनिर्वृत्तये कान्तासम्मिततयोपदेशयुजे।' ड्रायडन ने अपने निबन्ध में जिस शब्दावली का प्रयोग किया है, उससे आज के समीक्षक यह सिद्धान्त निकालते हैं कि 'मानव-स्वभाव का परिचय' कहकर ड्रायडन ने साहित्य को नीतिशास्त्र से भिन्न करके मनोविज्ञान की भूमि में देखा है। सिडनी ने जब यह कहा कि कवि एक अपर वास्तविकता का निर्माण करके मनुष्य को उच्चतर जीवन की ओर प्रेरित करता है, तब वे कविता की परीक्षा नीतिशास्त्र की कसौटी पर कर रहे थे। किन्तु, ड्रायडन ने पहले-पहल मनोविज्ञान की ओर संकेत किया तथा शिक्षा शब्द का प्रयोग उन्होंने इस ढंग से किया, जिससे इस शब्द का अर्थ केवल नैतिक उपदेशों तक ही सीमित नहीं रहता, प्रत्युत्, उसके वृत्त में मनोवैज्ञनिक ज्ञान भी आ जाता है।

और जानसन की यह उक्ति तो सर्वविदित है ही कि साहित्य का ध्येय

मनुष्य को शिक्षा देना है, उसमें भी कविता का ध्येय मनुष्य को आनन्द की मुद्रा में लाकर उसे शिक्षित करना है। जानसन ने यह कसौटी जब शेक्सपियर पर लागू की, तब शेक्सपियर में भी उन्हें दोष दिखाई देने लगे। उसका कहना है कि शेक्सपियर ने अपनी कृति में रोचकता लाने के लिए पुण्य का त्याग किया है और पाठकों को प्रसन्न करने की उनकी चिन्ता इतनी बड़ी है कि यह कहा जा सकता है कि साहित्य-रचना के समय उनके भीतर कोई नैतिक विचार नहीं था। जानसन की दृष्टि में साहित्यकार का कर्तव्य संसार को अधिक रमणीय और पवित्र बनाना है, किन्तु, शेक्सपियर ने अपने इस कर्तव्य का सदा ध्यान नहीं रखा है।

और इस दोष के दोषी केवल शेक्सपियर ही नहीं हैं। इस कसौटी पर कसने से कालिदास, जयदेव, विद्यापति, सूरदास और रीतिकाल के हिन्दी कवि—सब-के-सब मारे जाएँगे।

कविता रचना, फिर भी सरल कार्य है और उसे पढ़कर आनन्द लेने में भी कठिनाई नहीं दीखती। किन्तु, कविता पर राय देना आसान काम नहीं है। कविता पर मूल्यवान सम्मति वही व्यक्ति दे सकता है जिसकी चेतना स्वच्छ और बुद्धि अत्यन्त परिपक्व हो तथा जो व्यक्ति तर्क की शुष्कता और भावुकता की तूफानी प्रेरणाओं के अधीन न हो। अतएव, अच्छी कविताएँ तो लिखी जाती रहीं, किन्तु, साहित्य की भूमि में बड़े-बड़े अक्षरों में अंकित यह शंका टँगी की टँगी रही कि कविता है क्या पदार्थ? यदि ज्ञान-दान उसका धर्म है तो ज्ञान देनेवाली अन्य विद्याओं (दर्शन, इतिहास, नीतिशास्त्र आदि) के साथ उसका क्या सम्बन्ध है? जो काम दर्शन करता है, वही काम यदि कविता भी करती है, तो श्रेष्ठ कौन है : दर्शन या कविता? और यदि दर्शन श्रेष्ठ है तो कविता की आवश्यकता क्या रह जाती है? और यदि यह कहें कि कविता का धर्म आनन्द का सृजन तथा मनुष्यों का मनोरंजन है तो कविता अपने उच्चासन से लुढ़ककर नीचे आ जाती है। और यदि यह मानें कि वह सत्य और शिव, दोनों की सेविका है, तब भी वह दर्शन की चेरी बन जाती है। जब तक यह सिद्ध नहीं होता कि मनुष्य की विभिन्न क्रियाओं में कोई एक क्रिया है जो मनुष्य के लिए अत्यन्त महत्त्वपूर्ण है और उसे केवल कवि ही कर सकता है, तब तक कविता का सम्मान और उसकी महिमा अक्षुण्ण नहीं रखी जा सकती।

जब वर्डस्वर्थ आए, उन्होंने दोनों बातों पर जोर डाला। एक ओर तो

उन्होंने यह कहा कि कवि का काम अपने पाठक को आनन्द देना है और सद्यः-आनन्द के सृजन से कवि का गौरव नहीं घटता है। दूसरी ओर उन्होंने यह भी कहा कि मेरी इच्छा है कि या तो मैं उपदेशक के रूप में याद रखा जाऊँ या कोई मेरा स्मरण ही न करे। आनन्द के बिना कवि का कार्य चल ही नहीं सकता, इस बात को उन्होंने बार-बार दुहराया है और उपदेश या ज्ञान के पक्ष में भी उन्होंने खुलकर लिखा है कि कवि जब ज्ञान-दान करता है, तब भी यह कार्य वह गणितज्ञ या धर्मप्रचारक ही हैसियत से नहीं करता। उसका ज्ञान विशेषज्ञ का ज्ञान नहीं, सामान्य मनुष्य की जानकारी होता है।

किन्तु, वर्डस्वर्थ ने आलोचक की हैसियत से जो बात कही, कवि की हैसियत से उन्होंने उससे अच्छी कविता लिखी है। उनकी रचनाओं में आनन्द उच्छल नहीं, संयत है और उनके उपदेश भी उपदेश न होकर वस्तुओं का अध्ययन बनकर आए हैं। केवल नीति के दोहों और जीवनाचरण की महान् कविताओं के बीच जो भेद है, वह भेद वर्डस्वर्थ की कविताओं में प्रत्यक्ष मिलता है। वे प्रचारक नहीं हैं, न उपदेश देना उनका कोई सचेष्ट ध्येय है। प्रकृति की ओर वे उपदेश खोजने को नहीं, प्रत्युत, उसका अध्ययन करने को जाते हैं। उनकी कविताओं में समाधि और निदिध्यासन का वातावरण है। उनकी कविता एकान्त का फूल है। प्रकृति के भीतर निहित सुशृंखलित शान्ति और गहनता के भीतर से वे मनुष्यों की अव्यवस्थित दुनिया पर दृष्टिपात करते हैं और इस प्रकार देखने से उनके हृदय पर जो चोट लगती है, वही चोट या वेदना उनका उपदेश है। पत्तों के हिलने और तृणों के स्पन्दित होने में उन्हें द्रष्टा की वाणी सुनाई देती है और यही वाणी हमारे पास उनका उपदेश बनकर आती है।

वैज्ञानिक अथवा शास्त्रकार से कवि का भेद बतलाते हुए वर्डस्वर्थ ने लिखा है कि सत्य का ज्ञान कवि और वैज्ञानिक, दोनों का ध्येय है। किन्तु, सत्य की शोध में लगा हुआ वैज्ञानिक यह नहीं समझता कि वह मनुष्य का हितकारी मित्र है। वह जनजीवन से दूर, लोगों की भावनाओं से अलिप्त, अपने एकान्त में ज्ञान की साधना करता है। किन्तु, कवि वह जीव है जिसमें जीवन का उत्साह होता है, जो अपने चारों ओर बसनेवाले मानवों और प्राकृतिक परिवेशों के साथ रागात्मक सम्बन्धों से जुड़ा रहता है तथा जो अपनी अनुभूति को सबकी अनुभूति बनाना चाहता है। इसीलिए, जब वह कोई गीत गाता है, तब सारा समाज उसके साथ गाने (या झूमने) लगता है और जो सत्य कवि की

अनुभूति से प्रकट होते हैं, वे हमारे परिचित मित्र बन जाते हैं। "कविता समस्त ज्ञान का सूक्ष्म सत या निचोड़ है। कविता रागदीप्त अभिव्यक्ति को कहते हैं और रागदीप्त होने के कारण ही वह विज्ञान का प्रतिलोम है।"

कोलरिज ने काव्य की शैली, छन्द, शब्द-योजना आदि पर अधिक विचार किया है, किन्तु, निर्णय पर आते-आते वे भी यही कहते हैं कि कविता और विज्ञान का मुख्य भेद यह है कि कविता आनन्द-सृजन में निमित्त है, सत्य की उपलब्धि के लिए नहीं। उनके अनुसार नैतिक या बौद्धिक ज्ञान कवि-विशेष का लक्षण हो सकता है, किन्तु, कविता जिस श्रेणी का साहित्य है, उस श्रेणी का साहित्य मात्र आनन्द के लिए है।

कोलरिज और वर्डस्वर्थ के समय विज्ञान की अच्छी प्रगति हो चुकी थी और उसका सम्मान भी काफी बढ़ चला था। अतः, इन दोनों कवियों ने कविता के लक्षण विज्ञान के प्रसंग में ही बतलाए हैं। ऐसा लगता है कि विज्ञान को अत्यन्त प्रबल मान कर ही कोलरिज ने कविता के उद्‌देश्य को आनन्द तक सीमित कर दिया और आनन्द को प्रधान मानकर ही उन्होंने काव्य की शैलीगत विशिष्टताओं की विशेष रूप से चर्चा की, क्योंकि ये दोनों गुण ऐसे हैं जो विज्ञान में नहीं होते। वर्डस्वर्थ ने भी काव्य के आनन्द-पक्ष का समर्थन किया, किन्तु, ज्ञान के क्षेत्र को उन्होंने कविता के लिए निषिद्ध नहीं माना।

तब टामस लव पिकाक का वह निबन्ध प्रकाशिक हुआ, जिसमें लेखक ने यह स्थापना रखी कि कविता तभी शोभा देती थी, जब विज्ञान नहीं था और लोग धुँधली, अपरिपक्व बातों में विश्वास करते थे। किन्तु, अब जब विज्ञान की प्रगति हो रही है और मनुष्य किसी भी क्षेत्र में कोई ऐसी बात मानने को तैयार नहीं है जो बुद्धिवादी प्रमाणों से सिद्ध नहीं की जा सकती, तब क्या यह उचित है कि कविता चलती रहे? विज्ञान और बुद्धिवाद के युग में कविता केवल अर्द्ध-सभ्यता का लक्षण मानी जा सकती है। कविता पर किये गए इसी आक्रमण के उत्तर में शेली ने अपना 'इन डिफेंस ऑफ पोयट्री' नामक निबन्ध लिखा और जिस युग में विज्ञान और बुद्धिवाद प्राबल्य प्राप्त कर रहे थे, उस युग में कविता की सत्ता सिद्ध करने को उन्होंने अत्यन्त आवेशमयी भाषा में घोषणा की कि "कविता श्रेष्ठतम और प्रसन्नतम व्यक्ति के श्रेष्ठतम एवं प्रसन्नतम क्षणों का लेखा है। कविता ज्ञान का केन्द्र भी है और परिधि भी। कविता वह वस्तु है, जिसमें सारे विज्ञान समा जाते हैं।" इसी निबन्ध में शेली ने कहा कि

कविता छाया का अनुकरण नहीं है, प्रत्युत्, दृश्य जगत् जिस आदि शक्ति की छाया है, कवि उस शक्ति के सान्निध्य में जा सकता है। उन्होंने कविता को दर्शन, नीति और कला—तीनों का संगम बताया। यही नहीं, प्रत्युत्, कवियों को समाज का सहज विधिकर्ता (लेजिस्लेटर) कहकर शेली ने राजनीति पर भी कविता को तरजीह दी।

केवल प्रशंसा की दृष्टि से देखें तो शेली ने काव्यकला की जितनी प्रशंसा की है, कविता की उससे अधिक प्रशंसा और हो नहीं सकती। फिर भी, यह प्रशंसा अतिरंजित है। दर्शन और नीतिशास्त्र के जो ध्येय हैं, वे ध्येय कला के नहीं हो सकते और यदि हों भी तो इन ध्येयों की पूर्ति में दर्शन और नीतिशास्त्र आगे और कला पीछे रहेगी। हाँ, पंडित, उपदेशक और पैगम्बर—ये तीनों यदि किसी एक व्यक्ति में मिल जाएँ तो शेली की कल्पना का कवि उत्पन्न हो सकता है।

रोमांटिक चिन्तकों का आवेश और अति उत्साह ही उनका दोष होता है। शेली के चिन्तन में भी रोमांटिक पद्धति का यह कच्चापन मौजूद है। कहाँ तो कविता को वे समाज की दर्शन-निर्मात्री कहते हैं और कहाँ यह भी बोलने लगते हैं कि "कवि वह बुलबुल है जो अंधकार में बैठकर अपनी एकान्तमयता को आनन्द से मुखरित करने को गान करती है।" कहाँ तो वे यह कहते हैं कि कविता मनुष्यों को उदार बनाती है, उन्हें उत्तम जीवन बिताने को प्रेरित करती है और कहाँ वे यह भी कहते हैं कि "कवियों के मुख से ऐसे शब्द भी निकलते हैं जिनका अर्थ वे स्वयं नहीं जानते।" शेली ने जो दलीलें दी हैं, वे न्याय की कसौटी पर टिकनेवाली नहीं हैं, न उनसे विज्ञान और बुद्धिवाद के युग में कविता का पक्ष बहुत ऊँचा उठता है। हाँ, उन्होंने जो कविताएँ लिखीं, उनसे काव्य के सामाजिक सम्मान में वृद्धि अवश्य हुई। समाज को प्रेरित करने की शक्ति का परिचय देने से कविता सहज ही यशस्विनी हो उठी और कविता का यह सुयश, प्रायः, 19वीं सदी तक अक्षुण्ण रहा।

किन्तु, पिकाक ने जो प्रश्न उठाया था, वह कहीं-न-कहीं अटका रहा। और ज्यों-ज्यों विज्ञान की बढ़ती होती गई, विचारकों की दृष्टि में कविता का पक्ष दुर्बल पड़ता गया। केवल सामान्य विचारक ही नहीं, काव्य के भविष्य के विषय में कितने ही कवि भी चिंतित हो उठे। कीट्स ने कहा था कि विज्ञान के अतिविकास से कविता का ह्रास होगा। क्यों ह्रास होगा, इसकी दलीलें

उन्होंने नहीं दी हैं, किन्तु, वे उन्हें जानते होंगे। खतरे की बात यह है कि मनुष्य अधिकाधिक विज्ञान पर रीझता जा रहा है और अनेक ऐसी विद्याएँ अपनी प्रतिष्ठा बढ़ाने को अपने को विज्ञान कहने लगी हैं जो, सचमुच, विज्ञान नहीं हैं। प्रश्न फिर उठता है कि प्रत्येक वास्तविकता का विश्लेषण और शोध कोई-न-कोई शास्त्र कर रहा है और मनुष्य चाहता है कि वह किसी भी ऐसी प्रवृत्ति में विश्वास न करे जो विज्ञान से न समझी जा सकती हो। तो क्या वास्तविकता का कोई ऐसा भी क्षेत्र है, जिसमें कविता को छोड़कर विद्या की कोई अन्य शाखा काम न कर सकती हो? और क्या कविता से हम जो कुछ पाते हैं, वह विज्ञान की पद्धति से भी पाया जा सकता है और केवल पाया ही नहीं, उपयोगी और महत्त्वपूर्ण बनाया जा सकता है?

कविता के विषय में उपयोग का प्रश्न सबसे पहले प्लेटो ने उठाया था और सभी चिन्तक उसी प्रश्न को सामने रखकर कविता का महत्त्व निरूपित करते आए थे। फिर कुछ ऐसे भी कला के पक्षपाती आए, जिन्होंने सीधे कह दिया, कविता आनन्द की वस्तु है, उसका उपयोग क्या? किन्तु प्रश्न ज्यों-का-त्यों बना रहा। विज्ञान के पार्श्व में कला केवल इन्द्र-धनुष बनकर नहीं जी सकती थी, केवल सपने बनकर नहीं मँडला सकती थी। और यदि कविता सचमुच ही इन्द्र-धनुष और स्वप्न है तो भी विज्ञान से प्रभावित विश्व जानना चाहता था कि इस इन्द्रधनुष का क्या महत्त्व है, इन सपनों के क्या अर्थ हैं और हम उनका आदर क्यों करें?

मैथ्यू आर्नाल्ड जब प्रश्न के इस पहलू पर विचार करने लगे, तब वे भी किसी समाधान पर नहीं पहुँचे। गोल-मटोल ढंग से उन्होंने केवल इतना कहा कि विज्ञान से धर्म और कविता, दोनों पर विपत्ति आ सकती है, किन्तु, धर्म यदि नहीं ठहर सका, कविता तब भी ठहरेगी और ऐसा भी समय आ सकता है कि हमारी हिलती हुई सभ्यता को कविता का सहारा लेना पड़े तथा समस्त बर्बादियों से मनुष्य को बचाने का काम कवियों के हाथ चला जाए।

किन्तु, किस प्रकार?

इस प्रश्न का सबसे नवीन समाधान आई.ए. रिचर्ड्स ने दिया है। प्लेटो ने कविता पर यह आक्षेप लगाया था कि दृश्य-जगत् के पीछे जो परम शक्ति प्रच्छन्न है, वहाँ तक दर्शन की पहुँच है, काव्य की नहीं। किन्तु, जब शेली ने यह कहा कि कवि की दृष्टि दृश्य-जगत् तक ही नहीं रुककर उसके पीछे छिपी

परम सत्ता को भी देख लेती है, तब उन्होंने प्लेटो को प्लेटो के ही अखाड़े में पछाड़ा था। रिचड्र्स ने भी विज्ञान की शंका को विज्ञान के तरीकों से ही शमित करने की कोशिश की है।

रिचड्र्स का समाधान यह है कि कविता की रचना और उसका आस्वादन, दोनों मनोवैज्ञानिक प्रक्रियाएँ हैं। अतएव, कविता का महत्त्व ज्ञान-दान को लेकर नहीं, प्रत्युत्, मूल्यों को लेकर है। मूल्य क्या हैं, इसका विवेचन भी रिचड्र्स ने विज्ञान की ही पद्धति से किया है। मनुष्य के भीतर अनेक प्रवृत्तियाँ चलती रहती हैं। ये सभी प्रवृत्तियाँ भूखी होती हैं। ये सब-की-सब सन्तुलन खोजती हैं। मन प्रवृत्तियों का जाल है। भावनाएँ उस जाल में सुगबुगाहट पैदा करती हैं। अनुभूतियाँ वे श्रेष्ठ हैं जो संख्या में कम-से-कम प्रवृत्तियों को विफल करके अधिक-से-अधिक प्रवृत्तियों की तृषा को पूर्ण कर दें, उनके भीतर पारस्परिक सन्तुलन बिठा दें। प्रवृत्तियाँ जब अभिव्यक्ति का माध्यम नहीं पातीं, तब वे हममें कुंठा उत्पन्न करती हैं। जब आत्मा प्रधान थी, तब हरि-इच्छा मूल्यवान थी और उसके विरुद्ध जाना पाप था। किन्तु, मनोविज्ञान के अनुसार अब आनन्द पुण्य और दुःख पाप है। इसलिए, मूल्य अब मन की उदारता और संकीर्णता पर निर्भर करता है। कविता मनुष्य की चेतना में जो सुगबुगाहट उत्पन्न करती है, उसका मूल्य इस बात पर निर्भर करता है कि यह सुगबुगाहट मनुष्य में कहाँ तक औदार्य की वृद्धि करती है, मनुष्य भीतर ही भीतर कहाँ तक प्रसार पाता है।

कलाओं में रिचड्र्स रिचडर्स ज्ञान को गौण मानते हैं। उनका कहना है कि मनुष्य में दो शक्तियाँ हैं, जिनमें से एक को विचार और दूसरी को भावना कहते हैं। विचार अचल और भावना गतिशील है। विचार चलता भी है तो तर्कों से बँधा रहता है। किन्तु, भावनाएँ हमारी मानसिक प्रवृत्तियों से चंचल रहती हैं। कविता में विचार केवल दिशा-निर्देश करते हैं। कवि का बाकी सारा काम भावनाओं से चलता है, चेतना के समुद्र में लहरों के समान उठने और गिरनेवाली प्रवृत्तियों से चलता है। इसलिए, जो लोग कविता केवल विचार के लिए पढ़ते हैं, वे असली कवित्व से वंचित रह जाते हैं।

मनोवैज्ञानिक संघर्ष मनुष्य के आनन्द की सबसे बड़ी बाधा है और इससे बचने के केवल दो ही उपाय हैं : या तो प्रवृत्तियों का दलन कर दिया जाए अथवा उनके बीच सामंजस्य बिठाया जाए। मनोवैज्ञानिकों का कहना है कि यह पिछला उपाय ही श्रेष्ठ उपाय है। अतएव, जो कविता हमारी अधिक-

से-अधिक मानसिक प्रवृत्तियों के बीच सन्तुलन या सामंजस्य उत्पन्न करती है, वह अधिक-से-अधिक श्रेष्ठ है। परम्पराएँ टूट रही हैं। नैतिक नियमों की पाबन्दी शिथिल हो रही है, क्योंकि उनके पीछे अब पहले-सा विश्वास नहीं रहा। आवश्यकता इस बात की है कि हम इस खँडहर में पहले का-सा कोई महल खड़ा करें, अव्यवस्था और उच्छृंखलता के इस क्षेत्र में कोई व्यवस्था उत्पन्न करें कि मन का संघर्ष उतना घातक न रहे, जितना वह आज है। यह कार्य प्रवृत्तियों के दलन से नहीं, उनके बीच समझौता लाकर किया जा सकता है। यही वह कार्य है जिसे विज्ञान नहीं कर सकता, जिसे दर्शन नहीं कर सकता, जिसे केवल कविता कर सकती है।

रिचड्र्स सोचते हैं कि विज्ञान और बुद्धिवाद के प्रहारों से घबराकर परम्परा दीवार से पीठ लगाकर लड़ रही है। सम्भव है, अगला कोई प्रहार इस दीवार को ही उड़ा दे। तब मनुष्य को ऐसी भयानक मानसिक अवस्था का सामना करना पड़ सकता है, जैसी अव्यवस्था पहले और कभी देखी नहीं गई थी। ऐसी अवस्था में कविता छोड़कर मानवता का और कोई सहारा नहीं होगा। कविता के भीतर यह शक्ति है कि वह मनुष्य की रक्षा ऐसी विपत्ति के समय कर सके। किन्तु, यह तभी सम्भव है, यदि मनुष्य समय रहते काव्य-सम्बन्धी अपनी धारणाओं में परिवर्तन लाए, क्योंकि आज हम कविता से जिन हलकी चीजों की आशा करते हैं, उससे कविता की शक्ति आधी हो जाती है। मनुष्य को मनोवैज्ञानिक महानाश से बचाने के लिए कविता को अभी से मनोविज्ञान की भूमि को पहचान लेना चाहिए।

किन्तु, यहाँ फिर यह प्रश्न उठता है कि मनोविज्ञान की प्रक्रिया से समन्वित हो जाने पर कविता का पद ज्ञान का पद होगा या आनन्द का। कविता की प्रक्रिया का एक अंश तो सदा से मनोवैज्ञानिक रहा है। भावों की अनुभूति की प्रक्रिया मनोविज्ञान की ही प्रक्रिया है। और शुद्ध ज्ञान के क्षेत्र में क्या चिन्तन की प्रक्रिया मनोविज्ञान की प्रक्रिया से भिन्न है? अतएव, रिचड्र्स का समाधान, कविता ज्ञान है या आनन्द, इस शंका का समाधान नहीं देता। मनोविज्ञान का सहारा लेकर उन्होंने कविता की प्रतिष्ठा को उन लोगों की दृष्टि में ऊँचा उठाने की चेष्टा की है जो विज्ञान के युग में काव्य को निरर्थक मानते हैं। अन्यथा जो लोग इस शंका से ग्रस्त हैं कि कविता को ज्ञान मानें या आनन्द, उनके लिए रिचड्र्स के पास कोई सन्तोषजनक उत्तर नहीं है।

एक बार सत्य है कि कविता ज्ञान के लिए नहीं पढ़ी जाती है। कविता हम पढ़ते हैं आन्दोलित होने को, आवेश में आने को और वस्तुओं के उस रूप का साक्षात्कार करने को जो रूप न तो चर्मचक्षुओं से दिखाई देता है, न जिसका आख्यान ही कोरे तर्कों द्वारा किया जा सकता है। फिर भी, ऐसी बहुत-सी कविताएँ हैं जो ज्ञान की अनुभूति-सी लगती हैं, जिनमें तर्क मशाल के समान जलते हैं और जिनमें इतिहास संदेह खड़ा दिखाई देता है। किन्तु, ये कविताएँ कविता का पद इसलिए नहीं प्राप्त करतीं कि उनमें तर्क और इतिहास होता है, बल्कि, इसलिए कि उनके तर्क आवेशयुक्त और उनके भीतर उगनेवाला इतिहास सजीव दिखाई देता है। दार्शनिक जब दृष्टान्त खोजता है, तब वह कवि बन जाता है और इतिहासकार जब इतिहास की लुप्त कड़ियाँ जोड़ने को कल्पना से काम लेने लगता है, तब उसके कार्य भी बहुत-कुछ कवि के कार्य बन जाते हैं। इस दृष्टि से देखने पर कविता दर्शन और इतिहास, दोनों से श्रेष्ठ है। और यहाँ ज्ञान का आधार लेने के कारण, कविता भी उच्चता पर पहुँच जाती है। दार्शनिक भावनाओं से प्रेरित कवि, प्रायः, रहस्यवादी बन जाता है और लिरिक कविता की परमोच्च परिणति रहस्यवाद में ही देखी गई है। इसी प्रकार, ऐतिहासिक घटनाओं की अनुभूतियों से भरा कवि, अक्सर, महाकाव्यों की रचना करता है जो कवि की शक्ति की बहुत बड़ी पहचान है। किन्तु, इसका यह अर्थ कदापि नहीं कि प्रत्येक तुलसी बिहारी से श्रेष्ठ है।

[1957 ई.]

रूपकाव्य और विचारकाव्य

रूप-काव्य से तात्पर्य उस कविता से है जिसके महत्त्व के कारण उसमें उगनेवाले चित्र होते हैं, ऐसे चित्र जो मनश्चक्षु से देखे जा सकते हैं, ऐसे चित्र जो वस्तुओं के दृश्य रूपों की प्रतिच्छवि के समान हैं। यथा :

लता-भवन ते प्रगट भे, तेहि अवसर दोउ भाइ,
निकसे जनु जुग विमल विधु, जलद-पटल बिलगाइ।

अथवा :

सुन्दरता कहँ सुन्दर करई, छविगृह दीपसिखा जनु बरई।
सखिन मध्य सिय सोहति कैसी, छविगन मध्य महाछवि जैसी।

इसके विपरीत, विचार-काव्य वह है जिसके महत्त्व के कारण, मुख्यतः, उसमें वर्णित भाव या विचार होते हैं, बल्कि, भाव भी नहीं, केवल विचार होते हैं। यथा :

ईश्वर अंस जीव अविनासी, चेतन, अमल, सहज सुख रासी,
सो मायाबस भयेउ गुसाईं, बँधेउ कीर-मर्कट की नाईं।

यहाँ कीर और मरकट के समान बँधने में चित्र-रचना भी है, किन्तु, इस चौपाई का मुख्य चमत्कार चित्र नहीं, दार्शनिक विचार है।

प्रश्न उठता है कि श्रेष्ठ कविता कौन है? वह, जिसमें विचार होते हैं अथवा वह, जिसमें केवल चित्रों का चमत्कार है? यह सवाल पहले कुछ

फालतू-सा लगता है, क्योंकि ऐसी कविताएँ कभी-कभी ही लिखी जाती हैं जिनमें विचार नहीं, केवल चित्र ही चित्र हों। और ऐसी कविताएँ तो और भी कम लिखी गई हैं जिनमें चित्र नहीं, केवल विचार ही विचार हों। कारण, केवल विचारों के छन्दोबद्ध होने से कविता में कवित्व नहीं आता। काव्य की सार्थकता तो तभी मानी जाएगी जब विचार चित्रों में परिवर्तित कर दिये जाएँ, रूपकों और उपमाओं के सहारे उनमें ऐन्द्रियता उत्पन्न कर दी जाए तथा वे केवल बुद्धि-ग्राह्य बनाकर ही न छोड़े जाएँ। फिर भी, यह प्रश्न विचारणीय माना जाना चाहिए, क्योंकि इससे कविता के स्वभाव के विषय में सोचने की प्रेरणा मिलती है और इसके पीछे-पीछे वे सारे प्रश्न सामने आते हैं जो साहित्य के मौलिक प्रश्न हैं। यथा, साहित्य क्यों लिखा जाता है? कविता का उद्‌देश्य क्या है? साहित्य का कोई प्रयोजन है या नहीं? क्या कवि को नैतिकता का ध्यान नहीं रखना चाहिए अथवा क्या काव्य का प्रचार से कोई सम्बन्ध नहीं है?

जर्मन दार्शनिक काण्ट ने अपने 'क्रिटिक ऑफ जजमेंट' नामक महाग्रन्थ में जहाँ सौन्दर्य-बोध पर विचार किया है, वहाँ उन्होंने सौन्दर्य-बोध को विज्ञान, नैतिकता और उपयोगिता के क्षेत्र से बाहर गिना है। उनका कथन यह है कि सौन्दर्य-बोध की मनोदशा सुख (प्लेज़र), उपयोगिता, सत्य और शिव की धारणाओं से भिन्न होती है। सौन्दर्य-बोध की परिभाषा काण्ट ने यह दी है कि सौन्दर्य-बोधात्मक आनन्द ऐसे सन्तोष की स्थिति है जिसका कोई लक्ष्य नहीं होता; जो तटस्थ, निष्प्रयोजन और निर्विकल्प है। सत्कर्म करने से, परोपकार और पुण्य करने से आत्मा को आनन्द प्राप्त होता है और आनन्द उन कर्मों से भी उत्पन्न होता है, जिनका लक्ष्य कोई आधिभौतिक लाभ है। किन्तु, कला का आनन्द इन सभी आनन्दों से भिन्न होता है। उसका कोई लक्ष्य या उद्‌देश्य नहीं होता। सौन्दर्य-बोध की स्थिति सहज प्रसन्नता की स्थिति होती है, निरुद्‌देश्य आनन्द की स्थिति होती है।

कला के विषय में रवि बाबू का भी कुछ-कुछ ऐसा ही विचार है। वे कला को व्यक्तित्व की अभिव्यक्ति मानते हैं और उनके कथनानुसार व्यक्तित्व का निर्माण तब तक हो ही नहीं सकता, जब तक मनुष्य प्रयोजन की परिधि के भीतर कैद है। प्रयोजन पशु-धर्म है और चूँकि मनुष्य भी कुछ दूर तक पशु है, इसलिए प्रयोजन की चिन्ता उसे भी करनी पड़ती है। किन्तु, मनुष्य का शुद्ध मानवीय व्यक्तित्व तब बनने लगता है, जब वह प्रयोजन और आवश्यकता के

घेरों को लाँघकर ऐसे कामों में लगता है जिनका न तो कोई उद्देश्य है और न सीधा उपयोग। नारी की उपयोगिता माता, पत्नी, समाज-सेविका आदि रूपों में हो सकती है, किन्तु, यह उसका व्यक्तित्व नहीं है। व्यक्तित्व तो उसका सजधज, पोशाक अदा और हाव-भाव में है। इसी प्रकार, योद्धा की उपयोगिता मरने और मारने में है, किन्तु यह उसके व्यक्तित्व की पहचान नहीं है। सैनिक का व्यक्तित्व उसकी वर्दी और कवायद से बनता है; खाकी पहनकर बाजों के ताल पर मचलकर चलने से निखार पाता है। स्पष्ट ही, यदि सैनिक लड़ना छोड़कर व्यक्तित्व के लोभ में केवल बाजों पर कवायद करता रह जाए तो दुश्मन उसे मार डालेगा। यह छोटा दृष्टान्त है। किन्तु, बड़े पैमानो पर भी यह बात सत्य पाई गई है। बहुत-से राष्ट्र केवल इसलिए पराजित हो गए कि उनके नागरिकों को आत्मरक्षा (उपयोगिता) से कहीं अधिक कला और सांस्कृतिक सूक्ष्मताओं (व्यक्तित्व) का मोह था।

कला को व्यक्तित्च की अभिव्यक्ति इकबाल भी मानते हैं, किन्तु, व्यक्तित्व की परिभाषा उनकी और है। व्यक्तित्व वे संघर्ष और तनाव की स्थिति को कहते हैं। जिस मनुष्य में विपत्तियों से भिड़कर उन्हें प्रभुत्व में लाने की उमंग है जो समाज को सुख, समृद्धि और गौरव से परिपूर्ण तथा अपनी आत्मा को ईश्वर का समकक्ष बना सकता है, वह व्यक्तित्वशाली है तथा वे सभी लोग व्यक्तित्व से विहीन हैं जो विलास-प्रियता के दास, संघर्ष करने की क्षमता से वंचित एवं स्वस्थ अभिलाषाओं से वियुक्त हैं।

अतएव, रवीन्द्र का कवि वह है जो निरुद्देश्य रहकर गान करता है, जो प्रयोजन के घेरों से बाहर और आनन्द की ऐसी भूमि के पास है, जहाँ खाने-पीने और अपने-आपको बचाने की चिन्ता मनुष्य को नहीं सताती, जहाँ नित्य नूतन स्वरों का अनुसन्धान चलता है, नित्य नवीन कल्पनाएँ चित्र बनकर सामने लहराती हैं तथा जहाँ नित्य निरन्तर निर्विकल्प सुषमाओं का ध्यान है। किन्तु, इकबाल ऐसे कवियों का आदर नहीं करेंगे। वे इन्हें कवि भी मानेंगे या नहीं, यह संदिग्ध है। हाफिज, रवीन्द्र की कल्पना के, बहुत ही श्रेष्ठ कवि माने जाएँगे, किन्तु इकबाल ने हाफिज की गजलों की तुलना उस गुलाब से की है, जिसकी पंखड़ियों में साँप छिपे होते हैं।

किन्तु, कला क्या, सचमुच, व्यक्तित्व की अभिव्यक्ति है? इलियट ने कविता को व्यक्तित्व की अभिव्यक्ति नहीं, व्यक्तित्व से पलायन कहा है।

अर्थात्, कवि जीवन को अभिव्यक्ति नहीं देता, वह जीवन से भागकर कला में आश्रय खोजता है। "कवि के सामने व्यक्तित्व नहीं होता जिसे उसे अभिव्यक्त करना हो। उसके सामने तो एक खास तरह का माध्यम या यंत्र होता है जो व्यक्तित्व न होकर केवल माध्यम है, केवल यंत्र है और इस यंत्र के द्वारा उसकी अनूभूतियाँ और संस्मरण विचित्र और आशातीत ढंग से एकत्र हो जाते हैं। यह तनिक भी आवश्यक नहीं है कि जो अनुभूतियाँ और जो संस्मरण कवि के व्यक्तित्व के आवश्यक उपकरण रहे हैं, कविता ठीक उन्हीं के विषय में हो। इसके विपरीत, सम्भावना यह है कि जो "संस्मरण और जो अनुभूतियाँ कवि के जीवन में नगण्य रही हैं, कविता में उन्हीं की भरमार हो जाए।"

इलियट की यह उक्ति आकस्मिक और यत्किंचित् भयानक भी लगती है, क्योंकि इस सिद्धान्त के अनुसार कविता और जीवन में नित्य सम्बन्ध नहीं रह जाता। उलटे, उससे इस सम्भावना को बल मिलने लगता है कि व्यक्ति की हैसियत से मनुष्य जो कुछ कहता या करता है, कवि की हैसियत से वह उससे विपरीत बातें बोल सकता है। अर्थात्, एक ही व्यक्ति में मनुष्य नास्तिक और कवि आस्तिक हो सकता है, मनुष्य कायर और कवि निर्भीक हो सकता है, मनुष्य कृपण और कवि प्रेमी हो सकता है। किन्तु, साहित्य का क्षेत्र इतना विस्तृत है कि उसके भीतर प्रमाण इलियट के इस विचित्र सिद्धान्त के भी खोजे जा सकते हैं। स्वयं अपनी भाषा में क्या ऐसे कवियों का अभाव है जो जीवन में सामान्य गृहस्थ और काव्य में रहस्यवादी रहे हैं, जो जीवन में नौकरशाही के सदस्य और काव्य में क्रान्तिकारी रहे हैं, जो जीवन में कारावासी वैरागी और काव्य में उन्मत प्रेमी रहे हैं? इस विरोध की स्थिति का क्या समाधान है? कविता तो जीवन के प्रस्वेद के रूप में ही सरलता से समझी जाती रही है। फिर जीवन और काव्य के बीच यह विरोध कैसे उत्पन्न होता है?

कविता व्यक्तित्व से पलायन है, यह मानने की बात नहीं हो सकती है तो वह व्यक्तित्व की ही अभिव्यक्ति, किन्तु, व्यक्तित्व को पहचानने में हम भूल कर सकते हैं। बात रवीन्द्रनाथ की ही ठीक है कि जहाँ तक प्रयोजन का वृत्त है, वहाँ तक व्यक्तित्व नहीं बनता। शान्ति-निकेतन की व्यवस्था सँभालनेवाले रवीन्द्रनाथ के भीतर एक और रवीन्द्रनाथ था जो निष्प्रयोजन आनन्द का साधक था एवं प्रयोजनों के जाल में पड़े हुए रवीन्द्रनाथ से वह सर्वथा स्वतंत्र रहता था। जैसे देह में आत्मा या पिंजड़े में कीर बसता है, वैसे ही मनुष्य के व्यावहारिक

रूप के भीतर उसका कलाकार वाला रूप छिपा रहता है। हमारा व्यक्तित्व बाहरी विश्व के व्यापारों से नहीं बनता, वह उन भावों और विचारों से निर्मित होता है, जिन पर हम दिन-रात सोचते और विचार करते हैं, जिनका हम निदिध्यासन और ध्यान करते हैं, जो हमारी अन्तरआत्मा के एकमात्र सत्य हैं और जिन पर हमारा सर्वाधिक प्यार है। दिन-रात विश्व-व्यापार में लगे हुए गृहस्थ के लिए परमहंस रामकृष्ण का यह उपदेश था कि एक हाथ से तो दुनिया का काम करते रहो, किन्तु दूसरा हाथ बराबर अदृश्य के चरणों पर रखो और जब दुनिया के कामों से अवकाश मिले, तब अदृश्य के चरणों को दोनों हाथों से पकड़ लो। साहित्य में भी अधिकांश कवि इसी धर्म का पालन करते हैं।

यह तो हुआ इस बात का समर्थन कि कविता कवि के उस व्यक्तित्व से सर्वथा भिन्न नहीं हो सकती जो उसका आन्तरिक रूप है, जो उसके विचारों और चिन्तनों के संग्रथन से निर्मित हुआ है। कवि जो कुछ सोचता है, उसी के अनुरूप भाव वह अपनी रचनाओं में भी अभिव्यक्त करता है। सोचना विचार है और रचना आचार। अतएव, कवि से यह आशा, प्रायः की जाती है कि उसके विचार और आचार में भिन्नता नहीं होनी चाहिए। किन्तु, इलियट कहते हैं कि भिन्नता हो सकती है और हम भी अनुभवों से जानते हैं कि ऐसी भिन्नता, वस्तुतः होती भी है। यही नहीं, कभी-कभी तो यह भिन्नता परस्पर विरोधी विचारों में ही प्रकट होने लगती है। रवि बाबू का एक पद है :

विश्व यदि चोले जाय काँदिते-काँदिते,
एका आमी बोसे रोवो मुक्ति-समाधिते।

किन्तु अन्यत्र उन्होंने यह भी कहा है कि :

वैराग्य-साधने मुक्ति से आमार नय।

यह भी है कि ऐसे विरोध उन्हीं कवियों में पाए जा सकते हैं जो, मुख्यतः, विचार-कवि हैं अथवा जहाँ उनके विचारक-रूप प्रकट होते हैं। इसके विपरीत, जिन कवियों में भावाकुलता का जोर है, जो केवल सौन्दर्य-बोध की उमंग में काम करते हैं, उनमें ऐसे विरोधों के पाए जाने की शंका नहीं दीखती। और दीखें भी तो ऐसी शंका कोई शंका नहीं है। रति और क्रोध दो विरोधी भाव हैं। किन्तु, बारी-बारी से दोनों की अनुभूति प्रत्येक व्यक्ति को होती है। अतएव, कहा जा

सकता है कि काव्य में पाए जानेवाला विरोध मात्र दार्शनिक या वैचारिक विरोध का दृष्टान्त होता है। वस्तुतः कविता के भीतर विरोध नहीं होना चाहिए। और हो भी कैसे? प्रकृति, नारी अथवा प्रेम को अनेक क्षितिजों से देखने में परस्पर विरोध आएगा कहाँ से? विरोध का दृष्टान्त वहीं मिल सकता है, जहाँ हम देखते नहीं, विचार करते हैं।

परन्तु, सत्त्व कविता से वैचारिक कविता का विभाजन कैसे किया जाए? इंग्लैंड में, इसी शताब्दी में, एक बार शुद्ध या खाँटी कविता का आन्दोलन चला था जिसका लक्ष्य काव्य के उन गुणों पर ध्यान केन्द्रित करना था जिसके बिना कविता कविता नहीं रह जाती है। इस आन्दोलन के सिलसिले में अंग्रेजी कविताओं का एक संग्रह भी प्रकाशित किया गया था जिसमें ऐसी कोई भी कविता सम्मिलित न की गई थी जिसका सम्बन्ध किसी भी प्रकार के विचार से रहा हो। चित्र कविता का अत्यन्त विशिष्ट और अनिवार्य गुण है और शुद्ध कविता चित्रों के बल पर ही कविता कहलाती है। किन्तु, चित्र तो विचार-काव्य में भी आते हैं। उक्त काव्य-संग्रह के सम्पादकों ने इस बात पर कोई ध्यान नहीं दिया और वे चुन-चुनकर ऐसी कविताओं को सामने ले आए जिनमें विचारों की कोई दूर-गन्ध भी नहीं थी। स्पष्ट ही, इस संग्रह से काव्य-प्रेमी जनता को निराशा हुई, क्योंकि उसमें उन अगणित कविताओं में से एक भी नहीं रखी गई थी, जिन्हें लोग काव्य के सर्वश्रेष्ठ उदाहरण मानते आए थे। अंग्रेजी के इमैजिस्ट (चित्रवादी) संप्रदाय के कवियों ने कविताओं के भीतर वस्तु और विचार के बीच विभाजन पर जोर दिया था तथा उनका अपना प्रेम वस्तुओं पर जमा हुआ था। वस्तु, इसलिए कि उसका चित्र उठाया जा सकता है। और विचारों का त्याग इसलिए कि उन्हें चित्रों में परिवर्तित करने में कठिनाई होती है। विचारों का त्याग इन कवियों ने इसलिए भी किया था कि विचार काव्य का सहारा लेकर स्वयं चमकते हैं, किन्तु, कविता उनके बिना भी चमक सकती है। यह भी कि विचारों के आने से कविता दर्शन और इतिहास के समीप चली जाती है और उसे देखकर यह भम्र उत्पन्न होने लगता है कि यह कविता है या कोई और वस्तु। किन्तु, साहित्य में इमैजिस्ट कवि जम नहीं पाए, क्योंकि जनता विचार चाहती थी। केवल चित्र न तो जीने के लिए काफी होते हैं, न मरने के लिए यथेष्ट। शुद्ध कविता के प्रतिपादक इन्हीं कवियों की परम्परा में आए थे।

अपनी भाषा में यदि खाँटी कविताओं का कोई संग्रह तैयार किया जाए तो

रीतिकालीन कविताएँ उसका अच्छा-खासा भाग घेर लेंगी। तुलसी से अधिक उसमें सूर और विद्यापति की कविताओं को लेना पड़ेगा और कबीर साहब उसमें बहुत थोड़ा स्थान पा सकेंगे। यह संग्रह छायावादियों के भी अनुकूल पड़ेगा तथा निरालाजी और महादेवी की असंख्य कविताएँ उसमें स्थान पा जाएँगी, यद्यपि 'पल्लव' उसमें यथेष्ट, 'युगान्त' बहुत कम जा सकेगा। नेपाली और बच्चन की बहुत थोड़ी कविताएँ ऐसी हैं, जिन्हें ऐसे संग्रह में प्रवेश पाने से रोका जा सके और मेरी तो 'रसवन्ती' ही, शायद, उसमें दस-पाँच पृष्ठ ले सकेगी। इसी प्रकार 'कुरुक्षेत्र' के षष्ठ सर्ग में से कुछ पंक्तियाँ ली जाये तो ली जाए, अन्यथा वह पूरी की पूरी पुस्तक बहिष्कृत रह जा सकती है। आधुनिक कवियों में से प्रसादजी सोद्देश्यता से बहुत बचकर चले हैं, किन्तु 'कामायनी' में विचार क्या कम हैं? फिर भी, यह संग्रह उनके अनुकूल पड़ सकता है। इस संग्रह में प्रगतिवादी काव्य तो पूरा का पूरा बहिष्कृत रहेगा; हाँ, प्रयोगवादियों की बहुत-सी रचनाएँ उसमें आ जाएँगी।

किन्तु, जिस कसौटी पर तुलसी की अपेक्षा सूरदास और कबीर की अपेक्षा बिहारीलाल की कविताएँ अधिक श्रेष्ठ सिद्ध होती हों, उसके, अपने देश में लोकप्रिय होने की बहुत कम सम्भावना दीखती है। और लोकप्रिय तो वह यूरोप में नहीं हो सकी। किन्तु, इतने से यह बात नहीं कट जाती कि यही कसौटी कविता की सही कसौटी है, क्योंकि इसी प्रकार कवियों को उन गुणों के लिए अंक पाने से रोका जा सकता है जो कवि के लिए गौण और दार्शनिक के लिए अनिवार्य होते हैं।

किन्तु, कठिनाई यह है कि जिसे हम रूप-काव्य (अर्थात्, विचारों से मुक्त केवल वस्तु-चित्रणवाला काव्य) कहते हैं, वह केवल वस्तुओं तक ही सीमित नहीं रहता। सम्भव है, कल्पना में चित्र केवल शुद्ध चित्र ही रहते हों; किन्तु, जभी हम उन्हें भाषा का लिवास पहनाने लगते हैं, कितनी ही ऐसी बातें आप-से-आप आ जाती हैं जो शुद्ध कविता को सोलह आने शुद्ध नहीं रहने देती। उनसे विचार ध्वनित होने लगते हैं, उनसे कवि की रुचि प्रकट होने लगती है और किसी भी रुचि का प्रकाशन एक प्रकार का सूक्ष्म प्रचार ही है। यह भी है कि जहाँ हृदय में हिलोर और मन में प्रेरणा उठाने की सामग्री नहीं होती, जहाँ कविता केवल चित्रों का अलबम बनकर सामने आती है, वहाँ पाठकों की दिलचस्पी ढीली होने लगती है और काव्य अपने सामाजिक लक्ष्य (यदि ऐसा

कहना दोष न हो) की प्राप्ति में असमर्थ रह जाता है।

हजारों वर्ष से कविता को ज्ञान और कल्पना, विचार और भाव, दोनों को साथ ले चलने का अभ्यास रहा है। इस अभ्यास को छोड़कर कविता केवल भावों को लेकर खड़ी हो, केवल चित्रों के सहारे दिग्विजय प्राप्त करे, यह कार्य उसके लिए बहुत सुकर नहीं दीखता। न पाठक ही इस आशा को छोड़ सकते हैं कि कवि केवल मनश्चक्षु को चित्र दिखाकर ही न रह जाए, वरन्, वह कुछ कल्पना और विचार को भी उद्भासित करने की चेष्टा करे। कल्पना और बुद्धि परस्पर इतनी दूर तो हैं नहीं कि उसमें से एक का प्रभाव दूसरे पर न पड़े। प्रायः विचारों के कारण कल्पना को उत्तेजना मिलती है और कल्पना से भी विचार उत्तेजित होते हैं। आलोचक तर्कों से सिद्ध करता है कि कल्पना विचार से अलग रखी जा सकती है। किन्तु, कवियों का अनुभव बतलाता है कि यह दुष्कर कार्य है। और पाठक तो कल्पना और विचार-दोनों का आनन्द लेते हैं।

यह भी ध्यान देने की बात है कि जिसे हम मौलिकता कहते हैं, वह बहुत कुछ विचारों को नये एवं प्रभावोत्पादक ढंग से सजाने की कला का नाम है। स्पष्ट ही, जिस कवि का परिचय अधिक-से-अधिक विचारों से है, वह उन्हें अद्भुत ढंग से सजाने का काम कुछ अधिक सफलता से कर सकता है। कवि अपने विषय का कैसा जानकार है, यही बात यथेष्ट नहीं मानी जा सकती। देखना तो यह भी चाहिए कि अपने विषय से बाहर उसकी जानकारी कैसी है।

और जिसे हम विचार-काव्य कहते हैं, वह भी कोरा विचार नहीं है। यदि वह कोरा विचार होता तो वह शास्त्रों की शैली में लिखा जाता। फिर भी आलोचकों का एक सम्प्रदाय है जो यह मानता है कि इतिहास, दर्शन अथवा समाजशास्त्र के विचार जब कवि की लेखनी से काव्य में आने लगते हैं, तब उनसे शास्त्र और काव्य, दोनों के साथ अन्याय होता है, क्योंकि उस रचना को न तो शुद्ध कविता कह सकते हैं, न शुद्ध शास्त्र। सोचने से तो यह बात दिखाई पड़ती है कि कविता यदि केवल खाँटी कविता रहना चाहे तो रह सकती है, जिसके प्रमाण विद्यापति और रीतिकाल के कवि हैं। किन्तु, कवि तो तुलसीदास, रहीम, मैथिलीशरण और इकबाल भी हैं, यहाँ इकबाल का उदाहरण सबसे समीचीन है। उन्होंने प्रायः यह बात स्वीकार की है कि उनका उद्देश्य लोकरंजक नहीं, प्रत्युत, लोकोत्थान है। और अपने जीवनकाल में ही उन्होंने अपने बारे में यह कानाफूसी भी सुनी होगी कि इकबाल कवि नहीं,

इस्लाम के दार्शनिक हैं। भावुक गीतकार नहीं, विचारों के नेता हैं। सम्भव है, इसीलिए, उन्होंने स्थान-स्थान पर यह संकेत दिया है कि मैं कवि या कलाकार नहीं हूँ। मेरा उद्‌देश्य जीवन का सुधार और उत्थान है। किन्तु, कविता के माध्यम का उपयोग मैं इसलिए कर रहा हूँ कि यह जीवन की शार्ट-कट या सुगम राह है। फिर भी, यह सत्य है कि इकबाल भावुक भी थे। और चिन्तक भी एवं कविता की उन सारी शक्तियों का उन्हें यथेष्ट ज्ञान था जिनसे रचना में सच्चा कवित्व प्रस्फुटित होता है।

प्रश्न यह है कि जो कविताएँ रागमयी भाषा में प्राणप्रेरक विचारों को व्यक्त करती हैं, उनका स्थान कहाँ होना चाहिए? दर्शन और समाजशास्त्र के भीतर तो वह किसी भी प्रकार खपाई नहीं जा सकतीं, क्योंकि इन कविताओं की भाषाशास्त्र नहीं, कविता की भाषा है और ज्ञान की दृष्टि से वे उतना ज्ञान दे ही नहीं सकतीं, जितना ज्ञान दर्शन और समाजशास्त्र की सामान्य से सामान्य पुस्तकों से प्राप्त किया जा सकता है। और दर्शन तथा समाजशास्त्र की तुलना में इतनी तुच्छ होने पर भी ये कविताएँ पाठकों के लिए तुच्छ नहीं हैं, क्योंकि इन कविताओं के वाचन अथवा श्रवण मात्र से पाठकों के भीतर आवेश उत्पन्न होता है, आनन्द की झंकार उठती है; रोमांच, पुलक, अश्रु, अथवा वैवर्ण्य के सात्त्विक भाव उत्पन्न होते हैं जो इस बात के प्रमाण हैं कि पाठक शास्त्र की निष्प्राण चट्टानों पर से नहीं, प्रत्युत, कविता की हरी-भरी सजीव भूमि से गुजर रहा है। शुद्ध कविताओं के पढ़ने या सुनने पर पाठकों में जो अनुभाव उत्पन्न होते हैं, वे ही अनुभाव यदि विचार-काव्य भी जगा सकें तो उन कविताओं को सत्काव्य की कोटि में रखने में मुझे कोई आपत्ति दिखाई नहीं देती। किन्तु, विचारों की प्रमुखता में वृद्धि होने से कहीं कवित्व का ह्रास न हो जाए, इसलिए जोर हमें बराबर इसी बात पर देना चाहिए कि काव्य विचारों से नहीं, कल्पना और भाव से बनता है और विचार-काव्य भी काव्य इसलिए नहीं माने जाते कि उनमें ऊँचे-ऊँचे विचार हैं, वरन् इसलिए कि उनके रचयिताओं को इन विचारों की अनुभूति कल्पना के आवेश में हुई थी और उन्होंने अभिव्यक्ति का मार्ग भी वही चुना, जो शास्त्रकारों का नहीं, कलाकारों का मार्ग है।

[1956 ई.]

प्रेरणा का स्वरूप

सबसे पहले मैं इस प्रश्न को लेना चाहता हूँ कि प्रेरणा लौकिक है या अलौकिक? वाल्मीकि के मुख से जब विश्व का प्रथम श्लोक फूटा, तब वे चमत्कृत हो उठे कि यह विचित्र वाणी क्या है जो मेरे मुख से निकल पड़ी है।

तस्यैवं ब्रु वतश्चिन्ता बभूव हृदि वीक्षत:
शोकार्त्तेनास्य शकुने: किमिदं व्याहृतं मया?

गोस्वामी तुलसीदास ने भी लिखा है :

कवि-उर-अजिर नचावहिं बानी।

निरालाजी की रचना में भी कहीं ये पंक्तियाँ आती हैं :

तुम्हीं गाते हो अपना गान,
व्यर्थ मैं पाता हूँ सम्मान।

मेरी भी दो पंक्तियाँ हैं :

मैं रिक्त-हृदय बंसी, फूँकें तो उठे हूक,
दे अधर छुड़ा देवता कहीं तो रहूँ मूक।

इसी प्रकार, रवीन्द्रनाथ, इकबाल आदि की रचनाओं में भी बहुधा ऐसी पंक्तियाँ मिल जाती हैं, जिन्हें देखकर ऐसा ज्ञात होता है, मानो, प्रेरणा इहलौकिक नहीं, लोकोत्तर शक्ति हो; मानो कवि के हृदय में प्रेरणा किसी और लोक से आती हो; मानो, कवि मात्र लेखनी हो जिससे लिखनेवाला कोई और है।

और ऐसे संकेत, प्राय:, पाश्चात्य कलाकारों में भी मिलते हैं। 'मोंट

ब्लेंक' नाम्नी कविता में जब शेली की कल्पना उद्भासित होती है, कवि किसी सात्त्विक सन्देह में आकर पूछने लगता है : "क्या किसी अज्ञात व्यक्ति ने जीवन और मृत्यु पर का आवरण उठा दिया है? अथवा मैं स्वप्न देख रहा हूँ?"

ब्लेक ने मिल्टन पर रचित अपनी कविता के विषय में कहा है कि "इस कविता की रचना मैंने बिना सोचे-समझे और बहुत कुछ अपनी इच्छा के विरुद्ध की है।" गेटे ने कहा है : "मैंने अपने गीतों की रचना नहीं की, उन्होंने ही मेरा निर्माण किया है।" कीट्स के 'हाइपेरियन' नामक काव्य में जहाँ अपोलो का वर्णन आता है, उसके विषय में कवि ने कहा है कि "यह प्रसंग संयोग से लिखा गया, जादू से निकल पड़ा, मानो, मैंने उसका रचना न की हो; मानो, यह अंश मुझे दान में मिला हो!" उसने अन्यत्र भी लिखा है कि "कई विचार और अभिव्यक्तियाँ तो ऐसी हैं जिनका पहले मुझे ध्यान ही नहीं था, जिनसे मेरा परिचय तब हुआ, जब मैं उन्हें लिख चुका था। और लिख लेने पर उन विचारों को देखकर मुझे विस्मय भी हुआ और ऐसा लगा, मानो, वे मेरी नहीं, किसी अन्य व्यक्ति की रचनाएँ हों।" कवि सिडनी डाबेल का कथन है कि "जब भी मैं रचना करता हूँ, तब हमेशा मेरा यह भाव होता है, मानो, मैं यंत्र होऊँ; मानो, मैं मात्र मुख होऊँ", जिससे बोलनेवाला कोई और है; मानो, देनेवाला अदृश्य हो और मैं केवल दान ग्रहण कर रहा होऊँ।" जार्ज सैंड ने तो स्पष्ट घोषणा की है कि मैंने अच्छा या बुरा, जो कुछ भी लिखा है, उसकी जिम्मेदारी मुझ पर नहीं है, क्योंकि लिखते समय मैं केवल माध्यम होता हूँ जिससे बोलनेवाला कोई और होता है।" डिकेन्स ने कहा है कि "जब भी मैं कोई पुस्तक आरम्भ करता हूँ, कोई अज्ञात शक्ति मुझे सब कुछ बता देती है।" और थैकरे की स्वीकारोक्ति यह है कि "अपने ही चरित की बातें सुनकर मैं चकित रह जाता हूँ। ऐसा लगता है कि मेरी लेखनी किसी अदृश्य शक्ति द्वारा संचालित होती है।"

भारतीय परम्परा में इष्ट-बल का भी उल्लेख मिलता है और, प्राय:, महाकवियों के विषय में कथाएँ प्रचलित हैं कि वे कविताएँ अपने इष्ट-देवों की कृपा से किया करते थे। कवि अवतारी पुरुष होता है, वह स्वर्ग का दूत है, वह भेजा हुआ प्राणी है, वह उस शक्ति की जिह्वा है जो बोलती नहीं, किन्तु, जिसके भीतर से सारा ज्ञान प्रकट होता है—ये सारी कहावतें भी इसी ओर इंगित करती हैं कि कवि के भाव अदृश्य से आते हैं। कविता किसी और की है, कवि केवल उसका वाहन मात्र है।

किन्तु, बुद्धिमान की दुनिया में ऐसी मान्यताओं के प्रश्रय के लिए कोई गुंजाइश नहीं है। अब लोग प्रेरणा को भी बुद्धि का ही पहलू मानते हैं। कवि भविष्यद्रष्टा होता है, यह उक्ति कभी-कभी आज भी सुनाई पड़ती है, किन्तु, इस उक्ति का अभिनव समाधान यह है कि भविष्य-दर्शन भी कवि अपनी बुद्धि द्वारा ही करता है। स्मृति और बुद्धि के सिवा उसके पास और कोई साधन नहीं है जिससे वह अतीत, वर्तमान या भविष्य को जान सके।

राधाकृष्णन, वर्गसन, ब्लेक, इकबाल, मौलाना रूसी आदि ने संबुद्धि (इनटुइशन) की बात कही है। किन्तु, अभिनव विद्वान् संबुद्धि को भी बुद्धि का ही विकास मानता है। संबुद्धि अदृश्य शक्ति का संकेत नहीं है। वह अत्यन्त केन्द्रित चिन्तन का ही परिणाम होती है।

यह बात मुझे ठीक लगती है। संबुद्धि के चरम-चमत्कार रहस्यवादी संतों में मिलते हैं, किन्तु, संसार के रहस्यवादी संत मंद-बुद्धि नहीं हुए हैं। उनमें औसत से अधिक तेजस्विता थी और इसी तेजस्विता के बल पर वे बुद्धि के घेरे से आगे बढ़कर उस वास्तविकता का संकेत दे सके जो अदृश्य है, जो सामान्य बुद्धि से छुई नहीं जा सकती।

चिन्तन की प्रक्रिया योग की प्रक्रिया से मिलती-जुलती है और जब चिन्तक सभी दिशाओं से अपने मन को हटाकर उसे किसी एक ओर केन्द्रित करता है, तब उसके चिन्तक की शक्ति बहुत बढ़ जाती है और वह ऐसे सत्यों का आभास पा जाता है जो 'लाजिक' की पहुँच के परे हैं। संबुद्धि से उपलब्ध ज्ञान तर्कों के द्वारा सिद्ध या प्राप्त ज्ञान नहीं है। वह तो ऐसा ज्ञान होता है जिसे हम अपनी सभी इन्द्रियों की उपस्थिति में ग्रहण करते हैं, जिसे हम जानते नहीं, आँखों से देख लेते हैं। अरविन्दों ने जिस ओवर माइंड की बात कही है, वह वही मस्तिष्क है। अति-मानस या सुपर-माइंड, कदाचित् इससे भी ऊपर की चीज हो, वह कदाचित् संबुद्धि की वह अवस्था हो, जब मस्तिष्क में बिजली-सी कौंध कर न रह जाए, प्रत्युत्, कोई पैट्रोमैक्स जल उठे और देर तक जलता रहे।

तो कवि की प्रेरणा क्या वस्तु है? अलौकिक या दिव्य वह हो या न हो, किन्तु, वह ऐसी वस्तु अवश्य है जिस पर कवि का वश नहीं चल सकता। कवि क्या लिखेगा, किस दिशा की ओर जाएगा, किस गर्मी या नर्मी को पसन्द करेगा, ये बातें चुनाव की नहीं होतीं। कवि उन्हें अपने पूर्व-निर्धारित पाता है।

क्यों पूर्व-निर्धारित पाता है? इसलिए कि वह जहाँ जनमा है, जिन लोगों के बीच रहकर बड़ा हुआ है, जिन विचारों को सुनते-समझते साहित्य में आया है, वे सब मिलकर उसके भविष्य का निर्माण कर देते हैं और यह भविष्य ही उसका भाग्य है जिसे छोड़कर वह भाग नहीं सकता।

प्रेरणा विभिन्न संस्कारों से उत्पन्न होने के कारण अनिर्वचनीय एवं पूर्व-निर्धारित होती है तथा कवि उसे छोड़कर भाग नहीं सकता, इसे हम अपने अनुभवों से भी जानते हैं और उसके कितने ही प्रमाण भी हैं। कवि वड्र्सवर्थ की बहन ने लिखा है कि "विलियम रचना की प्रक्रिया से घबरा कर भाग जाना चाहता था, किन्तु, वह भाग नहीं पाता था।" थैकरे ने लिखा है कि "अक्सर ऐसा होता है कि कागज और कलम लेकर मैं घंटों बैठा रहता हूँ और पुस्तक की एक पंक्ति भी लिख नहीं पाता। और तब ऐसा होता है कि न तो मैं किताब ही लिखता हूँ, न किसी दूसरे काम में ही मेरा जी लगता है। मैं अलिखित पुस्तक को लिये जागता रहता हूँ, टहलता रहता हूँ और फिर उसी के साथ सो जाता हूँ।"

लिखने की प्रक्रिया सदैव आनन्ददायी नहीं होती। अक्सर मन उससे भागना चाहता है। किन्तु, प्रेरणा के भीतर चुम्बक की शक्ति होती है जो कवि को अपने से अन्यत्र जाने नहीं देती। अथवा यों कहें कि रचना का कार्य आनन्ददायी भी होता है और दुःखदायी भी, किन्तु, यह दुःख या श्रम स्वयं आनन्द से पूर्ण होता है जिससे साहित्य-प्रसव की वेदना साहित्यकार के लिए सुख-सह्य हो जाती है।

यह तो हुआ प्रेरणा की मनोदशा का वर्णन। किन्तु, वास्तव में, प्रेरणा क्या है?

प्रेरणा के उद्गम के विषय में कोई भी बात बहुत जोर से नहीं कही जा सकती। अपने अनुभवों के आधार पर मैं कभी-कभी यह मानने को विवश हो जाता हूँ कि प्रेरणा यदा-कदा ईश्वरीय भी होती होगी। किन्तु, ईश्वरीय विशेषण कौन ग्रहण करेगा? और उसे ग्रहण कराने का उपाय भी तो नहीं है। इसलिए, जो बात कही जा सकती है, वह यह है कि प्रेरणा बुद्धि के केन्द्रीकरण से उत्पन्न कोई अनिर्वचनीय शक्ति है जिसके मूल हमारे संस्कारों में रहते हैं, जिसकी शिराएँ हमारी स्मृतियों में गड़ी होती हैं तथा जो मनुष्य की संबुद्धि से समन्वित होती है। उसे न तो फूल और चाँदनी जगा सकती है, न मात्र नारी

का रूप उसे उत्पन्न कर सकता है। सरस्वती न सिगरेट के धुएँ पर उतरती है (जैसा बेनीपुरीजी कहते हैं), न वह फूलों को देखकर लपक पड़ती है (जैसा रामकुमारजी का विश्वास है)। जब हम जीवन के सम्पूर्ण अनुभवों, समस्त स्मृतियों एवं बुद्धि की सारी शक्ति को लेकर सोचने लगते हैं अर्थात् चिन्तन की प्रक्रिया में जब केवल मन ही नहीं, सम्पूर्ण अस्तित्व विलीन हो जाता है, उस समय हमारे भीतर एक विलक्षण शक्ति जाग पड़ती है जो छलाँग मारकर अदृश्य पर से आवरण को खींच लेती है, जो तर्कों की राह से न चलकर अनायास समाधान के दर्शन करा देती है। यही शक्ति प्रेरणा है।

सच्ची कविता तब तक नहीं फूटती, जब तक कि कपास की सुई उत्तरी बिन्दु के ठीक आमने-सामने न आ जाए। मन जब ध्यान में जाता है, तब वह अधिकतर इधर-उधर भटकता रहता है, ध्यान का जो उत्तरी केन्द्र अर्थात् ध्रुव है, उसके ठीक सामने खड़े होने में उसे देर लगती है। ध्रुव से थोड़ा भी बाएँ या दाएँ रहने पर जो कविताएँ बनती हैं, उनमें तन्मयता या एकाग्रता नहीं होती। वे मूल ध्येय से इधर-उधर भटकी हुई होती हैं। इसके सिवा, ऐसी कविताएँ रचते समय कवि को आयास भी बहुत करना पड़ता है और उसे वह आनन्द भी नहीं मिल पाता जो स्रष्टा को बेसुध करनेवाला आनन्द है। किन्तु, मन जभी ध्रुव के सामने आया कि कविता फूट पड़ती है और कवि के अंग में आनन्द की सिहरन आरम्भ हो जाती है। और उस समय कविता आपसे-आप बनती चली जाती है। संसार की जो श्रेष्ठतम कविताएँ हैं, उनकी रचना में कवियों को कम-से-कम आयास हुआ होगा, ऐसा मेरा विश्वास है।

लेकिन, यह ध्रुव क्या है? इसका परिचय देने में फिर मुझे कठिनाइयाँ महसूस होने लगीं। यह, कदाचित्, हमारे भीतर बसनेवाले विचारों के शिखर का प्रतीक है। यह, कदाचित्, मानस का वह स्थान है जहाँ से हमारे सभी विचार और सभी भाव उत्पन्न होते हैं। यह, कदाचित्, हमारे मानसिक संस्कारों का केन्द्र-बिन्दु है। मानसिक संस्कारों का केन्द्र-बिन्दु, यह टुकड़ा मुझे सबसे अधिक पसन्द आया, क्योंकि संस्कारों से मनुष्य भाग नहीं सकता। इसी प्रकार, कवि भी अपनी प्रेरणा से भागने में असमर्थ है और यही कारण है कि कवि अपने-आप से यह भी नहीं कह सकता कि मुझे वह प्रेरणा नहीं चाहिए जो मेरे भीतर उठ रही है। वह चाहे या नहीं, किन्तु, प्रेरणा उसकी वही रहेगी, जिसका उसने अर्जन किया है। दो व्यक्ति एक समान नहीं होते। इसी प्रकार, दो सत्कवि

भी एक समान नहीं होते हैं। जहाँ जोड़े दिखाई पड़ें, वहाँ समझ लीजिए कि ओरिजिनल एक ही है, दूसरा अवश्य डुप्लिकेट होगा। "लीक-लीक गाड़ी चलै, लीके चलै कपूत; लीक छाड़ि तीने चलैं, शायर, सिंह, सपूत।" वामन ने कहा है न, 'रीतिरात्मा काव्यस्य?' यह रीति कवि के व्यक्तित्व का नाम है, जो दूसरे कवियों के व्यक्तित्व से भिन्न होता है और प्रत्येक कवि की प्रेरणा उसके अपने व्यक्तित्व के अनुरूप होती है। प्रेरणा उन संस्कारों के उभार का नाम है जिन्हें हमने रहन-सहन, विचार-विमर्श, अध्ययन और संगति के द्वारा अर्जित किया है। इसलिए, प्रेरणाओं पर हमारा कोई अधिकार नहीं। हम उन्हें इष्ट दिशाओं की ओर मोड़ने में असमर्थ हैं। हमारा वाहन प्रेरणा नहीं, हमीं उसके वाहन हैं। और क्लासिक कवि, कदाचित्, प्रेरणाओं की अधीनता को थोड़ा-बहुत छिपा भी ले, रोमांटिक कवि तो उसे एकदम नहीं छिपा सकता। वह उसकी लहरों में बह जाता है।

प्रेरणा कभी-कभी आप से आप उत्पन्न हो जाती है, अर्थात्, कभी-कभी मन की सूई ध्रुव के सामने आप-से-आप आ जाती है और तब अचानक सत्कविता फूट पड़ती है जिसकी पहचान कविता के भीतर निहित सम्पूर्ण तन्मयता का वातावरण है। किन्तु, बहुधा ऐसा भी होता है कि कवि अपने भीतर मन्द उन्माद की अवस्था उत्पन्न करना चाहता है और कोशिश करता है कि सूई ध्रुव के आमने-सामने आ जाए। किन्तु, इसमें वह कभी तो सफल होता है और कभी असफल रह जाता है।

प्रेरणा जवानी में अधिक आती है और उम्र अधिक हो जाने पर कम। इससे मालूम होता है कि इसका कुछ-न-कुछ सम्बन्ध रक्त की उष्णता और तेजी से भी होगा। कई लोग प्रेरणा की प्रतीक्षा में निष्क्रिय बैठे रहते हैं और ऐसा करते-करते वे एक दिन, प्रकृतितः निष्क्रिय ही हो बैठते हैं। यह अभ्यास ठीक नहीं है। इससे साहित्य का परिमाण घटता है और उसी अनुपात में श्रेष्ठ साहित्य की मात्रा भी न्यून होती जाती है। जो कम लिखकर अच्छा लिख गया है, वह श्रेष्ठ है। किन्तु, यह नियम न माना जाए, तभी ठीक होगा। साधारण नियम यही है कि अधिक लिखनेवालों के साहित्य में से ही अधिक मात्रा में श्रेष्ठ साहित्य छाँटा जा सकता है। इसलिए, प्रेरणा की अचल प्रतीक्षा ठीक नहीं है। कवि को जबर्दस्ती भी लेखनी उठा लेनी चाहिए। कुछ देर तो वह भटकी हुई या लंग मारनेवाली पंक्तियाँ लिखेंगी, किन्तु, आगे चलकर मन्दोन्माद की स्थिति आ

सकती है और सम्भावना है कि सूई ध्रुव के आमने-सामने आ जाए। 'रश्मिरथी' काव्य मैंने जबर्दस्ती आरम्भ किया था और उसके आरम्भ के दो सर्ग जबर्दस्ती ही लिख गया था। किन्तु, तीसरे सर्ग में पहुँचते-पहुँचते सूई ध्रुव के सामने आ गई। यही बात मेरी कितनी ही छोटी-छोटी रचनाओं पर भी लागू है?

अब रह गई यह बात कि प्रेरणा के साथ रचना कैसे होती है?

उन्माद की स्थिति निद्रा की स्थिति नहीं होती, उलटे वह अतिशय जागरूकता की स्थिति है। काव्य रचते समय कवि दो धरातलों पर एक साथ जगता है। एक धरातल तो वह है जिस पर प्रेरणा गुंजार कर रही है और दूसरा वह जिस पर कलम चलती है। पहले धरातल पर कवि की चिन्ता का विषय यह होता है कि उसके भीतर जो प्रेरणा उठती है, उसे वह ठीक से समझ रहा है या नहीं। और दूसरे धरातल पर वह अपने-आपसे यह पूछता है कि ऊपर के धरातल पर उसने जो कुछ सुना है, नीचे के धरातल पर वह वही लिख रहा है या और कुछ, कठिनाइयाँ दोनों ही धरातलों पर हैं। प्रेरणा के स्तर की कठिनाई यह है कि भावों का तूफान बहुत कुछ अन्धा होता है। उसमें पेड़ नहीं, केवल जंगल दिखाई देते हैं। कवि का काम यह होता है कि गहरी समाधि में जाकर वह जंगल का ध्यान करे और इतना ध्यान करे कि एक-एक पेड़ को पहचान ले। यह बड़ा ही कठिन कार्य है। इसकी साधना बहुत कुछ आत्मज्ञान की साधना के समान होती है। कितने आदमी हैं जिन्हें, सचमुच, अपने विचारों का ज्ञान है? और भावों का ज्ञान पाना और भी कठिन है। फिर भी, कविता विचार नहीं, भावों से खेलती है।

और रचना के धरातल की कठिनाई यह है कि प्रेरणा के धरातल पर हमने जो कुछ ग्रहण किया है, रचना के धरातल पर हम उसे ठीक-ठीक नहीं लिख पाते। द्वन्द्व-गीत में एक पंक्ति है : 'नहीं जानता, भाव गीत बनते-बनते मिट जाते हैं?' और बेनपुरी एक सूक्ति कहता है : 'कविता में आते-आते हर कमल कनेर बन जाता है।' ये लन्तरानियाँ नहीं, पक्के अनुभव की बातें हैं। शेली ने कहा है कि रचना की प्रक्रिया के आरम्भ हो जाने पर मस्तिष्क का अंगारा मन्द होने लगता है। कोई अदृश्य शक्ति, रह-रहकर, धधक-धधककर उसे जलाती अवश्य रहती है, किन्तु, अंगारा सतत प्रज्वलित नहीं रहता। यदि प्रेरणा का आरम्भिक तेज रचना की सारी प्रक्रिया तक एक-सा बना रहे तो यह कहना कठिन है कि वह कविता कितनी प्रकाशमयी और ज्वलंत होगी। पर, यह होता

नहीं। रचना के वास्तविक आरम्भ के पूर्व ही प्रेरणा शिथिल होने लगती है।

प्रेरणा के अभाव में रचना का आरम्भ नहीं किया जा सकता, किन्तु, प्रेरित हो जाने पर भी सोचने की अत्यन्त कठिन प्रक्रिया के बिना कविता ठीक नहीं बन पाती है। सभी दृष्टियों से सफल रचना तब की जाती है, जब कवि को सातत्य का अभ्यास होता है, जब वह अपना ध्यान बराबर एक ही दिशा में गड़ाये रह सकता है। कवि जिस विषय पर लिख रहा हो, उस विषय के भीतर उसे इतना मग्न हो जाना चाहिए कि उस समय उसके दिमाग में अन्य विषयों की कोई छाया भी न रह जाए। जब ऐसी तन्मयता उत्पन्न होती है, कलाकार को रचना का आनन्द तभी मिलने लगता है। कवि में लगातार एक ही दिशा में सोचते जाने की जितनी ही बड़ी क्षमता होगी, चित्रों और विचारों के जुलूस का जमकर अनुगमन करने का जितना ही उसमें धैर्य होगा, उसकी रचना भी उतनी ही पूर्ण और समर्थ उतरेगी। बड़े-से-बड़े कवि और चिन्तक की सफलता का एकमात्र रहस्य यह है कि उनके चिन्तन में सातत्य था, वे अपने लक्ष्य का पीछा पूरी तन्मयता से कर सकते थे और अभिव्यक्तियों को वे उतनी स्वच्छ बना सकते थे, जितनी स्वच्छता के बिना वे ग्राह्य नहीं हो सकतीं। जहाँ भी इस सातत्य और तन्मयता का अभाव होता है, वहाँ अभिव्यक्तियाँ उलझीं, कुरूप और भोंडी रह जाती हैं, जिनके अनेक उदाहरण प्रसादजी की 'कामायनी' में मौजूद हैं।

लिखने की असली कठिनाई यह है कि भाव तो उतरे हैं सीधे-सादे और हम उन्हें रंगों की पोशाक पहनाना चाहते हैं अथवा भाव तो उतरे हैं रंगीन, मगर, हम उन्हें नग्न बनाकर लिखना चाहते हैं। और एक भाव से दूसरे भाव का जो सम्बन्ध है, वह किस शेड (छाया) में रखा जाए, यह भी कठिनाई का काम है। कभी रंगों के लोभ में पड़कर, कभी गीत के लालच के कारण और कभी इस मोह से कि पंक्तियों को कैसे रखें कि सम्मेलनों में ताली बज जाए अथवा अग्रणी आलोचक अधिक अंक दे दें, कवि अपने भावों को ठीक-ठीक उस रूप में नहीं लिख पाता जिसमें वे गृहीत हुए हैं। इसलिए, अक्सर, 'लिखत सुधाकर लिखिगा राहू' की कहावत चरितार्थ हो जाती है।

यदि कला को लीजिए तो उसकी आवश्यकता दोनों धरातलों पर होती है। प्रेरणा को ठीक-ठीक सुनकर उसे ठीक-ठीक ग्रहण कर लेना यह भी कला ही है, ्रप्रत्युत, इसे मैं बड़ी कला कहूँगा, क्योंकि जिस समय हम भावों को

पकड़ते हैं, हमारी शैली का निर्धारण उसी समय हो जाता है। शैली, यानी वह ढंग जिससे हमने भावों को ग्रहण किया है। शैली, यानी वह मुद्रा जिसमें हमने प्रेरणा का साक्षात्कार किया है। और तब भी विपद् की बात यह है कि प्रेरणा का रूप हम बदल नहीं सकते और शैली प्रेरणा का अनुगमन करती है।

अन्त में यह प्रश्न समीचीन मालूम होता है कि रचना में प्रेरणा का अधिक महत्त्व है या प्रयास का? यह प्रश्न बहुत कुछ वैसा ही है, जैसा यह पूछना कि अच्छी फसल उगाने के लिए भूमि की उर्वरता आवश्यक है या कृषकों का श्रम? प्रेरणा मात्र इस बात की गारंटी है कि ऋतु अनुकूल है। रचना के बाकी काम तो साधना और प्रयास से ही किये जा सकते हैं। प्रेरणा बहुत देर तक नहीं ठहरती, न कल्पना बराबर छलाँगें मारकर चलती है; अधिकतर उसका पद-निक्षेप'अनुद्विग्न ही होता है। प्रेरणा अदृश्य की वह दूती है जो कवि-कल्पना को जगाकर फिर तुरन्त छिप जाती है। कवि-प्रतिभा का काम यह रह जाता है कि वह कल्पना को उस प्रकार चलाए, जैसे कवि की रुचि उसे चलाना चाहती हो।

[1957 ई.]

सत्यं, शिवं, सुन्दरम्

कला का सर्वोपरि धर्म सौन्दर्य है, किन्तु, सर्वोत्तम कलाकृति हम उसे कहते हैं जो सुन्दर होने के साथ सत्य भी हो और शिव भी, यद्यपि, कलाओं में सत्यं, शिवं, सुन्दरम् का समतुल समन्वय, प्रायः, दुर्लभ होता है। कवि कीट्स ने कहा था कि कल्पना जिसे सुन्दर समझती है, वह सत्य भी माना जाना चाहिए, भले ही वस्तु-जगत् में उसका अस्तित्व न हो। फिर उसी कवि की घोषणा है कि सौन्दर्य ही सत्य है और सत्य ही सौन्दर्य, इस बात की अनुभूति जिसे हो चुकी है, उसे और कुछ जानने की आवश्यकता नहीं है।

किन्तु, क्या सभी सौन्दर्य, सचमुच ही, सत्य होता है? अथवा क्या हम कह सकते हैं कि सभी शिव सुन्दर और सभी सत्य शिव होते हैं? प्रमाण के लिए यदि जीवन को देखें तो वहाँ प्रत्यक्ष विरोध के अनेक दृष्टान्त मिलेंगे। यक्ष्मा और कुष्ठव्याधि सत्य तो हैं, किन्तु, वे न तो शिव हैं और न सुन्दर। मृगमरीचिका देखने में अत्यन्त सुन्दर प्रतीत होती है, किन्तु, वह सत्य नहीं है और कुनैन जो इतनी शिव है, उसमें सौन्दर्य का लेश भी नहीं है। फूल का फूल होना जितना सत्य है, पत्थर का पत्थर होना उससे कम सत्य नहीं है। फिर भी, फूल सुन्दर और पत्थर उससे कम सुन्दर माना जाता है। बादल बादल के रूप में जितना सुन्दर लगता है, हाथी का आकार लेने पर वह उससे अधिक सुन्दर हो जाता है, फिर भी बादल का हाथीवाला रूप असत्य है। नदी के जल में जो आकाश बिम्बित होता है, उसके सामने असली आकाश की शोभा नहीं टिकती।

फिर भी, असली आकाश सत्य और नदी का आकाश झूठ है।

प्रश्न उठता है कि जब जीवन में सत्य, शिव और सुन्दर के बीच इतना विभेद है, तब क्या कला और साहित्य के भीतर यह विभेद नहीं होता होगा? टॉल्स्टॉय का मत है कि जीवन में सत्य, शिव और सुन्दर के बीच हम जो विरोध देखते हैं, वही विरोध कलाओं के क्षेत्र में भी देखा जा सकता है, इसलिए, सौन्दर्य मात्र की उपस्थिति से कलाएँ पूजनीय नहीं हो जातीं। हमें यह भी देखना चाहिए कि उनमें शिव और सत्य की उपस्थिति के प्रमाण हैं या नहीं। सौन्दर्य का प्रमाण आनन्दमयता है, अतएव, कला का सबसे बड़ा लक्षण हम यह मानते आए हैं कि वह हमें प्रसन्नता से भर दे, हमें आत्मविस्मृति की अवस्था में पहुँचा दे। किन्तु, टॉल्स्टॉय कला की इस शक्ति को संदिग्ध दृष्टि से देखते हैं। उनका विचार है कि आनन्द को कला का एकमात्र धर्म मानना यह मानने के समान है कि भोजन का सम्पूर्ण गुण उसके स्वाद में है यानी इस बात में है कि चबाने में वह अच्छा लगता है। चबाने में अच्छा लगने से भोजन अच्छा माना जा सकता है, किन्तु, उससे यदि रक्त या उदर-विकार उत्पन्न होते हों तो उस भोजन को कुत्सित या त्याज्य ही समझना चाहिए।

कला के विषय में टॉल्स्टॉय के जो मत हैं, प्रायः, वैसे ही मत सर मोहम्मद इकबाल के भी थे। इकबाल की कसौटी यह थी कि कला, दर्शन और विज्ञान, सबका धर्म यह होना चाहिए कि उनसे जीवन में स्वास्थ्य और शक्ति की वृद्धि हो। अतएव, जिस कला से जीवन में दुर्बलता आती है, उसे इकबाल ने सर्वथा त्याज्य कहा है। इसीलिए, हाफिज-जैसे आनन्दमग्न सूफी कवि के विषय में उनका यह कहना है कि "इन कवियों के गुलाबों से सावधान रहो, क्योंकि इन गुलाबों के भीतर साँप छिपे हुए हैं।" इकबाल का मत था कि इस्लाम के दुर्बल होने का एक कारण यह भी रहा कि उसमें ऐसे कवि उत्पन्न हुए जिन्होंने सुन्दर की आराधना में शिव को बिलकुल विस्मृत कर दिया तथा उन भावों को तो उन्होंने खूब उभारा जिनसे आनन्दमयी जृम्भा संचरित होती है, किन्तु, ऐसे वेगों को जगाने की उन्होंने कोशिश ही नहीं की जिनसे जातियों में उत्साह भरता है। उनका विचार था कि भारत में भी कला ने जीवन को जगाये रखने की चेष्टा नहीं की, प्रत्युत्, कभी तो उसने वैराग्य की शिक्षा दी और कभी यह सिखलाया कि आनन्द का एकमात्र उत्स कामाचार है। भारतीय कलाकारों पर चोट करते हुए एक कविता में उन्होंने लिखा है :

इश्को-मस्ती का जनाजा है तखैयुल इनका,
इनके अन्देशये-तारीक में कौमों के मजार।
मौत की नक्शगरी इनके सनमखानों में,
जिन्दगी से हुनर इन बरहमनों का बेजार।
चश्मे-आदम से छिपाते हैं मोकामाते-बलन्द,
करते हैं रूह को खाबीदा, बदन को बेदार।
हिन्द के शायरो, सूरतगरो, अफसानानबीस?
आह! बेचारों के आसाब पर औरत है सवार।

भाव यह है कि इन कलाकारों के विचार प्रेम और मस्ती के जनाजे ढोते हैं तथा उनकी अन्धकारमयी कल्पना में जातियों की कब्रें बनती हैं। इनके चित्रगार में मृत्यु की चित्रकारी है तथा मानवता के इन ब्राह्मणों का शिल्प जिन्दगी से बेजार है। ये कलाकार जीवन के ऊँचे ध्येयों को मनुष्य की आँखों से ओझल रखते हैं। इनका काम आत्मा को सुलाना और शरीर को जाग्रत करना है। भारत के कवि, चित्रकार और कथाकार की बातें मत पूछो। बेचारों की धमनी पर औरत चढ़ बैठी है।

स्पष्ट ही, टॉल्स्टॉय और इकबाल कला में सत्य और शिव की स्थापना चाहते हैं। कोरे सौन्दर्य के कारण वे किसी भी कला को स्वीकृति नहीं दे सकते। टॉल्स्टॉय के अनुसार केवल आनन्द देनेवाली कला उस भोजन के समान है जो केवल चबाने में अच्छा लगता है। और इकबाल कला में उपयोगिता खोजते हैं। उनकी दृष्टि में केवल आनन्दमयता और मनोरंजन यथेष्ट नहीं हैं। उनका कथन है कि "कला में अफीम-सेवन के लिए गुंजाइश नहीं होनी चाहिए। 'कला के लिए कला' का सिद्धान्त पतनशीलता का प्रपंचपूर्ण आविष्कार है और उसका ध्येय भुलावे में डालकर हमें अशक्त बनाना है जिससे कि हमारे हाथों का अधिकार दूसरों के हाथ में चला जाए।"

टॉल्स्टॉय और इकबाल कला के नैतिक पक्ष को ऊँचा करना चाहते हैं, किन्तु, ऐसे भी विचार, और कलाकार हुए हैं जो कला को नीति और उपयोगितावाद के घेरे में नहीं रखना चाहते। उदाहरणार्थ, रवीन्द्रनाथ ठाकुर कला को आनन्द का पर्याय मानते हैं। उनके अनुसार : "कला की आत्मा आनन्द है, और वह भी ऐसा आनन्द जिसमें किसी भी उद्देश्य की गन्ध नहीं

हो।" रवि बाबू का तर्क यह है कि उपयोगिता का घेरा वहीं तक है जहाँ तक मनुष्य और पशु एक हैं, जहाँ तक उनके जीवन-यापन और आत्मरक्षा का सवाल है। मनुष्य जब तक इस घेरे के भीतर रहता है तब तक वह पशु से भिन्न नहीं है। मनुष्य पशु से भिन्न तब होता है जब वह उपयोगिता के घेरे से निकलकर ऐसे कार्य करने लगता है जिनका कोई उपयोगी लक्ष्य नहीं होता, जो आनन्द से प्रेरित होकर आनन्द का ही संचार करते हैं। कला मनुष्य के व्यक्तित्व की अभिव्यक्ति है और मनुष्य तब तक व्यक्तित्वशाली होने का दावा नहीं कर सकता, जब तक वह उपयोगिता के घेरे में रहकर अपनी आवश्यकताओं की पूर्ति में लगा हुआ है। "वैयक्तिक मनुष्य का जन्म ही उस लोक में होता है जहाँ पहुँचकर हम शरीर और मन, दोनों की, सभी प्रकार की आवश्यकताओं से मुक्त हो जाते हैं, जो लोक-उपयोग और मसलहत की दुनिया से कहीं ऊँचा और महान है।"

इस प्रसंग को दृष्टान्तपूर्वक समझाते हुए रवि बाबू ने लिखा है कि स्त्री का उपयोग माता, बहिन, सखी या समाजसेविका के रूप में बहुत है, किन्तु, यह उसका व्यक्तित्व नहीं कहा जा सकता। उसका व्यक्तित्व तो उसकी प्रसन्न मुद्रा में है, उसकी सजधज और रंगीनी तथा उसकी गति की भंगिमा और अदाओं में है। "नारी का जो असली रूप है, वह उसकी सजधज की चित्रमयता तथा वाणी एवं गति की संगीतमयता में प्रकट होता है। नारी क्या है, इस जिज्ञासा का समाधान उसके उपयोगी होने में नहीं, बल्कि उसकी आनन्दमयी मुद्राओं में मिलेगा।"

और योद्धा का व्यक्तित्व भी उसके युद्ध-कौशल में नहीं है। युद्ध तो एक आवश्यक कृत्य है, अतएव, उसके भीतर से योद्धा के व्यक्तित्व की अभिव्यंजना नहीं हो सकती। व्यक्तित्व की अभिव्यंजना के लिए उसे बाजे चाहिए, सजावट और पोशाक चाहिए। "योद्धा में जो योद्धा होने की तीव्र चेतना है, उसकी अभिव्यक्ति के बिना उसका व्यक्तित्व व्यंजित नहीं हो पाता, यद्यपि, इस चेतना की अभिव्यक्ति केवल अनावश्यक ही नहीं, कभी-कभी आत्मघातक भी हो सकती है।"

कला आत्मघातक भी हो सकती है, इस निष्कर्ष को रवीन्द्र, टॉल्स्टॉय और इकबाल—तीनों मानते हैं। फर्क यह है कि टॉल्स्टॉय और इकबाल आत्मघातक कला को प्रश्रय देना नहीं चाहते, किन्तु, रवीन्द्र, सम्भवतः, ऐसी

किसी भी कलाकृति का निरादर नहीं करेंगे जिसमें हृदय को मोहित करने की शक्ति हो। आत्मघातक अथवा अनावश्यक रूप से विनाशकारी तो कभी-कभी क्रान्ति भी होती है, देशप्रेम भी होता है, औचित्य का अतिक्रमण करनेवाला साहस भी होता है, किन्तु, इससे क्रान्ति, देशप्रेम और साहस का मूल्य नहीं घटता। रवीन्द्र भी यहाँ सौन्दर्य की शूरता का पक्ष ले रहे हैं। जैसे अन्य अनेक दिव्य भावों पर आसक्त होने के कारण मनुष्य विनाश को प्राप्त होता है और उसे हम बुरा नहीं समझते, उसी प्रकार, सौन्दर्य की अभिव्यक्ति अथवा आसक्ति में विनष्ट होना निन्दनीय कर्म नहीं है, यह निष्कर्ष रवि बाबू के कथन से आसानी से निकल आता है।

रवि बाबू ने जो बात हलके संकेत में कही, उसी बात को क्रोसे ने बड़े जोर से रखा है। क्रोसे उन सभी लोगों के विरुद्ध हैं जो कला का निरादर केवल इसलिए करना चाहते हैं कि उससे नैतिकता की सीमाएँ टूटती हैं और समाज में कदाचार फैलता है। क्रोसे कहते हैं कि कलाओं के सौन्दर्य से यदि समाज में अपराधियों की संख्या बढ़ती है तो इसका उचित उपाय यह है कि समाज पुलिस की संख्या बढ़ाये। किन्तु, यही उन्होंने भूल की है। क्रोसे का ध्यान, कदाचित्, इस बात पर नहीं गया था कि समाज की असली पुलिस का नाम गांधी, टॉल्स्टॉय और इकबाल है। गांधी, टॉल्स्टॉय और इकबाल समाज में रोज पैदा हों, यह बहुत अच्छी बात है, किन्तु, उनकी जिम्मेवारी बढ़ाने की बात तो अच्छी नहीं समझी जाएगी। क्या कलाकारों का यह कहना कोई न्याय की बात है कि बाँध तो हम काटेंगे ही, क्योंकि यह हमारा धर्म है; अब यदि पानी रोकना आवश्यक समझो तो छेद भरनेवालों की संख्या बढ़ाते चलो?

टॉल्स्टॉय ने कला के सम्बन्ध में जो मत रखा, उसका खंडन अनेक विचारकों ने किया है, किन्तु, पूरी तरह वह खंडित हो पाया? आचार का अतिक्रमण करने के कारण मेकियावेली का दर्शन निन्दित समझा जाता है; आचार का अतिक्रमण करने के कारण आज का विज्ञान आलोचना का विषय बन गया है। फिर क्या कारण है कि कला और साहित्यवालों को अनाचार की छूट दी जाए?

जार्ज रसल कोई शृंगारी कवि नहीं थे, न उनकी रसिकता ही जोरदार थी। किन्तु, उन्होंने भी लिखा है कि बाइबिल में यह कहा गया है कि "मैदानों में खिलते हुए फूलों को देखो। ये फूल न तो मेहनत करते हैं, न चरखे पर सूत

कातते हैं, फिर भी, उनमें से एक-एक की ऐसी शोभा है कि अपने समस्त आभूषणों से भूषित सम्राट् सोलमन की सुन्दरता भी उसके सामने हेच है। किन्तु टॉल्स्टॉय, शायद, इन्हें सुन्दर नहीं समझते, क्योंकि ये फूल न तो परिश्रम करते हैं, न सूत कातते हैं और न अपना अस्तित्व सिद्ध करने को कोई प्रचार ही करते हैं।"

टॉल्स्टॉय ने कला के नैतिक पक्ष को ऊपर उठाने की कोशिश में बहुत-सी अतिवादी बातें भी कहीं हैं जिन्हें देखते हुए जार्ज रसल का यह प्रहार बहुत अनुचित नहीं लगता। फिर भी, यह सत्य है कि कला में सौन्दर्य के साथ स्वास्थ्य भी होना चाहिए, यद्यपि, यह स्वयंसिद्ध है कि सच्चा सौन्दर्य तब तक आ ही नहीं सकता, जब तक शरीर के भीतर स्वस्थ रक्त का संचार न हो। पौमेड, पफ और लिपस्टिक से भी रूप सँवरता है, किन्तु, जो आँखें सहज सौन्दर्य का रस पान कर चुकी हैं, वे रंगों के लेप पर नहीं रीझ सकतीं और जिसके भीतर सहज स्वास्थ्य का सौन्दर्य विद्यमान है, वह रंगों के लेप का सहारा ही क्यों लेगी?

सहजहिं आनन सुन्दर रे, भौंह सुरेखलि आँखि,
पंकज मधु पिबि मधुकर रे, उरय पसारल पाँखि।

एक अन्य दृष्टि से देखें तो कला कलाकार के जीवन का प्रस्वेद होती है। इसीलिए, कला में छद्म का काम नहीं चल सकता। यदि आपने प्याज खाया है तो आपके प्रस्वेद में उसकी गंध आएगी। यदि आपने केसर का सेवन किया है तो उसका सौरभ आपके स्वेद को भी सुवासित रखेगा। जो लोग यह कहते हैं कि कला में भाव नहीं, शैली का प्राधान्य है, मेरा उनसे भी विरोध नहीं; क्योंकि मैं मानता हूँ कि भाव और शैली, ये दो वस्तुएँ नहीं हैं। एक ही भाव अनेक कवियों में उठ सकता है, किन्तु, जिस रूप में उसे मैं ग्रहण करूँगा, उससे मेरी शैली बनेगी और जिस रूप में उसे अन्य कवि ग्रहण करेंगे, उससे उनकी शैली निर्धारित होगी। शैली भाव-ग्रहण की पद्धति का नाम है और यह पद्धति इस बात पर निर्भर करती है कि कलाकार का हृदय किस दिशा की ओर देख रहा है, वह किस गहराई या ऊँचाई के ध्यान में है। शैली भी भाव की भाँति ही पूर्व-निश्चित होती है। कलाकार उससे भाग नहीं सकता, वह उसे बदल भी नहीं सकता। कठिनाई यह है कि कला को केवल शैली मानने से नहीं चल सकता,

क्योंकि इसी मतवाद से वे खतरे आते हैं जिनकी ओर टाल्स्टाल और इकबाल ने संकेत किया है; न शैली और भाव के बीच विभाजन ही चल सकता है, क्योंकि कविता पढ़ते समय हम यह नहीं जान सकते कि इस कविता से जो आनन्द हमें मिल रहा है, उसका इतना प्रतिशत तो भाव का आनन्द है और इतना प्रतिशत शैली का। शैली और भाव, दोनों एक हैं और दोनों के भीतर से कलाकार का एक ही व्यक्तित्व व्यंजित होता है।

कला में सफलता प्रत्येक स्तर पर मिल सकती है और कला की दृष्टि से सभी सफलताएँ समान हैं। फिर भी, जिस कलाकार का जीवन ऊँचा है, उसकी कृति में कोई एक विलक्षण गुण आ जाता है जिसकी व्याख्या नहीं की जा सकती। कला की कसौटी पर कसे जाने से बिहारीलाल तुलसीदास के समकक्ष ही ठहरेंगे। फिर भी, रामचरितमानस बिहारी-सतसई से क्यों श्रेष्ठ है? उत्तर रामचरितमानस में प्रयुक्त कला में नहीं, बल्कि, तुलसीदास के व्यक्तित्व में मिलेगा जो बिहारीलाल के व्यक्तित्व से उन्नत और महान था।

सच तो यह है कि सत्य, शिव और सुन्दर का समन्वय केवल कलम या कूँची से नहीं किया जा सकता। इस समन्वय की साधना आचरणों से की जाती है। पाप खूबसूरत होने पर भी पाप है—चाहे वह जीवन में हो या काव्य में। इसी तरह, जो सुन्दर नहीं है, वह सत्य हो या शिव, हम उसे कला की कृति नहीं कह सकते—चाहे वह धर्म का ही आख्यान क्यों न हो। कैसे प्रत्येक सत्य, शिव और सुन्दर तथा प्रत्येक सौन्दर्य शिव और सत्य हो जाता है, इसका उत्तर कारीगर की कारीगरी में नहीं, प्रत्युत, उस व्यक्ति के व्यक्तित्व में मिलेगा जो पाप-पुण्य से ऊपर उठ चुका है, जो परम सौन्दर्य में पगा हुआ, विस्मित और विभोर है तथा जो प्रत्येक सौन्दर्य के सत्य और शिव-पक्ष तथा प्रत्येक सत्य के शिव और सुन्दर पक्ष को छोड़कर और कहीं दृष्टि नहीं डालता। किन्तु, ऐसे कलाकार संसार में कितने हुए हैं? दुःख की बात है कि ऊँची मनुष्यता और निश्चल सौन्दर्योन्माद, इनका मिलन कम हो पाता है। किन्तु, जब कभी ये दोनों गुण एक व्यक्ति में मिल जाते हैं, तभी हमें वह कलाकृति प्राप्त होती है जो एक साथ सत्य, शिव और सुन्दर, तीनों गुणों को आलिंगित किये रहती है।

[1955 ई.]

कविता की परख

कविता के किसी मध्यकालीन पारखी ने एक बड़ा ही अर्थपूर्ण दोहा कहा है :

लीक लीक गाड़ी चलै, लीके चलै कपूत,
लीक छाड़ि तीनैं चलैं, सायर, सिंह, सपूत।

कवि की कम-से-कम पहचान यह है कि वह अपने पूर्वज अथवा समकालीन कवियों में से किसी का भी अनुकर्ता नहीं हो। उसके कहने की शैली और भंगिमा ऐसी होनी चाहिए जिस पर सिर्फ उसी का नाम अंकित हो तथा जो संसार के प्राचीन और समकालीन कवियों की शैलियों में किसी प्रकार भी मिश्रित न की जा सके। यह शैली बहुत कुछ वही चीज है जिसे आचार्य वामन ने रीति कहा है। गिनाने को तो रीति की गिनती तीन वर्गों में ही कर दी गई, किन्तु, सच पूछिए तो रीतियाँ उतनी हैं जितने कि संसार में कवि हुए हैं। और आगे ज्यों-ज्यों नये कवि उत्पन्न होते जाएँगे, त्यों-त्यों काव्य की नई रीतियाँ भी उत्पन्न होती जाएँगी।

संसार में अनन्त काल से मनुष्य उत्पन्न होते आए हैं, किन्तु, दो मनुष्यों की आकृतियाँ सर्वथा एक-सी नहीं होतीं। इसी प्रकार, संसार में कवि भी असंख्य हुए हैं, किन्तु, प्रत्येक कवि की शैली प्रत्येक दूसरे कवि की शैली से भिन्न रही है। यह सत्य है कि एक युग में उत्पन्न होनेवाले सभी कवियों में एक प्रकार की समानता होती है, किन्तु, यह समानता उस युग के स्वतन्त्र व्यक्तित्व के कारण आती है। जहाँ तक कवियों की अपनी वैयक्तिक विशिष्टताओं का

प्रश्न है, वे उस युग के पाठकों को स्पष्ट दिखाई देती हैं। हाँ, जब जीवित युग समाप्त होकर इतिहास बन जाता है तब ये विशिष्टताएँ केवल समधीत आलोचकों को पकड़ाई देती हैं, किन्तु, वे पकड़ाई देती हैं जरूर।

कवियों की यह वैयक्तिक विशिष्टता ही उनके साथ आनेवाली नवीनता है, मौलिकता है और इसी के परिमाणानुसार वे बड़े या छोटे कहे जाते हैं। प्रत्येक युग में हजारों नहीं तो सैकड़ों कवि अवश्य काव्य-रचना करते होते हैं, किन्तु, सहृदय पाठकों का समाज स्वीकृति केवल उन्हें दे पाता है जिनकी रीति नई और शैली नवीन है, जो किसी भी अन्य कवि की प्रतिध्वनि नहीं होकर आप अपनी आवाज होते हैं, जिनका कलश झुंड से ऊपर दूर से ही दिखाई देता है। जहाँ यह नवीनता सुस्पष्ट नहीं होती, वहाँ काव्य-रचना का श्रम व्यर्थ हो जाता है। ऐसे अनेक कवि हुए हैं जिनकी कल्पना और भावना भलीभाँति समृद्ध थी। किन्तु, वे कवि-पद नहीं पा सके अथवा उनकी गिनती सामान्य कवियों में कर दी गई और यह केवल इसलिए कि सारी समृद्धियों के रहते हुए भी उनमें यह शक्ति नहीं थी कि वे समय के वक्ष पर कोई ऐसी लकीर खींच सकें जो पहले न खींची गई थी। इसके विपरीत, ऐसे कवि भी हुए हैं जिनकी पूँजी अपेक्षाकृत अल्प थी, किन्तु, उनकी गिनती सहज कवि के रूप में अनायास हो गई, क्योंकि उनमें अपने लिए नया मार्ग प्रस्तुत करने की शक्ति प्रत्यक्ष थी। उन्होंने साहित्य को समृद्धियाँ तो थोड़ी ही दीं, किन्तु, अपने लिए उन्होंने जिस क्षितिज का निर्माण किया, वह पहले से विद्यमान नहीं था।[1]

साहित्य में नये भाव अथवा भावों की नवीन अनुभूतियाँ भी कम ही लिखी जाती हैं। धन का खजाना तो एक ही है जिस पर एक साथ अनेक कवियों के हाथ पड़ते हैं और इस खजाने के सिक्के भी, प्राय:, घिसे-घिसाये ही होते हैं। फिर भी, जिस कवि में नई लकीर खींचने की शक्ति है, भावों को नई अदाओं का जामा पहनाने की योग्यता है, उसके हाथ पर जाते ही ये सिक्के नवीन

---

1. यहाँ प्रथम वर्ग का उदाहरण पं. द्वारका प्रसाद मिश्र विरचित 'कृष्णायन' काव्य को माना जा सकता है। इस ग्रन्थ में काव्य-सम्पदा बहुत भी यथेष्ट है, किन्तु, रामचरितमानस का अनुकरण होने के कारण साहित्य में उसका कोई बड़ा महत्त्व स्थापित न हो सका। और दूसरे वर्ग के उदाहरण में हम श्री गोपाल सिंह नेपाली की कविताओं को ले सकते हैं, जिनमें काव्य-सम्पदा तो थोड़ी ही है, किन्तु, जो विच्छित्ति की नवीनता के कारण साहित्य में सम्मानित हुई हैं।

हो जाते हैं। इसीलिए, कुछ अत्यन्त समृद्धिशाली कवि भी अपेक्षाकृत अल्प पूँजीवाले कवियों के सामने मन्द पड़ जाते हैं और इतिहास में उनका स्थान नीचे आ जाता है। पहली कोटि के दृष्टान्त, कदाचित्, नन्ददास, केशवदास, कुलपति मिश्र, भिखारीदास आदि हैं और दूसरी कोटि के सौभाग्यशाली कवियों में हम मीरा, घनानन्द, बोधा और ठाकुर की गिनती मजे में कर सकते हैं। अतएव, शैली की मौलिकता, रीति की नवीनता और सबके स्वरों से बचकर अपना स्वतन्त्र स्वर फूँकने की योग्यता कवि की सबसे पहली पहचान है।

कवि आकाश से टपका हुआ प्राणी नहीं होता है। शिक्षा-दीक्षा, संगति और संस्कार के कारण ही उसका उद्भव और विकास होता है तथा औरों को सिखाने के पूर्व उसे स्वयं भी बहुत कुछ सीखना पड़ता है। कवि की अनुभूतियाँ और कवि के ज्ञान जीवन के तपस्या-कुंज से आते हैं। कविता और कुछ नहीं होकर कवि की आत्मा का प्रस्वेद होती है, अतः, जिस कवि की जीवन-साधना अधूरी है, उसकी कविता में परिपूर्णता की खोज ही बेकार है। अनुभूतियों और भावों के संचय का काम कवि अज्ञात रूप से करता है, किन्तु, काव्य की वास्तविक रचना के समय उसे एक नहीं, दो-दो धरातलों पर अत्यन्त जागरूक एवं सावधान रहना पड़ता है। पहला धरातल वह है जिस पर कवि के विचार उतरते हैं, जिस पर उसकी कल्पना मँडलाती है और भावनाएँ किलोल करती हैं। इस धरातल पर कवि की चिन्ता का विषय यह होता है कि जो विचार या भाव उसके मन के भीतर स्पष्ट रूप में गुंजार रहे हैं, उन्हें वह ठीक-ठीक सुन रहा है या नहीं। और दूसरा धरातल वह होता है जिस पर कवि की लेखनी चलती है। इस धरातल पर कवि की चिन्ता यह होती है कि जो कुछ उसे सुनाई पड़ा है, उसे वह ठीक-ठीक लिख रहा है या नहीं। कठिनाई यह होती है कि कभी तो भाव को ठीक से ग्रहण नहीं कर सकने के कारण और कभी चित्र, संगीत तथा सुयश के लोभ अथवा अपयश के भय से कवि कुछ-का-कुछ लिख जाता है। रचना के इस दोष को मैं अभिव्यक्ति की अपूर्णता का दोष कहता हूँ जो काव्य के अन्य सभी दोषों से, कदाचित्, अधिक भयानक होता है। पदों में असम्बद्धता, भावों की अपरिपक्वता, प्रसाद गुण का अभाव और कविता में वेधकता की कमी—ये सभी दोष अभिव्यक्ति की अपूर्णता के ही दोष हैं। लोग जिसे कवि की साधना कहते हैं, वह तपस्या का अभ्यास इसी अभिव्यक्ति की पूर्णता तक पहुँचने का प्रयास है। अभिव्यक्ति की पूर्णता को

प्राप्त करने के लिए यह आवश्यक है कि कवि शरीर और मन, दोनों से स्वस्थ हो जिससे वह समाधि की गहराई में पहुँचकर वहाँ ठहर सके। उसे भाषा पर पूरा अधिकार होना चाहिए जिससे वह प्रत्येक भाव को उसके अनुरूप शब्दों में बाँध सके। उसमें साधनाजन्य शिल्प और चातुर्य भी होना चाहिए जिससे वह भावों को ठीक उसी नर्मी या गर्मी से, रंगीनी या सादगी से अभिव्यक्त कर सके जिसके साथ वे बाहर आना चाहते हों। टेलीफोन के एक सिरे पर हम जिस प्रकार बोलते हैं, उसके दूसरे सिरे पर वह वैसा ही सुना जाता है। कविता भी दो हृदयों के बीच टेलीफोन का काम करती है। कवि के हृदय में उठे हुए भाव ठीक-ठीक पाठक के हृदय में पहुँच जाएँ, तभी पाठक को उस आनन्द की अनुभूति होती है जिसका अनुभव कवि ने किया है। इसलिए, कविता की दूसरी पहचान यह है कि कवि जो कुछ कहना चाहता था, उसे वह ठीक-ठीक कह सका है या नहीं।[1]

कभी-कभी यह प्रश्न भी उठाया जाता है कि ऊँची और अपेक्षाकृत कम ऊँची कविताओं का भेद कैसे समझा जाए? एकाध आलोचक ने यह सुझाव रखा है कि कविता का सौन्दर्य उसकी शैली में परखा जाना चाहिए तथा उसकी उच्चता उसमें वर्णित भाव में। किन्तु, इस प्रकार का विभाजन सम्भव है या नहीं, यह बताना कठिन है। जब किसी कविता से हम आनन्दमग्न होने लगते हैं तब हमें यह तो पता नहीं होता कि इतना आनन्द इसकी शैली से आ रहा है और इतना आनन्द इसके भाव से। शैली भाव से कोई अलग वस्तु नहीं होती। कवि जिस मुद्रा में अथवा जिस भंगिमा के साथ भावों को ग्रहण करता है, वही मुद्रा

---

1. *कितना दुःख जिसे मैं चाहूँ वह कुछ और बना हो,*
   मेरा मानस-चित्र खींचना सुन्दर-सा सपना हो।

   'कामायनी' की इन पंक्तियों में अभिव्यक्ति की असमर्थता का दोष है। कामायनी कहना, कदाचित्, यह चाहती है कि "कितने दुःख की बात है कि मैंने जिसे चाहा, वह कुछ और निकला। मैंने मन में अपने प्रेमी का जो चित्र खींचा था, वह स्वप्न के समान मिथ्या निकला।" किन्तु, पंक्ति का शाब्दिक अर्थ यह हो जाता है कि "मन में मैं जो चित्र खींचती हूँ, वह सुन्दर स्वप्न बन जाता है।" कहना था कि स्वप्न के समान मिथ्या हो गया। किन्तु, कहे गए 'स्वप्न के समान सुन्दर हो गया।' पंक्ति में आकांक्षा थी मिथ्या अथवा उसके किसी पर्याय की जिससे पश्चात्ताप ध्वनित हो। इसके विपरीत, सुन्दर विशेषण के आ जाने से पश्चात्ताप के बदले पसन्द की ही ध्वनि निकलती है।

या भंगिमा उसकी शैली बन जाती है। शैली भाव की पोशाक नहीं, उसकी त्वचा होती है। एक शरीर पर बारी-बारी से अनेक परिधान चढ़ाए जा सकते हैं, किन्तु, एक भाव को अनेक शैलियों में नहीं कहा जा सकता। क्रोसे की एक बात मुझे बहुत सत्य लगती है कि जब कोई व्यक्ति 'समय की अतल गहराइयों में'—इस वाक्यांश का प्रयोग करता है, तब उसका वही आशय होता है जो इस वाक्यांश में है। उसके आशय को हम 'बहुत प्राचीन काल में'—यह कहकर व्यक्त नहीं कर सकते। अतएव, शैली और भाव के बीच विभाजन का प्रयास व्यर्थ है।

ऊँची और अपेक्षाकृत कम ऊँची कविताओं के पहचानने का इससे अधिक सरल मार्ग वह है जिसका अनुसन्धान जार्ज रसल ने किया है। उनके अनुसार, कुछ कविताएँ अंधी और कुछ पारदर्शी होती हैं। अंधी कविता उसे कहते हैं जो केवल कारीगरी और कौशल से रची जाती है तथा जिसमें प्रेरणा का स्पंदन नहीं होता अथवा कम होता है। ऐसी कविता में रंग और सौन्दर्य की कमी नहीं होती, किन्तु, उसका सारा सौन्दर्य उसके ऊपरी धरातल पर केन्द्रित रहता है एवं उसके भीतर झाँकने पर सतह के नीचे कोई चीज दिखाई नहीं देती। इसके विपरीत, पारदर्शी काव्य के भीतर झाँकने पर उसकी सतह के नीचे अर्थों और संकेतों का बहुत बड़ा संसार जगमगाता नजर आता है। फिर यह जानने के क्रम में कि यदि काव्य पारदर्शी है तो उसके भीतर कितनी गहराई के दृश्य दिखाई देते हैं, हम यह भी जान लेते हैं कि कवि किस ऊँचाई या गहराई से बोल रहा है। जीवन की वीणा में जितने तार लगे हुए हैं, उनकी गिनती नहीं की जा सकती। किसी भी कविता के लिए यह तो सम्भव नहीं है कि वह सभी तारों को झनकार दे, किन्तु, जिस कविता से इस वीणा के अधिक-से-अधिक तार झंकृत हो उठें, उसे अधिक-से-अधिक उच्च या श्रेष्ठ काव्य कहना चाहिए। कविताएँ प्रत्येक धरातल पर सफल हो सकती हैं और कला की दृष्टि से वे सभी सफलताएँ समान हैं। बिहारीलाल ने दार्शनिक अनुभूतियाँ नहीं लिखकर केवल लड़कियों की अदाओं का वर्णन किया है, किन्तु, उनकी सफलता उतनी ही बड़ी है जितनी जयशंकर प्रसाद या तुलसीदास की। ऊँचे स्तर के विचारों के आने से कविता ऊँची ही बनेगी, इसका कोई प्रमाण नहीं है। सिद्ध ऋषियों की कविताएँ गद्य-कल्प और सामान्य चिन्तक या अत्यन्त भावुक व्यक्ति की रचनाएँ मधुर और ओजस्विनी हो सकती हैं। ऊँची कविताओं की पहचान ऊँचे विचार नहीं, प्रत्युत्, उनकी पारदर्शिता है। इसके विपरीत, दार्शनिक भावों से भरी हुई रचनाएँ

भी गद्यात्मक हो सकती हैं, यदि वे अंधी हों, यदि उनमें संकेतों का अभाव हो, यदि वे पाठक के मन को अज्ञात दिशाओं की ओर उड़ने की प्रेरणा न दे सकें। इसलिए, कविता की तीसरी पहचान यह है कि वह अंधी है या पारदर्शी[1] अर्थात् वह रंगीन चित्रों की झाँकी और अलंकारों की छटा दिखाकर ही बस कर देती है अथवा चित्रों और अलंकारों के भीतर से कुछ और कहना चाहती है।

कविता की मैं एक चौथी कसौटी भी मानता हूँ, यद्यपि, उसका उपयोग मैं तभी करता हूँ जब मुझे यह जानने की आवश्यकता होती है कि परस्पर समान-से दीखनेवाले किन्हीं दो कवियों में अपेक्षाकृत कौन छोटा और कौन बड़ा कवि है। यहाँ भी कुछ आलोचकों का मत है कि कवि की सारी पूँजी भावों, अलंकारों और चित्रों में निहित होती है, अतएव, तुलना के समय हम दोनों कवियों की पूँजी को अलग-अलग गिनकर नम्बर बिठा सकते हैं।

किन्तु, इस कार्य को भी मैं व्यूहपूर्ण मानता हूँ, क्योंकि काव्य-सम्पदा के आधिक्य से कोई छवि बड़ा और उसकी अपेक्षाकृत न्यूनता से कोई कवि छोटा नहीं हो जाता। केवल बोझ के बोझ चन्दन की लड़कियाँ जमा कर देने से क्या लाभ, यदि पास में उन्हें प्रज्वलित करनेवाली आग न हो? इससे अच्छे तो वे रहेंगे जिनके पास भले ही बबूलों का ढेर हो, किन्तु, जो उन्हें प्रज्वलित करके गर्मी पैदा करने की शक्ति रखते हैं। कवि में जो प्रज्वलनवाला गुण है, प्रेरणा के आलोक में शब्दों को सजीन बना देनेवाली शक्ति है, उसका सबसे बड़ा चमत्कार विशेषणों के प्रयोग में देखा जाता है। विशेषणों के प्रयोग में आधी सफलता और आधी असफलता नहीं होती। कवि या तो पूर्ण रूप से सफल अथवा सर्वथा असफल हो जाता है। इसलिए, जहाँ यह जानने की आवश्यकता हो कि दो कवियों में से कौन बड़ा और कौन छोटा है, वहाँ केवल यह देख लो कि दोनों में से कितने-कितने विशेषणों का प्रयोग किया है तथा किसके विशेषण

---

1. *काक-पच्छ सिर सोहत नीके, गुच्छा बिच-बिच कुसुम-कली के।*

—यह कविता सुन्दर है, किन्तु पारदर्शी नहीं, क्योंकि इसमें जो भी सौन्दर्य है, ऊपरी धरातल पर है, उसके भीतर से कोई ध्वनि नहीं निकलती है। किन्तु :

इस पथ का उद्देश्य नहीं है श्रान्त भवन में टिक रहना
किन्तु, पहुँचना उस सीमा पर जिसके आगे राह नहीं।

—यह पद पारदर्शी काव्य का अति उत्तम उदाहरण माना जा सकता है। यदि झंकारवाली बात को लें तो इस पद से अनुभूतियों के असंख्य तार एकसाथ झनकार उठते हैं।

प्राणवान् और किसके निष्प्राण उतरे हैं।

शब्दों के सम्यक् प्रयोग की जैसी पहचान विशेषण में होती है, वैसी संज्ञा और क्रिया में नहीं। इसलिए, कविता की चौथी और आखिरी पहचान यह है कि उसमें विशेषणों[1] का कैसा प्रयोग हुआ है।

[1955 ई.]

●●●

---

1. *कैसे कंटक बीच मनोरम, कोमल कुसुम रहा होगा?* विशेषण-प्रयोग की दृष्टि से यह कविता निकृष्ट कोटि की है, क्योंकि कुसुम (यदि केतकी और नागफेनी को ध्यान में न रखें) तो कोमल और मनोरम होता ही है। फिर उसे अलग से कोमल और मनोरम कहने में नवीनता की क्या बात हुई? इसके विपरीत :

दूर उन खेतों के उस पार, जहाँ तक गई नील झंकार।

—इस पंक्ति में नील विशेषण का अत्यन्त सार्थक, वरन्, विलक्षण प्रयोग हुआ है।